韩国商业100年

陈润　邢晓凤　著

浙江大学出版社
·杭州·

图书在版编目（CIP）数据

韩国商业100年 / 陈润，邢晓凤著. -- 杭州 : 浙江大学出版社, 2024. 12. -- ISBN 978-7-308-25465-6

Ⅰ. F733.126.9

中国国家版本馆CIP数据核字第2024KA9358号

韩国商业100年

陈 润 邢晓凤 著

选题策划	蓝狮子文化创意股份有限公司
责任编辑	张 婷
责任校对	顾 翔
封面设计	袁 园
出版发行	浙江大学出版社
	（杭州市天目山路148号 邮政编码310007）
	（网址：http://www.zjupress.com）
排　　版	杭州林智广告有限公司
印　　刷	杭州钱江彩色印务有限公司
开　　本	880mm×1230mm　1/32
印　　张	8.25
字　　数	200千
版 印 次	2024年12月第1版　2024年12月第1次印刷
书　　号	ISBN 978-7-308-25465-6
定　　价	68.00元

版权所有　侵权必究　　印装差错　负责调换

浙江大学出版社市场运营中心联系方式：0571-88925591；http://zjdxcbs.tmall.com

> 总序

真正的以史为鉴，是为了超越历史

一

世界之变、时代之变、历史之变相互交织形成的百年变局，正在以前所未有的方式和速度展开。世界经济复苏举步维艰，全球发展遭遇严重挫折，各种安全问题层出不穷，局部冲突动荡此起彼伏。世界又一次站在历史的十字路口：是和平还是战争？是发展还是衰退？是开放还是封闭？是合作还是对抗？

20 世纪 90 年代，冷战结束，全球化不断推进，它由经济市场化、政治民主化两部分构成。自从加入世界贸易组织，中国成为全球化的最大受益者之一，经济飞速发展。但美国自特朗普执政开始，全球发展的不确定性越来越强，国与国之间的相互对抗越来越严重，科技竞争越来越激烈。在这种情况下，企业如何制定生存和发展策略？个人如何平衡工作与生活？这是亟待回答的现实问题。

美国作家马克·吐温（Mark Iwain）曾说，历史不会简单重复，但总在押韵。其实,在人类发展的漫长进程中,商业文明始终在障碍丛生、贸易困难、危机频发、混乱动荡的坎坷曲折中缓慢推进。到了16世纪,随着科学技术蓬勃发展,国与国之间的物理距离被拉近,不同国家的商业文化开始碰撞、交融,经济开始飞速发展,经济强国在世界舞台上扮演的角色走马灯似的变换。当然,有些规律永恒不变,不会随人类的意志转移而更迭,比如在历史长河中所沉淀的人类精神财富——企业家精神、契约精神、信用体系、创新观念、商业逻辑、管理思想等,从长远来看,绝不会被人类背弃。

由商业、财富、生活融汇交织的大历史看似随意偶然,发展逻辑却严密细致。"世界是部商业史"系列图书所研究的对象几乎全是世界500强企业,本丛书相当多的篇幅被用于记录企业的发展轨迹与企业家的成长过程。他们是商业史的主角,也是改变世界的重要力量。在阅读的过程中,读者会发现,现在及将来的全球产业格局和经济趋势,在过去的市场博弈与利益分割中早已形成。

不过,真正的以史为鉴,不是为了写历史而写历史,而是要超越历史。本丛书旨在以叙述人物、故事为途径,回到历史现场,探寻商业规律,立足当下、回望历史、启迪未来。我们将围绕以下四个问题,给读者一些启发与思考。

第一,为什么中国会取得现在的成就?从英国、法国、德国、美国、日本、韩国等国家崛起的历史中,我们可以得出结论:国家的较量关键在于企业,企业的较量关键在于企业家。"大商崛起"与"大国崛起"互为前提,彼此促进。商业兴旺才能造就"大国",开放自由才能孕育"大商"。

第二,面对逆全球化、科技竞争、局部冲突等国际危机,企业家应该如何制定短期与长期战略?如何应对不确定的现在、拥抱不确定的未来?过去500年的商业发展史可供借鉴:世界500强企业都是在危机与灾难中成长起来的,不管是在一战、二战等动荡时期,还是在金融危机、经济萧条时期，成功企业需要找到不断战胜危机、超越自我的逆势增长之路，善于把握危机中的机会。

第三，如何看待企业家的时代责任与历史价值？如何看待政商关系？全球商业史也是一部政商博弈史，繁荣昌盛是政府与商人博弈形成的难得的双赢局面。企业家是推动社会发展、人类进步的主要力量之一，要尊重、关爱企业家。如今，中国的经济地位达到前所未有的高度，民族复兴、大国崛起的呼声一浪高过一浪。我们理应给企业家、创业者尊严与荣耀，给予更多包容与鼓励。

第四，如何弘扬企业家精神？如何发挥企业家作用？增强爱国情怀、勇于创新、诚信守法、承担社会责任和拓展国际视野这五条企业家精神，曾被世界级企业家验证过，亦是对中国企业家的要求和倡议。大力弘扬企业家精神，充分发挥企业家作用，对于持续增强国家经济创新力和竞争力具有重要意义。

"于高山之巅，方见大河奔涌；于群峰之上，更觉长风浩荡。"本丛书就是要以全球优秀企业家、卓越企业为标杆，助力中国企业家、创业者、管理者以史为鉴、开创未来。

二

全球商业史是一部大公司发展史，也是一部顶级企业家的创业史、成长史。

在波澜壮阔的商业历史变迁中，不同国家都曾站在世界商业舞台中央，发号施令，影响全球，直至被后来者超越。当下，商业世界波谲云诡，国际格局风云变幻，身处乱象之中的我们如何阔步前行？

在本丛书中，我们以国家为分类，以著名企业家与代表性企业为主体，以时间为顺序、以史料为标准真实记录，熔国别体与编年体于一炉。选取国别的标准是各国 GDP 的全球排名。通过长期研究，我发现国家 GDP 排名与世界 500 强公司排名、全球富豪榜排名等各种榜单的排名次序高度正相关，它们反映了商业潮流、经济趋势、投资方向，真实反映了国家经济实力和产业分布格局。如果放眼更长远的历史跨度去考量，这就是一张张近代全球商业史最珍贵的底片。

思辨得失、总结规律，这是本丛书的首要意义和价值所在。观察全球大公司的创业史、变革史是研究全球商业史的重要方法之一。在全球商业变迁中，美国、英国、德国、日本、法国、韩国一直是光鲜闪亮的主角，与这种局面相呼应的是各国公司的超强实力。

美国 400 余年的财富变迁遵循从农业、工业到服务业的规律，财富增长与经济发展、公司进化的逻辑完全吻合。富豪的财富挡不住时代洪流的冲击和涤荡，富过三代的家族都是顺势而为的识时务者，今日若想在农业、工业领域通过辛勤劳作成为美国富豪已十分困难。从安德鲁·卡内基、约翰·洛克菲勒到比尔·盖茨、沃伦·巴菲特、埃隆·马斯克，美国的超级富豪都是大慈善家。从本质上来说，所有的富豪都是财富管理者而非拥有者，只有让财富流动起来，创造更多的财富，财富才具有意义。

在并不算漫长的全球商业史中，英国人长期主宰世界的工业、商业、金融业和航运业，他们是真正的世界经济霸主。巅峰时期，英国在全球 GDP 中的占比超过 1/3。时至今日，国际金融中心伦敦掌握着全球 30% 的外汇交易，英国拥有世界三大能源公司中的两家，罗罗公司（罗尔斯·罗伊斯公司）的航空发动机占据半壁江山，ARM 的芯片统治全球……昔日的"日不落帝国"依然光芒万丈，它所崇尚的冒险、创新精神永不过时。

"德国制造"的华丽蜕变，以及德国品牌的全球声誉，并不是在短暂的二三十年中迅速实现的，这是一段以工业立国、品牌强国为核心的漫长而艰难的修炼之路。德国工业制造始终大而不倒、历久弥新，其背后正是德国的工业文化和企业家精神。德国提倡埋头苦干、专注踏实的工匠精神，对每件产品都精雕细琢、精益求精，追求完美和极致。德国人穷尽一生潜修技艺，视技术为艺术，既尊重客观规律，又敢于创新、拥抱变革，在自身擅长的领域成为专业精神的代表。

回望500年日本商业史，地处海陆之间、崇尚东西方文化交融的日本，受到外部各种潮流的冲击，也由此快速完成了现代化进程。尽管饱受地震、台风等自然灾害侵袭，并且在很长一段时期处于战争的非正常状态之中，但日本在二三十年间脱颖而出，快速崛起，此后一直繁荣昌盛，拥有与世界经济强国抗衡的实力，至今仍是全球经济强国。这种举世瞩目的现象确实值得深入思考和研究，在这个过程中，日本企业家精神及其背后不可忽视的文化力量值得关注。

法国的企业家精神，从中国式智慧角度，可将其总结为"外圣内王"。换句话说，就是外表优雅，内心霸道。溯本清源，霸道与优雅源自法国人对技艺、品质、创新的不懈追求，源自法国人的严谨务实、精益求精，是法国企业家对商业规律和客户需求的尊重，是国有企业与私人企业在市场竞争中持续创新的产物，也是家族企业日积月累沉淀的硬实力。往更深处说，则是"自由、平等、博爱"的法兰西精神在数百年间形成的商业基因。

韩国作为后起之秀，为全球商业世界贡献了"小国大商"的精彩故事与丰富案例。其资源匮乏，是严重依赖外贸的外向型经济体；同时，国内政权更迭频繁，不确定因素往往成为决定企业生死的隐形炸弹。因此，韩国企业家都有很强的危机意识，随时做好力挽狂澜、东山再起的准备。三星、现代、LG、起亚、乐天等品牌家喻户晓，其决胜全球、基业长青的辉煌成就来之不易。而我们若想从韩国"小国大商"的逻辑中找到发展密码，仍需沉淀与修炼。

本丛书按照国别划分，各有千秋。商业史如长河浩荡，波涛滚滚向前，它既孕育新的繁荣，也埋葬昔日英豪，兴勃衰亡的故事每日都在上演。我们不仅要关注国家与企业的关系，更要关注企业家的价值。

三

"说来新鲜，我苦于没有英雄可写，尽管当今之世，英雄迭出不穷，年年有、月月有，报刊上连篇累牍，而后才又发现，他算不得真英雄。"

这是英国伟大诗人拜伦（Byron）在《唐璜》中的感慨。的确如此，因受视野和阅历之限，活跃于商业杂志上的企业家经常被读者奉若神明，却不知在喧嚣与浮华之外的故纸堆中，一群头戴礼帽、身着西装的"熟悉的陌生人"，正穿越几个世纪的烽烟与过往缓缓走来，其自信的笑容中透着不易被察觉的傲慢与威严。他们都是改变世界的商界巨子，是纵横天下的真英雄。

商业不应该是枯燥的规则与固化的面孔，数据和理论不过是速写式的轮廓勾勒，只有对人物故事的渲染和描述才会让画面生动鲜活。我们创作本丛书，就是希望呈现一场波澜壮阔且激荡人心的历史大戏，500年来与全球商业有关的人物先后闪亮登场、各领风骚，读者将在宏大背景和细微故事中洞察人性、体味人心。

战争与危机是这套书贯穿始终的重要线索。有意思的是，几乎每次战争与危机都会引起行业洗牌与产业变革，一大批商界奇才横空出世，伟大的企业从此诞生。事实证明，内外因素的碰撞与融合，总会让偶然成为必然，让小人物成为大英雄。大商人的精彩创业故事透露出深刻规律，通过对数百年来全球大公司基业长青之道的观察与研究，本丛书总结出全球大企业的发展变迁史，对时代变革、商业趋势和国家实力的沉浮起落做速写呈现。

纵观当今时势，全球商业进步的引擎依旧在美国，美国人始终以科技创新和商业变革掌控全球经济走向和财富命脉。与此同时，在20世纪80年代，有"亚洲四小龙"之称的韩国、新加坡、中国台湾、中国香港震惊全球，中国经济借助改革开放厚积薄发，与巴西、俄罗斯、印度等新兴经济体一起飞速增长。这时，大量跨国企业诞生，经济全球化和互联网化打破时间和空间限制,万象更新。

共享与共赢成为新时代的商业主流,跨界融合不断增强,爆炸式增长成为常态,大公司以多元化和国际化做大做强的传统路径被颠覆,新型企业以并购换时间、以扩张换空间,其创业十年的规模和市值动辄超过老牌公司百年的积累,行业巨头轰然坍塌的悲剧与日俱增,王者更替的频率越来越快,许多百年企业盛极而衰,亡也忽焉。

温斯顿·丘吉尔曾说:"你能看到多远的过去,就能看到多远的未来。"过去数百年是商业变革步伐和人类财富增长最快的一段历史时期,市场经济的电光石火让商业史五光十色、不可捉摸。在宏大叙事中追寻企业轨迹与商人命运,很难说清究竟是时代造就英雄还是英雄成就时代,时代洪流的巨大冲击与商业环境的瞬息万变使企业显得渺小而脆弱。

"欧元之父"、1999年诺贝尔经济学奖获得者罗伯特·蒙代尔(Robert Mundell)教授认为:"从历史上看,企业家至少和政治领袖同样重要。那些伟大的企业家,曾经让欧洲变得强大、让美国变得强大,如今也正在让中国变得强大,他们是和政治领袖一样重要的人物。"这是历史规律,也是大势所趋,企业家应该成为"和政治领袖一样重要的人物",因为他们是改变世界的重要力量。

尽管我们离这个目标路途遥远,但仍然一往无前。于商业史作家而言,商业发展与公司成长轨迹始终纷繁复杂、模糊不清,任何探本溯源的追寻都注定艰辛漫长,且很可能无疾而终。但即便如此,我也愿意埋首于历史的故纸堆里,从曾经的光荣与梦想中囊萤成灯,哪怕只有一丝微光,也要努力让中小企业坎坷崎岖的道路不再昏暗,让大企业扬帆远航的身影不再孤寒。

全球商业变迁的历程就像一个巨大的试验场,人们热火朝天、豪情万丈。在大国崛起的辉煌之路上,是数以万计创业者夜以继日拼搏奔波的身影,失败是这场伟大试验的常见结果。但正因为有这种喧嚣与宁静、挣扎与沉沦的镜头交替出现,商业史的故事才显得生动鲜活,这种向上、不屈的力量才激荡震撼，摄人心魄。

  正是这股催人奋进的力量让我坚定了策划出版本丛书的信念，尽管过程极其艰苦，资料庞杂而凌乱，虽然全球局势一如当年那般动荡不安、瞬息万变，但我依然对未来充满希望。

陈润

> 序言

财阀的力量

神气、猎狗与铝锅

中韩两国一衣带水、文化相通，双方交往有上千年历史。20世纪90年代，由韩国电影、电视剧、音乐、综艺等形成的"韩流"进入中国，以润物细无声的方式潜移默化地传递了包括服装、饮食、风俗等方面，包含了文化及价值观的韩国符号。影响并改变我们生活的不只是韩剧、明星，还有来自韩国的品牌和企业：三星、LG、现代、起亚、鲜京、乐天、韩进、浦项钢铁……这些闻名全球的企业涉及电子、家电、汽车、服装、零售、航空、医药、钢铁等领域。

这些家喻户晓的品牌来之不易。韩国国土面积为10.329万平方公里，人口约5100万（截至2023年7月），韩国2023年实际国内生产总值（GDP）为1.7万亿美元，是一个比沙特还富裕的国家。自1948年成立以来，大韩民国曾创造"汉江奇迹"，成为"亚洲四小龙"之一，被誉为"发展中国家经济复兴样板"。诺贝尔经济学奖得主迈克尔·斯宾塞称，韩国是从"中等收入国家"转型为"发达国家"的极少数成功案例之一。

然而，韩国资源匮乏，是严重依赖对外贸易的外向型经济体，国际能源价格波动或经济震荡都会对韩国经济发展和企业经营造成深重影响。韩国国民要生活甚至生存下去，就必须发挥150%的努力，以艰苦奋斗的精神承担更多工作，企业家群体更是如此。所以，韩国的企业家精神早已超出追求利润的境界。尽管韩国成立于1948年，但韩国商业史的开端可以追溯到20世纪初期。1910年《韩日合并条约》签订后，大韩帝国（更改国号的朝鲜王朝）完全沦为日本殖民地。一方面，大量朝鲜民众涌入日本，到1924年达到12万余人，三星创始人李秉喆、起亚创始人金哲浩等便是其中的佼佼者，他们走出国门看世界，接受现代商业熏陶；另一方面，日本将养殖、食品、纺织等劳动密集型产业及军需业务转移到朝鲜，汉城、釜山、大邱等地工商业萌芽生长。商业基因决定成长路径，战火硝烟使企业家们的爱国精神和民族情怀浓烈深厚，商业熏陶令他们的冒险精神和经营智慧交相辉映。在之后的财阀并起之时，韩国人才迎来了国家崛起、商业鼎盛的全新世界。因此，我们要叙述韩国百年商业史，并非说韩国已有百年历史，而是一段概括，从上世纪初的政治、经济环境和商业、产业萌芽起笔，将韩国商业的发展脉络娓娓道来、徐徐展开。

　　百年以来，韩国的政局更替和权力斗争从未消失，政权频繁更迭，不确定因素往往成为决定企业生死的隐形炸弹。企业家等精英阶层只能在政治倾轧的夹缝中艰难生长，时运不济者常遭杀身之祸，企业因此轰然倒塌，悲惨情状屡见不鲜。因此，韩国企业家都有很强烈的危机意识，随时做好力挽狂澜的准备，东山再起更是必修课。而且，危机和动荡让他们内心对国富民强充满渴望，对这片土地爱得深沉，身上都有一股强烈的爱国精神。正如韩国高丽大学一位经济学教授所说，在韩国，企业家要树立一种建设国家经济的意识及这种意识所表现出来的爱国精神，这种精神不能违背。

　　长达半个多世纪被侵略、被倾覆的经历，让民众长期承受着韩国是二等国家的自卑感。尤其是面对欧美发达国家，韩国人内心的自卑感油然而生,甚至自我怨恨"为什么我们就不行",继而产生"一定要超过他们"的进取心。三星创始人李秉喆奉行"第一主义",并将其融入企业文化;LG董事长具本茂曾在10多分钟的简短新年祝词中13次提到"第一"二字。在韩国大企业中,"第一主义"绝非口号,而是追求卓越的精神。这是韩国人身上的独特气质,一旦被激发、引爆,就会产生不达目的誓不罢休、永不放弃的决心。有人以此总结,韩国人好战。

韩国梨花女子大学韩国学系教授崔俊植将这些精神气质定义为"神气"。传说朝鲜的开国国君"檀君"是一名巫师,能与神灵对话,他的后代也具有这种无法解释却能被感知的神灵气息,这种特殊的"气"曾制造出"汉江奇迹",推动韩国经济崛起。崔俊植认为,"神气"象征着韩国人身上洋溢的精气神,体现了韩国人活跃、迅速敏捷,以及好战、野性等性格特点。

理解"神气",就可以读懂韩国企业家精神甚至韩国精神。韩国首尔大学的李勉宇曾把韩国人比作猎狗,只要猎狗确定目标物,就不再想其他事情,只会心无旁骛地追赶目标,根本没有冷静谋划或反思权衡的间隙。但是,一旦抓住目标物,猎狗就会懈怠、懒散,无所事事地来回溜达,此前的激情快速消退,拼劲荡然无存。这种"猎狗性格"又被韩国人称作"铝锅秉性",热得快,冷得也很快。

与此类似,韩国大企业都曾经历快速崛起和突遇危机的悲喜苦乐,三星、现代、LG都有赶超欧美、日本巨头的雄心壮志,并为此推行大刀阔斧的变革、持之以恒的创新。可是在成为行业领导者之后,这些韩国企业就陷入了迷茫、混沌之中,仿佛被恶魔控制了方向,在万劫不复的深渊边缘摇摇欲坠。

时至今日,猎狗或铝锅式的秉性仍然是决定韩国企业成败生死的命门。这是一段需要沉淀、修炼的漫长路程。

大而不能倒

韩国学者林炳润曾指出:"财团就是韩国经济之全部的比喻,并非夸大其词。由于财团在整个国民经济中所占的比重和发挥的作用如此巨大,故可以说,没有对财团的理解,就不能理解韩国的经济。"

林炳润所言非虚。《第一财经》2023年11月发布的文章《坐拥10家世界500强 控制韩国50%GDP!解密韩国四大财阀》指出,2022年,韩国GDP达到1.67万亿美元,其中95%的财富被财阀掌控,三星、现代、SK、LG四大财阀坐拥10家世界500强,几乎控制了韩国经济的半壁江山。过去10年,韩国财阀的势力不仅没有因为改革而被削弱,反而愈加强大,财富集中度更高,垄断地位更强,对国计民生的影响力更大。

20世纪80年代末,韩国"反托拉斯法"将总资产在4000亿韩元(约合5亿美元)以上的大型企业集团统一划为财阀,在那个阶段韩国有43家财阀,共涉及672家企业。财阀在商业和经济发展中起到了中流砥柱的作用,许多韩国人都以进入财阀大企业工作为人生最高理想。但是,正如美国电影《教父》所说:"巨大财富的背后,都隐藏着罪恶。"财阀主导型经济几乎可以与"政商勾结""权贵资本"画等号,自1948年韩国成立以来,几乎历任韩国总统都深陷丑闻,甚至身败名裂,祸根就是财阀导致畸形政商关系的勾连和博弈。

韩国政经真可谓成也财阀、败也财阀。看似多党轮流执政,实则财阀当国。财阀对于韩国乃至全球商业的影响,很难以好坏优劣论定,它是在非常复杂的时代背景中形成并发展起来的独特企业形态。总结来看,韩国财阀模式具有以下五大特点。

第一,政商结盟。欧美和以日本为代表的东南亚家族财团都是市场经济的产物,垄断地位是通过市场手段并购、重组实现的,而韩国财阀是在政府扶持、政策干预的不完全市场竞争条件下发展起来的,家族财团与政府权力的联系超过全球任何其他国家或地区。美国哈佛大学的一份研究报告指出,韩国政府实际上是大财阀的缔造者,"在韩国大企业中，政府是事实上的董事局主席，而商人只有一些董事席位"。

第二，家族集权。财阀由家族控制核心企业，控股公司即最高司令部，以法人持股方式占有旗下企业，家族股份和子公司互相持股，实现所有权控制。尽管家族在财阀中的持股通常不超过10%，外部股东股权占50%以上，比如李氏家族占三星总股本不到2%，但通过庞大的交叉持股体系牢牢掌控了74家企业。而且，创始人家族成员几乎占据财阀公司2/3以上的总裁、经理和董事席位，这种对经营权的掌控依靠家族世袭而不断延续。

第三，多元化战略。财阀经营领域涵盖第一、第二、第三产业，范围无所不包。例如，三星集团涉及航空、化工、纺织、保险、证券、电子、造船、建筑、钢铁、旅游、传媒等数十个行业，现代集团涉足汽车、造船、钢铁、航空、家具、化妆品、百货、金融、石化、铁路、建筑、保险等十几个产业。多元化既与自身能力半径扩大有关，更是各财阀之间竞争所驱动，与"第一主义"的精神激励分不开。

第四，集群化、规模化。由于政府的鼓励、引导和扶持，财阀在扩张过程中规模日益庞大，形成一个个巨型产业集群，逐渐对韩国的资源、资金、市场形成高度垄断，每家财阀旗下公司数量都是数十家、上百家，三星在1999年子公司达到159家。要知道，韩国的领土面积和人口规模仅与中国浙江省相当。

第五，高负债经营。财阀高速扩张，急剧膨胀，需要大量资金投入，但资本来源主要靠借贷而不是利润积累或发行股票，这种转嫁风险的方式将政府、民众与财阀捆绑得更紧密，以确保"大而不倒"。1997年，韩国前30大财阀平均负债率达到521.5%，有些甚至将近4000%，金融危机发生后，大量企业破产，政府为此支出168万亿韩币救市，最终只收回87万亿韩币，民众发起"攒金运动"，捐献金银首饰价值达22亿美元。有评论犀利指出，财阀"将伴随企业的风险转嫁给政府和民众，而成功的时候又卷走其全部的利润"。

从积极因素看，这五大特点让韩国财阀具备快速崛起的资源优势和全球扩张的竞争实力，但弊端似乎更多：政商结盟滋生社会腐败；家族集权造成体系封闭；盲目扩张导致效率低下；规模庞大形成绝对垄断；"大而不倒"加剧金融风险。对于政府而言，这些问题都不再是经济问题，而是社会问题、政治问题。几乎每位韩国总统上台时都意气风发地提出改革计划，对财阀顽疾痛心疾首，下决心刮骨疗毒，却总是黯然收场。因为随着反腐和改革的深入，他们无一例外会发现亲戚朋友都深陷其中，与财阀有纠缠不清的利益瓜葛。

可见，财阀当国，仍将是韩国政坛的潜规则。总统坐镇青瓦台，财阀掌控隐权力。

"小国大商"的启示

1961年，韩国人均收入只有82美元，被列为世界上最贫困国家之一，到2022年达到3.599万美元，进入发达国家行列。韩国只用了半个世纪，就走完了西方发达国家上百年的历程。诺贝尔经济学奖得主保罗·克鲁格曼教授表示，韩国发展的特色在于其走出了一条"压缩式发展道路"，并在短期内走上"价值链的高端"。这种"小国大商"的独特经济发展模式，其核心优势在于政府动用大量国家资源扶持几家大财阀，使其有足够多的资金和资源快速扩张，进入高端领域。与此同时，大量经济、社会、政治矛盾凸显，财阀成为当前韩国最大的隐忧。

已故美国经济学家曼瑟·奥尔森曾指出："经济增长——特别是快速的经济增长——经常涉及生产方式的巨大变革。生产方式的巨大变革将引起不同产业重要性的巨大变化、劳动力需求的变化及产品的地缘配置的变化，并导致人们生活、工作方式和地点的巨大变化。特别是经济增长意味着收入分配的巨大变革。此外，经济增长意味着快速的经济变革，经济变革必然引起社会混乱。明显的，不管是经济增长的受益者还是受损者都将成为一种不稳定的力量。"经济增长意味着国家发展，也导致分配不公、社会分化和不稳定因素增多。

作为韩国经济增长的重要引擎，财阀必然担当引起社会不稳定的罪魁祸首之恶名，可是，政府责任不能因此撇得一干二净。而且，这种政商关系在东南亚国家非常普遍，乔·史塔威尔在《亚洲教父：香港、东南亚的金钱和权力》一书中披露了新加坡、泰国、马来西亚、印尼等地超级富豪的发迹史，详细阐释豪门巨族如何依靠政府特权建立强大商业帝国。当然，这些问题都不足以让我们对财阀全盘否定。包括政商关系在内，从经营管理角度来看，韩国财阀对中国商业经营者、管理者至少有六点启示。

第一，让市场起决定性作用。政府作用有限。伴随着财阀的成长，韩国政府以"有形之手"干预市场行为，不仅从外部以政策、行政手段调控、引导，还介入企业治理结构、产业方向、管控方式等各个方面，对财权、人权、事权皆有深浅不一的影响，直接造成政府与企业权责错位。这种情况在中国也很普遍，大型国企也存在政企不分现象，全面深化改革必须要转变政府职能，让市场在资源配置中起决定性作用。

第二，效率比规模更重要。韩国政府以"高层建筑型"战略布局重点扶持"据点企业"，催生财阀膨胀、扩张，规模庞大，效率却不断下降。而且，大企业的发展通常以牺牲中小企业利益为代价，引发中小企业主和民众不满。中国企业追求规模的潮流日趋明显，中国企业进入世界 500 强排行榜的数量逐年增长，但很多"500 强"实际是"500 大"，大而不强，企业要创新、转型，重在提升效率。

第三，多元化布局，专业化运营。韩国财阀普遍采取多元化战略，产业繁多，关联度低，几乎 80% 的业务与核心领域无关，依然经营得风生水起，许多中国企业家前往韩国参观考察后内心膨胀，盲目模仿。企业应该专业化还是多元化，应该由"范围经济"决定，如果因为专业化而丧失必要的范围经济，就应该适当多元化；如果离开范围经济大举扩张，多元化就丧失了优势。应该围绕核心业务扩张，但是在人才、制造、管控、营销等各环节都要专业。

第四，借力资本，适度负债。韩国财阀的融资方式主要是借贷，由各子公司互相担保或者政府担保，实际上银行对于负债企业的约束力很低，一旦破产、崩盘，对政府、企业、民众的信心都是打击、摧残，牵连甚广。中国企业在融资方面存在两个极端：一种不敢负债，以自有资金缓慢发展；另一种融资无门，不惜拆借高利贷维持。经营者的思维需要转变，政府在投融资方面的工作更需加大力度。

第五，家族控股，制度"接班"。尽管韩国财阀的家族高度集权制度有诸多弊端，但这种管控模式仍然值得中国民营企业借鉴。西方管理文化的最大问题是缺乏主人翁精神，企业被资本市场、经理人的业绩、利润导向裹挟，从而淡化价值观，因此家族控股很重要。不过，家族企业应该遵循现代化的企业管理制度，实行股东、董事会、经营层三权分立，建立放权机制、培养机制、激励机制、约束机制，培养职业经理人，让制度"接班"。

第六，警惕政商结盟。韩国财阀都有深不见底的强硬政府背景，因政商结盟形成特权而强大，比如三星集团创始人李秉喆的父亲是韩国前总统李承晚的至交，大宇集团创始人金宇中的父亲是韩国前总统朴正熙的恩师，现代集团的创始人郑周永与朴正熙私交甚笃，他们利用子女联姻、赞助选举等方式与政界结盟，关系盘根错节。可是，与韩国历任总统悲剧收场一样，大部分韩国财阀都难以善终，几乎所有人都遭受过政治打击。现代 SK 集团会长崔泰源被判刑，现代集团前会长郑梦宪自杀，金宇中逃亡，就连"经济总统"三星集团前会长李健熙也两度被判缓刑。政商结盟是一味甜美的毒药，服用需谨慎。客观来说，政商关系离不开，更靠不住。

读懂财阀，就是读懂韩国商业史、经济史和政商博弈史。作为近邻，韩国商业在很多方面可以作为中国企业的一面镜子，正衣冠、明得失，学习三星的"第一主义"，做到"大而不倒"，实现基业长青。

目录

第1章
乱世群雄：野草般疯狂生长（1910—1938年） / 1

  LG从贩布发家 / 3

  三星的"第一桶金" / 7

  现代起于"阿道汽修厂" / 13

  斗山：一斗一斗，累积成山 / 18

  爱茉莉的"山茶油精神" / 22

第2章
创业维艰，夹缝生存（1939—1950年） / 27

乐天：舌尖上的生意 / 29

起亚：从韩国第一辆自行车起步 / 33

韩进：运送军援物资的"哈巴狗" / 37

锦湖：从开出租车到"轮胎大王" / 42

第3章
复苏与商机（1951—1959年） / 47

敢为天下先 / 49

废墟上重建"鲜京织物" / 54

东洋：左手水泥，右手白糖 / 58

"味元"成就国民美味 / 61

同甘共苦的真露烧酒 / 66

第4章
民生经济，民心所向（1960—1969年） / 71

一波三折的全球最大化肥厂 / 73

三养：从拉面到牧场 / 77

"让全世界看到农心" / 82

走出国门赢天下 / 87

第5章
开启重工业之路（1970—1978年） / 93

浦项的"制铁报国"往事 / 95

荒滩上崛起的"造船王国" / 100

韩华：低调的"军火之王" / 104

大林："基建狂魔"顺势而为 / 109

第6章
汽车工业的"黄金时代"（1979—1983年） / 115

缔造"现代速度" / 117

守住起亚的尊严 / 121

大宇的并购神话 / 126

双龙：韩国跑车和越野的鼻祖 / 130

第7章
奥运经济与汉江奇迹（1984—1989年） / 135

迈向世界名牌的拐点 / 137

眼球战术，无孔不入 / 141

飞力嘉：生于1988 / 144

一个可隆，就是一部韩国户外史 / 149

第8章
3C产业腾飞（1990—1995年） / 153

三星变革："除了老婆孩子，一切都要改变" / 155

LG：勇立潮头的"家电之王" / 159

从美洲孕育出的SK电讯 / 163

福库：为了一碗完美的米饭 / 167

第9章
互联网新引擎（1996—2007年） / 171

Kakao："韩国腾讯"的商业帝国 / 173

搜索巨头Naver的崛起 / 178

Coupan：六年书写电商神话 / 182

Yanolja：凶猛的OTA独角兽 / 187

第10章
游戏的力量（2008—2018年） / 193

Nexon开启大网游时代 / 195

在"天堂"沉浮的NCsoft / 200

网石：韩国第一手游后来居上 / 205

Krafton"绝地求生"的长盛密码 / 209

第11章
变局与重生（2019—2024年） / 215

三星吹响芯片战号角 / 217

LG的新能源野望 / 220

现代汽车的困境与出路 / 225

赛尔群：生物制药巨头的新战略 / 229

致　谢 / 237

第1章

乱世群雄:野草般疯狂生长(1910—1938年)

1945年日本投降后，朝鲜半岛以北纬38度线为界，于1948年分别成立了韩国和朝鲜两个国家。回溯韩国的历史，就不得不提朝鲜半岛。明清时期，朝鲜是中国最为重要的藩属国。20世纪初的朝鲜半岛处在李氏王朝的封建统治下。与朝鲜一衣带水的日本，于1868年明治维新后，走上了快速发展的资本主义道路。由于缺乏廉价原料和广大市场，日本把目光盯向了"近水楼台"的朝鲜。1876年朝鲜和日本达成《江华岛条约》，最终迫使朝鲜打开了国门，切断了朝鲜与清朝的宗藩联系，同时允许日本在朝鲜沿海地区进行贸易活动。大批日本人源源不断地涌入朝鲜半岛做生意，朝鲜开启向西方学习的开化政策，聘请日本教官帮助他们组建新式军队。1894年中日甲午战争爆发后，清朝势力从朝鲜半岛退出。俄国势力乘虚而入，和日本分庭抗礼。1897年，在日本的一手操纵下，朝鲜王国改为大韩帝国。日俄战争爆发后，日本占了上风，趁机设置了韩国统监府以控制朝鲜半岛。1910年《日韩合并条约》签订后，朝鲜完全沦为日本的殖民地。日本政府在对朝鲜实行殖民主义统治时，严格限制朝鲜民族资本主义的发展，肆无忌惮地掠夺朝鲜的资源。在此背景下，一些有志之士试图通过经济活动来维持朝鲜人民的生计和尊严，并为抗日运动提供资金支持。时势造英雄，新一代创业者就这样应运而生。本书所要讲述的一系列故事，正是从这一时期铺陈开来。

LG从贩布发家

  LG双子座大厦位于韩国首尔,楼高270米,是一座充满科技感和现代感的摩天大楼。从大楼外观看,LG双子座大厦是犹如一对孪生姐妹般的巨型双塔,玻璃幕墙包裹下的大厦设计简洁大方,既怀旧又现代。登上楼顶,首尔市内和周边山脉的秀美景色一览无余,尽入眼底。晚上,LG双子座大厦则变身为一座流光溢彩的灯塔,整个楼群呈现出珠宝的神秘色彩,使城市夜空多了一份璀璨华彩。LG双子座大厦是LG集团的办公场所,不仅是首尔的标志性建筑,还代表着韩国的发展和经济实力。

  LG集团是一家家族企业,控制着韩国的经济命脉。LG是"乐喜金星"的英文名称LUCKY GOLDSTAR的简称。在人们的印象中,LG集团(即韩国乐金集团)仿佛只是电视机、冰箱、洗衣机等一些家电产品的生产销售商,其实它的经营范围十分广泛,包括电子与通信技术、家电和化学等领域。然而英雄起于阡陌,令人意想不到的是,一个规模如此庞大的商业帝国,居然是从70多年前的一家小小的布店起始的。

  LG集团是具仁会于1947年1月5日创立的,旗下拥有81家集团企业,130余家海外当地法人,20多万名员工(截至2023年1月)。尤为可贵的是,如此庞大的产业,在经营权几次移交过程中都没有出现兄弟阋墙、豪门恩怨等丑闻。无论是企业公信力,还是家族的诚信,LG都排在韩国第一位。

  这一切,都与创始人具仁会奉行的"家和万事兴""兄友弟恭,勤俭持家"的祖训不无关系。具仁会性格温和,宽厚大度,不计较得失，家族观念强。在韩国财商界流传着这样一句话："三星的管理、现代的坚韧、LG的人和，是一家好企业应当拥有的三要素。"由此可见，"人和"是贯穿于LG集团始终的一个关键词。

1907年，具仁会出生于朝鲜庆尚南道晋阳郡的胜山村。这里依山傍水，土壤肥沃，民风淳朴，远离经济政治中心。虽然此时朝鲜社会环境已经极其动荡，但是这里依然保持着传统的自给自足的自然经济体制。一条小溪分割形成的两个村落，溪水上游聚居着敬业诚信、家教良好的具氏家族；溪水下游聚居着敦厚淳朴、和谐守礼的许氏家族。在朝鲜王朝时期这两个家族就是贵族，尤其是许氏家族家业庞大，实力雄厚。两个家族的缘分从具仁会的祖先具班公一代就开始了。具班公的父亲担任县监时，娶了许氏家族的女儿，具氏和许氏的家族联姻就此开始了。即使是现在，具氏和许氏依然是LG背后的两个家族。

具仁会是家中长子，下面有5个弟弟妹妹。具仁会自幼聪明机灵，6岁开始学习汉学，接受正统的儒家教育。年龄稍大点儿后，重视教育的父母又将具仁会送入晋州智水学校接受西方新式教育。自由开放的校园环境深深地吸引了具仁会，他如鱼得水，结识了很多朋友，其中很多人成为具仁会一辈子的朋友，比如李秉喆、许慎九等。1920年，13岁的具仁会听从家里长辈的安排，娶了许氏家族的女子许乙寿为妻。之后，具仁会又进入汉城中央普通学校读书。由于当时朝鲜已被日本人统治，具仁会不愿意为日本人效命，放弃成为政府官员的仕途，返回了家乡。具仁会认为，只有依靠资本的力量使国家的竞争力增强后，才能将整个民族从殖民统治的枷锁中解脱出来。

结婚后，具仁会得到许氏家族的帮扶，毫无后顾之忧地进入大学学习。1925年，具仁会的长子具滋暻出生，但不幸的是一直提携他、帮助他成长的岳父却因病逝世。具仁会感到了肩头沉甸甸的责任，他从一个心无旁骛、一心读书的富家少年，变成了一个需要担起家庭责任的大丈夫。于是，18岁的具仁会开始在许氏家族经营的胜山里合作社工作。具仁会心思活泛，富有管理才能，在他的用心经营下，胜山里合作社主打本地的日用品消费市场，生意做得风生水起。1929年，意气风发的具仁会和妻子的胞弟联手创立了智水合作社，把生意铺展到了整个智水。具仁会领悟力强，他很快学到了产品流通和营销的技巧。合作社发展如火如荼，梦想远大的具仁会已不满足囿于一个小小的合作社了。1931年，具仁会将合作社交给了妻子的胞弟经营，决心再去打拼一份事业。在做了一番详备的市场调查后，具仁会从残酷的现实中发现了一线生机：朝鲜的大部分产业都是由日本人掌控的，只有布匹行业是为数不多的由朝鲜商人主导的行业。于是具仁会当机立断，决定开一家布店。当他兴冲冲地向父亲表达想法时，却被父亲泼了一盆冷水："朝鲜商人的社会地位这么低，会被人看不起的，你何苦要做这个行当呢？"具仁会"动之以情，晓之以理"，最终用民族大义打动了父亲。父亲不再反对，并拿出2000韩元资助他创业，弟弟也拿出了1800韩元表示支持。拿着3800韩元的创业资金，具仁会前往晋州，开始了他的贩布生意。晋州是朝鲜王朝南部地区文化中心，艺伎生意发达，对穿衣打扮的需求最多，而布匹生意必须在追逐时尚的地方才能做起来。就这样，具仁会商店顺利开张，这也是LG集团历史的开始。

然而，具仁会还是小瞧了市场的残酷性，布匹这个行业对应的消费目标是追求新颖、求新求异的时尚女性，需要不断地推陈出新，而具仁会商店规模不大，货物存量有限，销售的货物种类也不够多，根本无法满足顾客的需求，结果开张没多久，商店顾客稀少，入不敷出，这次具仁会损失了4500韩元。

但是失败并没有吓退具仁会，他经过一番思考，看清楚了问题所在，再次向父亲求助。这次父亲拿出了老家的地契，说："我们全家的生计都系在上面了。这一次，一定不能再失败了。"

具仁会信心满满，他把地契抵押了，再次贷款8000韩元，扩大了商店的规模，再度营业。然而老天并没有特别眷顾这位有胆识、有闯劲的青年人。天有不测风云，那一年，晋州市爆发了大洪水，商店的所有布匹都被水浸泡得失去了原本的颜色，有些还直接被水冲走了，具仁会再次狼狈破产。

两次创业都以失败告终，一般人哪经得起这种打击？但心理强大的具仁会没有被打倒。他相信自己的眼光，经过两次的生意积淀，他已经积累了一批稳定的客户资源，拥有了值得信任的合作伙伴，也总结了一些经营的经验。前期的基础已经打好了，就差机会和资金了。

具仁会对形势进行了分析，在朝鲜，市面上的衣料一般是丝绸、棉布和麻布，丝绸只有达官贵人才能穿得起；棉布产量很低，不容易定型；而麻布价格低廉，吸热透气，历来是普通百姓最为常用的衣料，而晋州正是朝鲜麻布的重要产区。于是，具仁会决定做麻布生意。万事俱备，只欠东风，而这东风便是晋州的丰收年。粮食丰收，意味着人们手中有了多余的钱买衣物，对布匹的需求量自然就增多了。于是，具仁会瞅准时机，筹措了1万韩元的资金，开办了一家叫"具仁商会"的企业，进了大量的麻布布匹，再次营业。

果然，那一年粮食大丰收，布匹需求量迅速增长，具仁会商店的生意蒸蒸日上，日进斗金。很快，具仁会的银行账户里就有了不菲的积蓄，成为当地有名的布匹商人。

日本侵华战争全面爆发后，朝鲜各种生活物资极其紧缺，物价飞快上涨。具仁商会选择麻布作为经营的主业，在这种契机下很快发展起来。在积累一定资金后，具仁会意识到运输业的重要性，于是大手笔购买卡车，把积累的资金全数投入汽车运输业。可见，有眼光,还要有才能、行动的支撑才能有大的发展。对 LG 而言,还在创业伊始,它就被赋予了创造无限可能的胆识与勇气。

被日本统治的朝鲜,经济命脉完全由日本殖民者掌控,他们盘剥克扣,疯狂地从朝鲜的土地上攫取财富。具家兄弟在这种情况下巧妙地与各方周旋,齐心协力、左右逢源地经营家族企业。很快,具家就成为晋州商界一股不可小觑的力量。伴随着商会的发展,具仁会也积累了大量资本及经营管理企业的经验。

但事业还只是局限在小小的晋州市,有创业精神、心有乾坤的具仁会内心并不满足,于是,他义无反顾地把贩布的生意交给家里人经营,准备去开创新的事业。

眼光与意识有了,接下来的,就是付诸行动的胆识与勇气。

三星的"第一桶金"

三星集团是韩国最大的财阀,该集团掌握着包括电子、航空、化工、建筑等诸多产业,其年营业额占全国 GDP 的五分之一,作为一个家族企业,旗下的诸多产品在市场上的占有率也处于全球绝对领先的地位。

三星从卖鱼干起家,随着企业的发展,涉及的范围越来越广,物产、制糖、造船、建筑、人寿保险、医院等,包罗万象,被韩国人调侃一生都离不开税收、死亡和三星。

韩国人曾经用一句有趣的话来形容三星所涵盖的产业领域:在韩国,你可以使用三星的信用卡,购买一台三星的电视机,然后坐在三星地产开发的舒适公寓中,津津有味地观看由三星赞助的棒球比赛。

在风光旖旎的韩国庆尚南道宜宁郡，有一个特殊的景点，吸引着众多的人们前去参观。那里是三星创始人李秉喆的故居和旧三星商会遗址，展示着三星创始人李秉喆1∶250的青铜模型，由于李秉喆号"湖岩"，故居附近道路也被改名为湖岩路。

1910年2月12日，李秉喆出生在一个富裕的农民家庭。祖父李洪锡是当地的鸿儒，李秉喆5岁起便开始在祖父开设的书院接受儒家文化教育，广泛涉猎了很多文化经典书籍，为他打下了深厚的文化底蕴。父亲李赞雨知识渊博，思想进步；母亲全在林是汉城的大家闺秀。天资聪颖、思维敏捷的李秉喆是家中最小的孩子，深受家人宠爱。

11岁时，李秉喆进入朝鲜东南部的晋州智水学校学习。他在这所学校里接触到了西方新式教育，也结识了不少朋友，其中就包括LG创始人具仁会。假期里，在汉城（现在的首尔）上大学的堂哥眉飞色舞地向李秉喆讲述首都的精彩与繁华，这深深吸引了他。于是1922年，李秉喆信心满满地踏上了汉城求学之路，进入寿松普通学校，这是一所由朝鲜总督府作为初等学校试点、日本建立的学校，可以说是朝鲜近代教育的发源地。之后，为了快速学成，李秉喆转到中东中学速成班学习。他聪颖睿智又勤奋好学，一年后便完成了普通学校的课程，顺利升入中学。

1926年，正在中东中学就读的李秉喆受父母"家有贤妻，男儿不误大业"的影响，回乡和出身名门望族的朴斗乙结了婚。朴斗乙温柔贤惠，成为李秉喆的贤内助。婚后，李秉喆继续完成了中学学业。不过，不满足现状的他，出于对知识的渴求，萌生了去日本留学的念头。于是，李秉喆不顾父亲的反对，义无反顾地奔赴釜山，登上开往日本的轮船，开启了异国的旅程。

轮船在玄海滩附近遭遇风暴，波浪滔天，船很颠簸，船舱外的浪花刷刷呼啸而过，位于船底二等舱的李秉喆被摇晃得头晕目眩、呕吐不止。由于晕船严重，身体受不住的李秉喆便苦求船上的工作人员，申请换到一等舱去。日本警察无情地嘲笑道："真是可笑，朝鲜人居然妄想进一等舱！"李秉喆敢怒不敢言，他切身地体会到了"亡国奴的悲哀"。朝鲜被看作"四无国家"：无国、无主权、无企业、无富人。这让李秉喆终生难忘，对他后来选择走实业报国之路影响甚深。

到了东京，面对异国的文化，李秉喆深深地感受到漂泊他乡的孤独、艰难与辛酸。也正是在此时，他有幸结识了在日本私立第一学府早稻田大学读书的留学生李舜根。更巧合的是，二人还是同乡同族。在李舜根的介绍下，1930年4月，李秉喆通过努力考取了早稻田大学，进入政经科读书。[①] 在大学二年级时，由于不适应日本的气候，严重的脚疾一直深深地折磨着李秉喆。1932年9月，万般无奈之下，李秉喆只得忍痛放弃了留学计划，闷闷不乐地回到了家乡。

虽然人回到了家乡，李秉喆的心还飘在外面，几年的留学生涯，使有了见识的李秉喆心"野"了，他再也不甘心困在乡下，而是不断地思索出路。他将目光投向了创业。当时朝鲜国内百业凋敝，一片萧条，几乎没有像样的实体产业。李秉喆萌生了实业报国的想法。

家族产业由父亲和哥哥照管，不需要李秉喆操心，于是他便将心思全部放在创业上。他信心满满地将他从日本带回来的农作物良种，在家乡进行试种，以期通过做农业研究开发，干出一番事业来，但由于缺乏经验，项目失败了。李秉喆情绪很低落，学业未完成再加上事业失败，双重的打击一下子击垮了李秉喆，他每天出去游荡、打牌，晚上很晚才回家。有天半夜，李秉喆打牌回家，看着熟睡的妻儿，突然意识到自己是个不称职的丈夫和父亲，

---

① 砍柴人. 穷人与富人的距离0.05厘米[M]. 上海：立信会计出版社，2012.

这一段时间，他荒废了太多时光，既然已经成家，就要担起肩头的责任，不能再颓废下去。

李赞雨看着儿子有所反思和醒悟很高兴，便给了李秉喆一份价值 300 石①大米的财产做资本，随他闯荡。经过一番考察，李秉喆发现附近的港口城市马山是整个庆尚南道农产品的集散地，每年汇聚的大米高达数百万石，但马山大米的加工能力却远远跟不上。很多商人交了加工费，要等待很久才能取到粮食。在少数的几家加工厂里，等待加工的稻谷堆积成山。李秉喆看到了机遇，便和好友正亨荣、朴正源各自投资一万韩元，在马山开办了一家粮食加工厂，并通过银行贷款，从日本购进了先进的新式磨米机械。1936 年 4 月，李秉喆创办的"协同精米所"轰轰烈烈地开张了。

但希望有多大失望就有多大，本以为稳赚不赔的生意却偏偏赔了个底朝天，加工厂第一年就亏损了。李秉喆经过仔细调查，发现加工厂购入稻谷时正值米价上升，出售时米价已经下跌。找到原因后的李秉喆逆市而行，改变了经营方针：米价上升时，很多人都期待着之后会有更高的价格，他却趁此时机大量抛售；米价下跌时，别人纷纷卖出，他就大量买进。

事实证明，他的反向操作成效显著。第二年，李秉喆不仅赚回了投入的 3 万韩元成本，还意外地盈余了 2 万韩元。第一次创业可谓一波三折，有惊无险，但好在结果是好的，加工厂大获全胜。

在大米交易中，李秉喆了解到，马山的运输工具数量不足，于是他便当机立断成立了一家运输谷物的运输公司。这一次，李秉喆看得很准，运输公司生意蒸蒸日上，这激发了李秉喆的创业热情。当他看到金海附近有很多农民在出售农田时，便对金海平原的可耕种水田进行了深入调查，发现不仅有利可图，而且市场

---

① 1 石约等于 60 千克。

前景非常广阔，于是李秉喆贷款买了 200 万坪（约合 660 万平方米）土地，成为粮食年产量达一万石的大地主，他所操控的土地产业规模在庆尚南道一带几乎无人能及。

1937 年，日本发动全面侵华战争。为了集中资金、扩充军备，日本殖民政府在朝鲜采取战时非常措施，下达命令，要求所有的日本银行冻结资金；在此情景下，朝鲜经济形势急转直下，各种金融活动瞬间停滞。完全依靠银行资金流转的李秉喆不得不卖掉土地、转让企业来偿还债务。

清偿债务后，为了寻求新的商业机会和学习新的经营管理方法，李秉喆游历考察了朝鲜经济相对发达的城市，比如汉城、平壤、新义州、元山、兴南、清津等地，然后又来到中国，从东北的长春、沈阳一路南下，前往北京、青岛、上海等地。

考察中，李秉喆观察到中国东北一带苹果和干鱼非常紧俏，却缺乏货源。他敏锐地意识到此中暗藏巨大商机，于是决定在东北和朝鲜之间做出口果品和干鱼的生意。

1938 年 3 月 1 日，李秉喆在朝鲜大邱市买下一间小铺子，挂出招牌，创办了"三星商社"，这就是三星集团的起点。在朝鲜语中，"三星"是"三颗星星"之意，"三"是人们喜欢的数字，代表"大、多且强"，太阳有冷热变化，月有圆缺，唯有星辰永恒不变，"三星"寄托着创始人李秉喆对公司的愿景：希望企业能像天上的星星一样发光、明亮、永恒。

李秉喆对市场的判断很快得到印证，干鱼和水果非常紧俏，经常是货物刚刚到达港口码头就被抢购一空。李秉喆深知"不能把鸡蛋装在同一个篮子里"，他乘胜追击，不断扩大经营范围，开办了"星标面条"加工厂。在粮食匮乏的年代，"星标面条"加工厂生产的面条成为市场上的畅销商品，产品价格虽然稍贵，但贵在质量好。

李秉喆靠质量取胜的经营思维就是在这一时期形成的，三星开始走"高价格、高质量"的"高举高打"路线。

三星商社开业后，业务量急速增长，李秉喆需要帮手来开创更大的局面。他想到了在东京早稻田大学认识的学长李舜根，此人忠厚善良且富有商业才干。李秉喆把期票、印章的管理和几乎所有事务的决定权，都毫无保留地交由李舜根掌管，使他成为三星商社的实际负责人。此举确立了三星"通过专职的经理人管理公司"的思路。

身边的朋友非常担忧，李秉喆却认为，"用人不疑，疑人不用"，选人时一定要慎重，但一旦确定录用，就要放手大胆地让他去做。这条用人法则至今仍是三星集团的管理真经。敢于授权是三星集团最大的优点，也是企业发展的重要助推器。

由于管理得当，三星商社在短时间内迅速发展壮大。李秉喆没有满足于现状，仍然在物色新的投资对象。有一天，李秉喆百无聊赖中来到一家小酒馆喝酒，从邻桌人的闲聊中无意得知，原本由日本人经办的每年可酿造7000石粮食的"朝鲜酿造"会社，因不可调和的内部矛盾，正分崩离析，急于转手。

李秉喆认为，战争让人心情苦闷，很多人选择借酒消愁，这在无形中拉动了酒的消费需求。虽然战争之下许多行业陷入困顿，造酒业却一枝独秀。私人酿造业受到保护，可以享受许多优惠。对商机敏感的李秉喆察觉到这是千载难逢的投资机遇，于是果断出手，以10万韩元接手"朝鲜酿造"。他适当提高酒的浓度，让人们可以喝到更加醇正的白酒，酒的销量随着酒的质量一路上扬。一年后，"朝鲜酿造"产量激增到一万石，之后，销量更是节节攀升，成为大邱一带最大的纳税企业，三星由此掘到了第一桶金。

第1章 乱世群雄：野草般疯狂生长（1910—1938年）

现代起于"阿道汽修厂"

现代集团是韩国第二大财阀，仅次于三星。作为一家名副其实的世界级"巨无霸"财团，现代集团以建筑、造船、汽车行业为主，兼营钢铁、贸易、冶金、金融、电子工业等几十个行业，是一家综合性的企业集团。现代集团旗下的现代建设、现代重机、现代造船等子公司是全球范围内的顶尖企业，现代汽车、现代重工、现代摩比斯也是世界500强企业。

1995年，现代集团的创始人郑周永被《时代》周刊评为亚洲商业六巨子之一，1999年入选美国《商业周刊》"举世瞩目的企业家"。郑周永被誉为韩国的财界总统，并有"在韩国现代史的每个重要关头都留下足迹的时代巨人"之称。在韩国有句话说，"可能有人不知道韩国总统是谁，但没有人不知道郑周永"，足见郑周永的影响力。

在中日甲午战争时期，为躲避战祸，郑周永的曾祖父举家由咸境北道的吉州，辗转来到偏僻的江源道通川郡松田面峨山村，并在此扎根。1915年11月25日，郑周永出生了。这里虽然山清水秀，但土壤贫瘠，人们生活贫困。受多子多福的观念影响，郑周永家里孩子众多，他是家中的长子，下面还有6个弟弟和2个妹妹。家庭的重担全落在父亲一个人肩上，但他勤劳坚韧，任劳任怨，为养家糊口一直辛勤地劳作。

郑家虽然不富裕，但也是山村耕读之家，有着深厚的诗教传统。郑周永在祖父的私塾里学习了三年汉文，阅读了大量的古文著作，包括《千字文》《大学》《孟子》《论语》等，还学习了无题诗、联珠诗、唐诗等写作手法。深厚的汉文启蒙为郑周永打下了良好的文化素养，使得他谈吐优雅，出口成章。

到了上学的年龄,郑周永进入附近通川郡的松田公立小学。由于家境贫寒,郑周永常常连饭都吃不饱。但无论多么饥饿难忍,郑周永都会坚持把课程听完。①

1931年,16岁的郑周永从松田公立小学毕业,父亲开始教给他一些干农活的技能,试图让他当一名真正的农民。但心高气傲的郑周永不甘心一辈子"面朝黄土背朝天"地守在农村,他不断地寻找逃离农村的机会。朝鲜农村信息闭塞,郑周永了解外界的唯一途径就是区长家订阅的《东亚日报》。在几乎与世隔绝的小山村中,这份报纸为懵懵懂懂的郑周永打开了一扇通往外面精彩世界的窗户,坚定了他离开家乡,去广阔的天地寻找新生活的信念。

"躲在暗处的老鼠只能去吃阴暗角落里的垃圾,而在光天化日下大摇大摆出来的老鼠,就能得到粮食。我有力气、有能力、有想法就一定能够挣到钱。"一天,郑周永突然在报纸上看到一则消息:清津、罗津的炼钢厂、港口和铁路都在招工。郑周永便约上了同村的一个伙伴,徒步前往600千米以外的清津,但在半道被父亲追回。之后不久,郑周永再次离家前往汉城寻找工作,中途在亲戚家住了一晚。当晚亲戚就给他家通风报信,郑周永的出逃计划再次以失败告终。但这丝毫没有改变郑周永要离开农村的决心和勇气,他仍然在酝酿、寻找机会。

1932年,郑周永的父亲卖掉了家里的两头牛,打算购买新的土地,郑周永偷偷地拿了这笔钱,第三次离家搭乘火车来到汉城,顺利成为会计速成班的学员。郑周永认真投入学习中,但百密一疏,学校寄到家里的入学通知单泄露了他的行踪。一个月后,父亲再次追来,不由分说将他领回了家。这次回乡,郑周永绝望了,他收起心气,专心农事。

---

① 顾文州.汽车王国里的愚公:郑周永[M].北京:中国社会出版社,2015:18-19.

第 1 章 乱世群雄：野草般疯狂生长（1910—1938 年）

1934 年，峨山遇到了百年不遇的大旱，庄稼绝收，一种可怕的"浮黄"病开始在村里流行。为了保命，父亲终于答应郑周永外出谋生。就这样，三次离家出走不成的郑周永，在死神的帮助下获得了自由。

19 岁的郑周永孤身来到仁川码头，和工友们住在潮湿污秽的简陋工棚里，晚上累得筋疲力尽，在地铺上倒头就睡，但臭虫叮咬，让人痛苦不堪。郑周永索性卷起铺盖睡到了桌子上，但让人意想不到的是，臭虫居然顺着桌腿爬了上来。于是郑周永想到了一个办法，他把桌腿放进了盛满水的盆里，得意地想：这下臭虫总没办法了吧？然而，郑周永实在是低估了臭虫的战斗力与意志力，臭虫成群结队爬到天花板上，然后冲着人体落下来，依靠"空袭"再次得手。郑周永惊讶不已：微不足道的臭虫为吸到人血居然如此锲而不舍，作为万物之灵的人类还有什么困难是不可克服的呢？这个启示在他后来的奋斗历程中和面对困难时发挥过巨大的作用。[①]

在仁川码头做了一个月的搬运工后，郑周永觉得这样下去毫无出路，便徒步前往汉城。途中，他靠给别人做短工，挣足了远行的盘缠。

在汉城，郑周永先是在普成专科学校图书馆的工地上做小工，干一些搬砖、运沙子的苦力。不久后，他又去了工厂当见习工，每天的工作就是把几根铁丝拧在一起。枯燥单一且看不到前景的工作让郑周永苦闷不已，他再次选择了离开。

最终，郑周永在一家名为福星商会的米行找到了工作。郑周永勤快踏实，眼里有活儿，懂得看人眼色行事，因此博得了客户的赞扬。同时，由于此前学习了会计，还记得一手好账，米行老

---

① 梅昌娅. 财界总统：郑周永 [M]. 沈阳：辽海出版社，2017：48-49.

板非常欣赏这个有上进心的年轻人，郑周永成了米行里最受重用的伙计。米行伙计的工资是每年年终以大米的形式发放的。年末，郑周永一共往家里运了18袋大米，这是一家人在地里累死累活，辛苦一年也挣不到的粮食。米行老板对郑周永很器重，手把手教他做生意。郑周永学到了很多关于经营方面的知识，还积累了不少人脉资源。

后来，米行老板积劳成疾，病倒在床，但他唯一的儿子却游手好闲，很快将家产挥霍一空。米行老板失了心气儿，对经营逐渐丧失信心，出于对郑周永的信任和关爱，便在1938年年初，将店铺交给了诚实勤奋的郑周永管理，自己带着家人回了乡下。

郑周永从一个小伙计一跃成为老板。他兢兢业业地经营着米行，生意蒸蒸日上。郑周永把福星商会改名为京一商会。由于良好的信誉和服务，京一商会逐渐站稳了脚跟。郑周永逐步扩大经营规模，生意做得风生水起。

1937年，日本发动全面侵华战争。出于战争需要，日本当局将谷物全部收上来，再统一分配给朝鲜民众，不允许米行再销售大米。形势所迫，郑周永不得已关闭了京一商会。

失去了京一商会的郑周永赋闲在家。一天，他偶遇了老顾客李乙学。李乙学在京城的一家汽车修理厂工作，他高兴地跟郑周永攀谈起来。当他听说郑周永赋闲在家时，便告诉郑周永阿岘洞附近一家阿道汽车修理厂正在出售，与其闲在家里，不如放手一搏，试试运气。[①] 在那个时代，汽车还是一个新鲜事物，郑周永对汽车的了解也是一片空白。他进行了一番详细深入的调查，发现汉城只有约4000辆汽车，意识到汽车行业将是一个前景广阔的朝阳产

---

① 洪夏祥. 从平凡走向辉煌：三星和现代创始人的传奇历程[M]. 杨磊, 译. 北京：世界知识出版社，2006.

业。于是郑周永果断决定买下阿道汽车修理厂。但他身上只有500韩元的积蓄,凭借良好的信誉,郑周永从米店熟客吴胤根那里借来了3000韩元,又东奔西走,从其他朋友那里借到了1500韩元,最终花费5000韩元买下了阿道汽车修理厂。

买下阿道汽车修理厂后,郑周永的事业发展顺风顺水,开业当天就有几辆"日进氮素矿业公司"的卡车送过来修理,甚至朝鲜权贵尹德荣的一辆高级小轿车也被送到这里让郑周永进行检修。

可惜好景不长,修理厂开业不久,由于一个工人马虎大意,不小心将火种掉在了地上,引发了一场火灾。熊熊的大火将修理厂的厂房烧成了一片瓦砾,也将正在修理的几辆汽车烧得面目全非。由于汽车价格非常昂贵,为了赔偿被烧毁的汽车,郑周永陷入了资金困境。他再次找到吴胤根老人,诉说困难。吴胤根出于对他的眼光、能力和品质的信任,果断借给他3500韩元,解了郑周永的燃眉之急。

于是,郑周永重振旗鼓,开始筹建新修理厂,不久后新厂落成,开始经营。郑周永更加努力,因为此时的他已经负债累累,容不得一点的偷闲和失误。汽车还是奢侈品,只有汉城的权贵家庭才买得起,一旦汽车坏了他们就只有步行,这在上流社会是非常没面子的事。深谙人心的郑周永抓住了上流社会这种不易被察觉的普遍心理,采取与别人不同的经营策略——加班加点以最快的速度将汽车修理好。而有的修车厂老板比较短视,为了挣钱会故意把问题夸大,几个小时就能修好的车子,往往要修上好几天。

郑周永的修理比别人修得快,价格也公道,诚信经营,受到了客户的热烈欢迎。没过多久,郑周永几乎垄断了汉城的汽车修理生意。两年之后,他终于还清了所有的欠款。依靠这家修理店,郑周永学习了很多管理和发动机的知识,这为他以后事业的做大奠定了基础。

后来，郑周永买下了一块地，开了一家"现代自动车工业社"，这就是现代集团的前身。美军入驻韩国时，郑周永得到了很多来自美军的单子，很快就发展成为有近百人的修理厂。

郑周永有胆量、有魄力，从不害怕失败，也不害怕尝试。他善于在混乱中寻找一些看似不起眼的机会，并不断打造信誉，升级技术，这就是郑周永的企业生存之道。

斗山：一斗一斗，累积成山

韩国斗山集团（DOOSAN）是韩国最大的财团之一，是一家享誉全球的综合性跨国公司。公司业务涉及重工业、服务业、零售业等众多领域。从最尖端的技术到快速消费品，斗山集团都拥有世界级的质量和技术，其中，包括世界排名第一的海水淡化工厂——斗山重工业、世界排名第一的社会基础设施——斗山产业开发，以及世界排名第二的大型船用发动机——斗山发动机等。

如今坐落在闻名世界的繁华商业街区——韩国首尔东大门市场的斗山大厦，即斗塔（Doota），550多家品牌专卖店入驻其中。"斗山"的含义是"一斗一斗地积聚起来，就能累积成山"。斗山集团由创始人朴承稷创建于1896年，从一个小商铺起家，发展成为世界500强企业。

朴承稷出生于一个普通的农民家庭，从小接受汉文教育，具有深厚的文化底蕴，也接触到了儒家优秀的传统文化。良好的文化素养及知识底蕴为他开创事业提供了最基本的条件。1896年，朴承稷在钟路4街梨岘开办了一间商铺——朴承稷商店。商店售卖各种日用品，但富有头脑的朴承稷却靠着一个小小的商店打出了招牌——"宗家府"泡菜。与市面上其他泡菜相比，朴承稷研制的泡菜有着独家秘方，味道独特、回味悠长，每天前来购买"宗家府"泡菜的人排成了长队。有人建议朴承稷扩大店面，增加泡菜的产量，这样可以减少大家排队，吸引更多的顾客，从而提升销量。

但深谙经营之道的朴承稷却笑着摇摇头，他有意降低泡菜的产量，制造出供不应求的"假象"，从而维护泡菜的形象，增加品牌附加值，进一步扩大了销售，让排队现象成为门店的常态。

果不其然，"宗家府"泡菜很快打响了品牌，很多人都知道了"宗家府"泡菜。没有吃过的人心里也会好奇，为什么这么多人排队，想来这里的泡菜一定很独特，于是也要排队购买亲口尝尝。而"宗家府"泡菜也的确没有让排队的人失望。

之后，眼光长远的朴承稷逐渐扩大经营领域，陆续开设了经营租赁、仓储、贷款、化妆品、谷物、棉布等物品的商店。凭借着丰富的行商经验，以及诚恳务实的经商态度，朴承稷的事业越做越大。

朴承稷坚持顾客至上的理念，他表示，如果顾客打了你的脸，那么请你拉着（打你的）那只手对他说："您的手该多疼啊！"朴承稷强调顾客永远是对的，这种给顾客让利的经营哲学，无疑是给顾客最好的回报，也更体现了"一切为了顾客"的服务宗旨。

1925年，受到第一次世界大战的影响，朝鲜经济遭受严重打击，朴承稷商店经营不景气，陷入严重的危机中。为了救活商店，朴承稷将商店改编为股份公司，从日本社会公益组织——日本共益社借了大量的债款，其中，朴承稷持有300股，共益社持有900股。改编为股份公司后，朴承稷商店的大部分所有权归日本所有。由于朝鲜整体经济萧条，百业凋敝，改编成股份公司后，朴承稷商店的经营情况并没有得到转机。1929年，世界经济危机爆发，日本对朝鲜实行殖民地农业政策，农产品价格直线下跌，给农民带来了巨大压力，很多人濒临破产，人们的购买力急剧下降。朴承稷商店生意萧条，只能艰难地维持现状。

日本人非常喜欢喝啤酒，随着在朝鲜做生意的日本人日渐增多，朝鲜的啤酒消费量逐年上涨。1931年，日本侵略中国东北后，中国东北成了日本啤酒的巨大消费市场。为了减少中间运输的费用及长途颠簸的麻烦，日本于1933年12月8日在日本东京成立了昭和麒麟啤酒公司，而加工厂则设立在距离中国更近的朝鲜。为了保证啤酒的销量，日本人开始在朝鲜物色享有较高威望的商界人士入股昭和麒麟啤酒公司。就这样，朴承稷和三养社社长金季洙进入了他们的视线。最终，朴承稷成为昭和麒麟啤酒公司的股东。

虽然是昭和麒麟啤酒公司的股东，但朴承稷丝毫没有放松发展事业。他认为，要想在商场上战胜竞争对手，必须要知己知彼。于是，当朴承稷的长子朴斗秉初中毕业后，重视教育的朴承稷便将儿子送入了京城高等商业学校，这所学校以日本学生为主要生源。朴斗秉对经济学有着浓厚的兴趣，认为通过坚持不懈的努力，以诚实守信的经营获得财富，是一件自由、愉快的事情。在京城高等商业学校，朴斗秉既可以学习到丰富的商业知识，又可以交到一批朋友，而更为重要的是，他还可以尽早并全面地了解日本。

1932年，朴斗秉从京城高等商业学校毕业后，进入朝鲜银行工作，他积累了丰富的金融知识，认为金融对一个企业的生存、发展具有举足轻重的作用。1936年，朴斗秉任朴承稷商店的常务理事，实际负责朴承稷商店的日常经营。朴斗秉重视客户资源，善于沟通，十分注重与银行处好关系，实施了一系列向近代企业转变的措施。从1938年开始，朴承稷商店迎来了发展兴旺期。

朴斗秉是一位卓越的近代企业家，他受过系统的近代经营学教育，具有丰富的银行工作经验。他长袖善舞，多资善贾，担任过20余个国家级公共职务。他继承、发展了父亲朴承稷的创业理念，形成了"以人和·诚信为核心，注重自我实现、企业成长、奉献社会"的经营理念。

在漫长的发展过程中，斗山集团基于朴承稷的创业理念，逐渐形成了第一代"以人和为中心的家族主义企业文化、诚实守信的赢得顾客文化、勤俭节约的增长主义文化"，以及基于朴斗秉的经营理念形成了第二代"人和、团结的温情主义文化，信用、勤俭的成长主义文化，正道经营的合理主义文化，奉献、献身的产业报国主义文化"。①

人和文化是凝聚斗山员工的文化源泉，在危机面前，"人和文化"发挥了巨大的精神力量。后来，东洋啤酒的永登浦工厂惨遭破坏，工厂40%的建筑坍塌，50%的设备被损毁，朴斗秉购买的东洋啤酒满目疮痍，一片狼藉。但在"人和文化"的感召下，东洋啤酒员工众志成城，凝聚一心，决心无论多么艰难都要团结一致共渡难关。全体员工勠力同心，经过7个月的艰苦奋斗，终于重建了工厂。

"斗山之道"的精髓即是"人"，"坚持不懈地培养人才，是斗山最大的魅力和竞争力"，斗山集团相信"人才"是企业的兴盛之本，是企业的发展命脉，也是企业实现长久发展的核心力量，更是斗山历经百年沧桑依然能够生存壮大、屹立于商业之林的根本。在全球化的市场竞争愈演愈烈的情况下，"斗山之道"是设定目标和实施战略性决策的指南，是将员工与斗山联系在一起的强有力的企业文化，也是加强企业核心竞争力的取胜哲学。"斗山之道"是一直引领斗山过去百年历程的动力，更是提高未来竞争优势的固有经营哲学及事业模式。

---

① 张光军. 韩国财团研究[M]. 北京：世界图书出版公司，2010：170-173.

爱茉莉的"山茶油精神"

爱茉莉太平洋集团（Amore Pacific）是韩国享誉全球的化妆品集团公司，也是韩国专业从事化妆品开发、生产和销售的国际性集团之一。

爱茉莉太平洋集团不仅拥有研发中心，而且海外分支机构横跨全球，已成为世界性企业。爱茉莉太平洋集团以"奉献美丽与健康"为经营理念，以"品质第一"为经营策略，其经营内容广泛，包括化妆品、家庭日化用品、保健食品、医药品、电子产品等。如今的爱茉莉太平洋集团总部大楼已经成为首尔的一座地标建筑，其外观看起来宛如一个月形白瓷壶。这座建筑也蕴含着爱茉莉太平洋集团的过去、现在和未来。

2013年，韩剧《来自星星的你》风靡全中国，剧中魅力无穷的女主角千颂伊的饰演者全智贤使用的化妆护肤产品全部来自爱茉莉太平洋集团旗下品牌，比如艾诺碧的气垫粉底霜、兰芝的唇膏，以及韩律的洗面奶等。因在电视剧中植入广告，爱茉莉太平洋集团的这几款产品迅速成为中国女性的心头所爱，被大家兴奋地列入了采购清单。"千颂伊的梳妆台"更是在互联网上广为传播。依靠这部韩剧，爱茉莉太平洋集团的产品在中国迅速打开了销路。

20世纪30年代，朝鲜女性流行的发式是将秀发整齐地梳到两鬓，然后抹上发油，精致光滑，一丝不乱，被大家争相效仿，成为端庄贤淑的女性之美的象征。山茶油也由此被朝鲜女性珍爱，具备了美的价值。

爱茉莉太平洋集团创始人徐成焕的母亲尹独亭是一位思想独立的女性，心灵手巧、非常爱美的她，发现身边的女子对山茶油情有独钟时，便决定用双手制作出开城质量最好的山茶油。朝鲜有很多背包商人，他们走街串巷，见多识广，挎着背包，售卖各种自制的药物和草药。尹独亭是个热心肠，她总是给远行的背包客提供歇脚的地方，一杯热水、一碗热饭，温暖了背包商人的心。他们向尹独亭提供了很多有价值的信息，有的背包商人还鼓励尹独亭做生意："您心肠好，热情又大方，做生意肯定能成。"尹独亭也有此意，于是便向这些背包商人请教做生意的诀窍，并细细打听哪里的山茶树最好。下次背包商人再来的时候，便给她带来了南方最好的山茶果实。

略懂药理的尹独亭使用亲手设计的木头模具，常常花费好几个小时榨取山茶果实的油分，再用细麻布细细过滤。就是通过这种最原始的手工制作方式，一瓶又一瓶纯天然的山茶油在她的手中诞生了。

通过背包商人，尹独亭不断购得南方的山茶果实。但渐渐地，尹独亭所购山茶果实的数量已经赶不上生产山茶油所需的量了。于是，尹独亭便在家里的庭院中，不断尝试种植各种用于制作护肤品的草本原料。

尹独亭坚强能干，在家里有 6 个幼小的孩子需要抚养的艰苦环境下，她依然坚持以家庭作坊的形式生产。为了扩大销路，胆大心细的尹独亭坚持上门推销，让家庭女性试用她的山茶油。她面相和善，口才好，人又热情大方，人们也很乐意尝试她的山茶油。

尹独亭使用天然材料制作成的最纯正的山茶油，通过和别人不一样的品质赢得了口碑，也获得了消费者的信赖。人们慕名而来购买她的山茶油，常常是今天的还没做出来，外面等待购买的客户已经排起了大长队，甚至直接预订了第二天的山茶油。尹独亭受到鼓励，以更大的热情投入到简朴的研发中。

1932 年，尹独亭开辟了一个店面，创办了爱茉莉太平洋集团的前身"昌盛商店"，开始以山茶油为主打产品，生产和销售化妆品。尹独亭聪慧贤淑，如同在厨房为家人做饭一样，她制作的化妆品也坚持使用最天然的优质原料。尹独亭坚持一切出自自然，亲手制作，并不断精研改良，让美在每一位女性的身上绽放光芒。她深谙传统植萃所蕴含的力量，并坚信女性无论何时都应优雅自处地追寻美。这也在她的儿子徐成焕心中埋下了一颗关于"美丽梦想"的种子。

尹独亭拥有强大的生活能力和独立自主的态度，聪明智慧且胸怀宽广，这样对生活、对工作充满热情的她正是那个时代的女性典范。凭借超乎常人的生活能力、敏锐的商业嗅觉和宽容大度、热情豁达的品性，尹独亭广结人缘，生意做得风生水起。尹独亭对天然植物的钟爱、热情与信赖，被人们称为"山茶油精神"。爱茉莉太平洋集团很好地传承了这种精神，并把它奉为圭臬，从先创者尹独亭到徐成焕到之后的董事长徐庆培，历经三代发展为今日得到全世界认可的基石——"绝对品质主义"。

尹独亭的幼子徐成焕，从小深受宠爱。由于家里的生意不错，徐成焕自小学起就负责到各地收集原材料，长大后便跟着母亲学习做生意。他经常骑着自行车去汉城南大门市场，采购甘油、香料和空瓶子等。耳濡目染，徐成焕从小就对自然草本的价值有独到的见解，对化妆品的经营之道更是深谙于心。但具有雄心壮志的徐成焕不甘于母亲这"一亩三分地"。

不久后，徐成焕在开城金载贤百货店租了个小档口，不仅出售自家的产品，还代卖其他公司的畅销品，生意越做越大。他们的家乡开城因为特有的水土条件和气象条件，以种植高丽参而闻名，并因此成为人参栽培及加工中心。

得天独厚的环境条件让徐成焕在耳濡目染中逐渐了解了人参的护肤功效，他希望能够将人参的自然能量与草本价值用于护肤品中。服兵役回来后，徐成焕继承了母亲的事业，在开城创立了太平洋化学工业公司。他发现市面上的化妆品质量参差不齐，粗制滥造,便率先推出了有商标的化妆品,成立了业内首个化妆品研究室,推出了韩国第一款美妆产品Melody霜。后来徐成焕的公司因一款名为爱茉莉(Amore)的产品而闻名,他最终将公司更名为爱茉莉太平洋。出身东方一隅的朝鲜却放眼太平洋,创业初期徐成焕的野心可见一斑。

徐成焕继承了母亲尹独亭的手工艺精神,并让这种"山茶油精神"在爱茉莉太平洋集团传承了下来。后来,公司更名为太平洋化学工业株式会社,名字经过了几次变动,但"太平洋"这三个字从没有发生过改变。徐成焕的商业风格和母亲尹独亭一脉相承。他相信一款深受大众欢迎的产品抵得过成百上千件普通的产品。事实也确实如此,"ABC人参霜""Melody霜""ABC发蜡"等红极一时的产品给太平洋公司带来了巨大收益。

徐成焕非常热爱茶文化,他看着日渐凋零的韩国茶文化,心疼不已。为了挽救茶文化,徐成焕经过一番考察,发现韩国济州岛的黑色土壤特别适合种植茶叶。于是,徐成焕就在一半是大海、一半是旷野的济州岛上开垦了一片茶园,专门精心栽培茶树。这一举动让大家惊讶不已。化妆品公司种植产品原材料,这在行业内是开先河的,绿茶也由此成为爱茉莉太平洋集团最具代表性的原料之一。后来,爱茉莉太平洋集团以此生产出世界上第一个完全以绿茶为基本原料的护肤品系列。并且在爱茉莉的旗下品牌中,这种特色非常鲜明。比如雪花秀是以亚洲药材制成的奢侈品牌;梦妆是以山茶、荷花和茉莉花等作为原料的品牌;悦诗风吟的大部分原料都来自自然风景优美的韩国济州岛等。而这些自然风,恰恰迎合了消费者的喜好风向标。[①]

---

① 张书乐. 探路——互联网+时代行业转型革命[M]. 北京:化学工业出版社,2016:165-166.

爱茉莉太平洋集团在发展历程中，一直坚持企业特质。从最初的山茶花油开始，爱茉莉太平洋集团的许多成功产品，本身就携带着纯天然这一基因。爱茉莉太平洋集团自成立以来，潜心探究外在美和内在美，以及自然与人类的协调。在黄海道平山和开城度过童年的创始人兼首任会长徐成焕，被植物所拥有的无限价值和惊人的生命力深深迷住。他从尊重植物所具有的珍贵价值出发，研究其多种应用可能性，将其运用到产品中。

岁月是最好的见证，经过多年的发展，爱茉莉太平洋集团已经成长为韩国颇具影响力的著名企业集团，国际行销网遍及40多个国家和地区，化妆品项目多达4000余种，已经蜕变成一家世界级化妆品企业。

第2章

创业维艰，夹缝生存（1939—1950年）

1945年8月15日，日本宣布投降。从此，朝鲜摆脱了日本的殖民统治，迎来了独立的曙光，但很快就被冷战的阴影笼罩。1948年的8月和9月，朝鲜半岛南北双方先后成立了两个政府，大韩民国政府和朝鲜民主主义人民共和国政府。在国家建设的进程中，韩国政府坚持发展经济和社会建设的基本方针，积极推动国家各项事业。同时，韩国深入推行民主化改革，加强人权和自由的保护，努力提高民众的生活水平和幸福感。当然，韩国在建设中遇到了很多阻力：经济规模小，广泛贫困，国家建设的资金和物质缺乏；政治不稳定，社会分化和斗争频繁，叛乱和暴力的危险时刻存在；受到苏联和其支持的朝鲜等方面的外部威胁和压力。韩国政府需要克服这些困难和挑战，才能进一步促进国家的发展和进步。

韩国政府采取了一些政策和措施来推动国家的发展。由此，由数千名企业家形成的新兴工商业资本家阶层在韩国有着巨大影响力。勇敢的创业者们在恶劣的环境中，种下了商业的种子，他们在夹缝中不断寻找机遇，顽强生长，并悄然积累了财富，为国家的发展强盛奠定了基础。

乐天：舌尖上的生意

在韩国提起乐天集团，可谓尽人皆知。它不仅牢牢地把控着韩国的主要经济命脉，更让人惊讶的是，在国事政要上，乐天集团也有着极为重要的发言权与决策力。乐天集团作为世界五百强跨国企业，以全球化战略在全球近20个国家与地区蓬勃发展，涉及零售、食品、旅游、石化、地产及金融等领域。

韩国乐天集团创始人辛格浩总是面沉似水、疏于言谈，一般人很难看透他的心思，被称为"古怪的跨国财阀"。他虽然深居简出，但是将日本和韩国的两个庞大的企业都运作得非常好。

1921年，辛格浩出生于松基里一个人口稀少的偏僻小山村。它就像是被世界遗忘的一隅，自然条件恶劣，当地人但凡有办法都搬离了，而留下来的人，没有其他谋生的手段，只靠几亩薄田，勉强度日。辛格浩父母生育了10个子女，家庭负担极重，辛格浩作为家中的长子，被看作家庭的希望，负有振兴家业、支撑门户的重大责任。

虽然家庭贫苦，辛格浩的父亲还是将他送进了学校学习知识。此时的朝鲜还处于日本的殖民统治之下，这一时期出生的孩子，要么抱着强大的爱国之心，致力于国家和民族的自由；要么被彻底同化，对日本充满向往。辛格浩就一直渴望离开朝鲜去日本发展。但由于家庭条件所限，他的梦想也不过是镜花水月罢了。在家人的勉强供养下，辛格浩好不容易考上了一所农业学校，成为一名农业技师，有了一技之长可以傍身。同时，他也组建了家庭。妻子是一个平凡的乡间女子，婚后，二人生育了一个女儿。

但不安于平凡的辛格浩，并没有因为娶妻生子而甘愿做一辈子技术员。最终，他通过努力，得到了一个去日本早稻田大学学习的机会。

于是，辛格浩瞒着父母，丢下妻女，带着仅有的83日元，义无反顾地坐上了开往日本的轮船。在日本，辛格浩一边在大学学习知识，一边勤工俭学。卖报纸、牛奶，在饭店端盘洗碗、打扫卫生，就这样，辛格浩通过打零工来交学费和维持生计。就是这段艰苦的日子，让辛格浩在心中埋下了对财富永不满足的欲望。

1945年二战结束后，日本国内形势发生了极大的变化，朝鲜和日本之间的关系也变得更加微妙起来。

在日本的很多朝鲜人感觉前途不明了，于是纷纷坐船回到了祖国。一直在寻找机会、不甘心就这样回国的辛格浩选择留在了日本。他认为，只要留意，变故中往往孕育着商机，越是混乱的局面，越是能找到平时被忽略的机会。

就在战争结束前，辛格浩碰到了他生命中至关重要的一位"伯乐"。一位日本商人很欣赏辛格浩的聪明能干，以及勤奋吃苦的优良品质。辛格浩凭借着专业才能以及三寸不烂之舌，成功地说服了这名投资人，获得了5万日元的创业启动资金。辛格浩意气风发地开设了一个机油加工厂，打算好好经营。可是时运不济，刚刚开始运营的工厂被一发炮弹击中，彻底灰飞烟灭。辛格浩竹篮打水一场空，梦想化为泡影，同时也背上了外债。

但辛格浩并没有气馁，颇具商业眼光的他又开办了一家工厂，这次发展得很顺利，没几年便获取了丰厚的利润，还清了投资人的钱。辛格浩的人脉越来越广，眼界越来越宽，最终成为令人瞩目的年轻商人。

小试牛刀尝到甜头后，辛格浩的野心开始膨胀，对财富有了新的渴求，已不再满足于做一个小打小闹的小商人了。

战后的日本百业凋零，一个偶然的机会，辛格浩发现驻日美军带来的一种口香糖非常受欢迎，但由于是进口产品，价格十分昂贵，普通人根本买不起，也没有渠道去买。于是辛格浩迅速整合资源，全心发展口香糖事业。

可是看好口香糖市场广阔前景的不止他一个人，受口香糖市场的诱惑，日本出现了许多生产口香糖的小型公司，其中很多是家庭作坊。几百家企业同时竞争，甚至还包括美国"箭牌"口香糖。在商界初出茅庐的辛格浩并无明显的竞争优势。因此，辛格浩开始创新，研发新的产品，费尽心思提高产品的质量。经过一番不懈的努力，"乐天"口香糖克服了"太硬"或"易化"等日本国产口香糖共有的普遍弱点，咀嚼后可以轻巧地在嘴里吹出泡泡，或者用竹管吹成轻盈的气球。很快，"乐天"口香糖便风靡了整个东京。辛格浩大喜过望，他乘胜追击，抓住时机，一举将产品推向了整个日本。[1]同时，在企业的日常经营上面，辛格浩利用大学期间所学到的丰富的理论知识，把"企业是艺术，产品要追求完美"作为公司的运营宗旨。在这样高质量、高标准的严格要求下，辛格浩公司生产出来的口香糖质量非常好，从包装到用料再到口感几乎都焕然一新，商品一经上市，就受到各个年龄层消费者的欢迎。

口香糖事业蒸蒸日上，短短几年时间，辛格浩就从无人知晓的穷学生变成了家财万贯的企业家。

1948年，辛格浩创立了日本制果公司。正当野心勃勃的辛格浩准备大展拳脚时，却发现公司的发展实则举步维艰。大部分客源都被大企业紧紧攥住，初出茅庐的日本制果公司作为"外来户"根本没有什么客源。公司刚创立不久便面临倒闭的风险，辛格浩的创业道路一度中断。

---

[1] 方军.世界上最成功的50种推销本领[M].北京：中国华侨出版社，2002：256.

日本的排外思想本就很严重，因此在商界刚刚崭露头角的辛格浩，经常受到各界人士的排挤与针对。自身实力弱小，没有人脉也没有背景，这让辛格浩很苦恼。如何破局，成为迫在眉睫的事情。他意识到务必在日本找到一个靠山，才能在商界吃得开。很快，辛格浩发现婚姻是一条可以改变社会地位的捷径。机缘巧合之下，辛格浩结识了出身于日本权贵家族的重光初子，对其展开了猛烈追求。重光家族在日本是名副其实的名门望族，重光初子是日本外相的外甥女。重光初子深得辛格浩之心，他深信只要与重光初子结婚，就可以顺利打开日本商界，甚至是政治的大门。

但已婚的身份束缚着辛格浩，他十分苦恼。他的妻子是一个传统的朝鲜女性，温柔善良，她非常理解在外辛苦打拼的丈夫，从不给他添麻烦，只是默默地镇守着后方：照顾家庭、伺候公婆、抚育孩子。但为了获得重光家族的认可，辛格浩还是和待在老家的妻子离了婚。

没有了后顾之忧的辛格浩很快获得了重光初子的芳心，二人顺利结婚，辛格浩入赘了妻子的家族，取了重光武雄的日本名。凭借妻子家族强大的人脉关系，辛格浩在日本商界如鱼得水，地位和名气都逐渐高涨，公司的发展自然也跟着一路水涨船高。

辛格浩是营销天才。日本电视首次开播，他就出钱打造"乐天小姐"模特选拔赛，打出品牌；日本南极探险队远征，他更是免费送了特制的口香糖。他多次举办口香糖大赛，各界名流看在重光家族的面子上，也都欣然前往。种种手段，多管齐下。辛格浩很快便在日本政商界混得风生水起，再加上产品质量上乘，他的经营思路又极为新颖，因此没过多久，辛格浩便集聚了一笔资金，在日本开创了一部独属于他的"乐天传奇"。

1948年，辛格浩正式成立乐天株式会社。从此在多方资源整合之下，辛格浩成为日本知名的财团创始人。凭借这样的权势和地位，辛格浩生意做得如鱼得水。在这段各取所需的婚姻中，辛格浩和重光初子生育了两个儿子，大儿子名叫辛东主（日本名重光宏之），小儿子名叫辛东彬（日本名重光昭夫）。

随着战争的结束，日本与各国的关系得到缓和，一些日本企业看到了商机，纷纷来到韩国投资发展，辛格浩也将目光放回了故乡——韩国。但是这一回，他不能像先前一样轻轻松松离开。乐天集团已经和重光家族牢牢绑定，辛格浩如果去韩国发展，势必会给乐天集团的发展带来影响，进而对整个重光家族的发展产生影响。

于是，辛格浩将一部分得力干将留在了日本，同时将大儿子辛东主也留在了日本。在日本和韩国的部分家庭中，默认长子继承家产。辛格浩将辛东主留在日本，既表明了态度，又打消了重光家族的顾虑。而他不知道的是，正是因为他这一举动，为后来兄弟二人的争斗留下了隐患。

起亚：从韩国第一辆自行车起步

起亚（Kia）全称起亚株式会社，是韩国历史上第一家汽车制造商，以"用心全为你"为理念，从两轮自行车启程，跻身世界十大汽车制造商。韩国起亚集团创始人金哲浩，是被称为财阀的人中出生较早的一位。

1905年，金哲浩出生于朝鲜庆尚北道漆谷郡鹤山洞一个贫苦的普通农家。他是家中的长子，下面有四个弟弟妹妹。虽然家中经济已非常拮据，但重视教育的父母还是把金哲浩送到了附近的私塾学习汉文，后来又让他接触新式的教育和思想。少年时代传统思想和新式教育的启蒙，金哲浩受益良多。

随着年龄增长，金哲浩开始对时局有了一定的了解。朝鲜的国家现状和人民苦难深深地影响了金哲浩，他一边学习，一边积极参加爱国运动，反对日本对朝鲜的殖民统治。这种生活一直持续到1919年。

1919年3月1日，朝鲜人民不满日本的"武断统治"，朝鲜的宗教界人士和青年学生以朝鲜高宗李熙的葬礼为契机，发动"三一运动"。朝鲜在全国范围内掀起大规模的民族解放运动，极大冲击了日本对朝鲜的统治。作为激进的热血青年，金哲浩在运动失败后退学回到家乡，以躲避日本殖民当局的抓捕。

可是，习惯了城市生活的金哲浩已无法忍受家乡贫乏的日子，他所坚持的理想和信念更使他不甘心做一名普普通通的农民。在日本的镇压活动渐渐平息后，年轻的金哲浩开始思索前途和命运，寻求从土地上解脱出去的办法。

1922年，为躲避日本人追捕回到家乡避难的金哲浩，再次准备离开家乡。此时的金哲浩已经年满17岁，虽然年纪不大，但他像当时很多同龄人那样，已经成婚。作为家中的长子，已经成家的金哲浩肩头的责任更重了。为了让家人过上更好的生活，金哲浩下定决心，踏上了釜关联络船，前往日本。

在1910年朝鲜受日本殖民统治之后，朝鲜民众遭受了沉重的压迫和剥削，加速了朝鲜农民的破产。在日本殖民政府的强征暴敛下，在底层挣扎的破产农民衣食无着，朝不保夕。为了寻求生路，他们不得不背井离乡，东渡日本。但大多数在日朝鲜人的境遇都非常不理想，他们离开故土时已经一贫如洗，来到日本后只能从事最基础、最繁重、最低廉的苦力劳动，生活上极度贫困，精神上备受歧视。

就是在这种境况下，金哲浩来到了日本。他首先来到大阪。

大阪位于日本本州西部，坐落于近畿平原，面临大阪湾，是日本的历史文化名城，犹如中国的上海。16世纪后半叶，在日本战国时期迅速崛起的丰臣秀吉大兴土木，建造了巨大的大阪城，将其定为都城。在江户时代，德川家康在大阪设置了全国约280个藩（地方豪族）的"米藏"（粮仓），大阪作为"经济之都"如火如荼地发展了起来。到了明治时代，大阪得益于盛行的船舶贸易及距离上海、香港等城市较近的地理优势，更是蓬勃发展。

日本大阪被称为"东洋的曼彻斯特"。20世纪20年代起，在大阪港周围兴建了临海型重化工业，货物贸易量和工业产值均居全国首位，使大阪成为日本最大的工商业城市。这里商业繁荣，人才荟萃。金哲浩刚来到这里时，为了谋生，人生地不熟的他只能在工地上做苦力，一个殖民地国民的艰苦奋斗就这样开始了。

与其他劳工不同的是，金哲浩接受过正规教育，有文化有思想，适应能力又极强。两个月后，不甘被命运摆布的金哲浩成为一家制铁工所的实习工，算是找到了一份相对稳定的工作。然而朝鲜人在日本的社会地位很低，尤其是在1923年关东大地震后更是雪上加霜。由于当时日本的经济非常不景气，失业成为比较严重的社会问题，而朝鲜人的涌入冲击了日本的劳动力市场，威胁到日本劳动者的生计。因此，很多日本人看不起这些背井离乡前来谋生的朝鲜人，并对他们怀着深深的敌意。他们经常宣称日本是"单一民族国家"，也就是"一直以来"生活在日本列岛的大和民族。

然而，这不仅没有使金哲浩自暴自弃，反而激发了他的斗志和民族自尊心，并更加努力地工作。金哲浩勤奋努力，头脑灵活，善于钻研，当别人只满足于一份稳定的工作时，金哲浩想到的却是如何学好技术，提升自我。功夫不负有心人，他的踏实勤奋和聪明上进终于得到了上司的赏识和信任，也获得了周围日本人的认同和尊重。三年后，金哲浩凭借自己的努力一跃成为这家制铁工所的负责人。这是一个朝鲜人在环境险恶的日本职场闯荡逆袭的故事，金哲浩终于依靠不懈努力获得了所希冀的生活。在日本站稳脚跟后，金哲浩把家人也接到了日本。

虽然金哲浩比周围的人都努力，然而由于朝鲜人的身份，1930年，金哲浩进入制铁工所8年后，还是被日本人无情地排挤出来。金哲浩深刻体会到作为一个亡国奴的悲哀，在别人的屋檐下，你即便再努力，终究无法翻身做主人。国家的强大，才是个人最大的底气。

好在金哲浩已经在工作中积累了丰富的经验，手里也有一部分资金。经过考察后，富有远见卓识的金哲浩辗转从别人那里接手了一家叫作"三和"的制作所，这是一家生产自行车零部件和标准螺丝的小工厂。这家工厂的开办对他日后事业的发展腾飞起到了关键性作用，正是在这家工厂的实践打磨中，金哲浩了解到了机械制作的精髓，为日后建造汽车王国奠定了坚实的基础。

1944年，金哲浩从日本回国后建立了京城精工股份有限公司，主营自行车零部件制造。1952年，金哲浩造出了韩国第一辆自行车，并为其取了一个大气磅礴的名字——三千里。1952年，公司改名为起亚，"起亚"的含义是"亚洲崛起"，由此可见金哲浩的胸襟和雄心，他要让亚洲成为世界一流。1961年，起亚利用韩国重建委员会资助的40万美元开始着手制造两轮摩托车。1962年，起亚花费近10年时间，终于研制出了小型厢式三轮货车K360，一举扬眉吐气。这是起亚在韩国汽车生产史上迈出的第一步。

1971年，起亚研制成功了四轮汽车E-2000和E-3800。起亚的四轮汽车一经上市，便获得了人们的追捧，利润惊人。为了扩大规模，从1979年起，起亚先后研制出小轿车、小型客车、农村多用型卡车。1987年时，起亚出口的汽车已经达到了7万辆。1982年，起亚被誉为韩国的最佳模范企业。起亚汽车的成功，主要是由于其不断提高汽车的制造技术,加快了产品的更新迭代。起亚集团拥有数十年的辉煌历史,总资产曾经排名韩国第 8 位,销售额排名第 7 位。鼎盛时期,起亚每年生产汽车高达百万辆,在世界生产汽车的厂家中名列第 17 位。起亚集团从生产自行车开始一步步发展,后来与美国福特汽车公司合作生产轿车,直至 1997 年 10 月 22 日正式宣告破产。后来,由韩国政府出面,韩国现代集团对起亚进行收购,并于 1998 年签订了股权转让协议,成立了现代·起亚汽车集团。尽管我们现在已经不再能见到独立的起亚集团生产的汽车,但是起亚这个品牌仍然被保留至今,在世界各地纵横驰骋,风采依旧。

韩进:运送军援物资的"哈巴狗"

韩进集团是世界上最大的物流企业之一,是韩国最大的物流公司,主要经营集装箱港口、集装箱堆场和美国境内运输服务。韩进集团旗下有大韩航空、韩进海运、韩进重工等 12 家颇具规模、掌握国家经济命脉的大型企业。

韩进集团的掌舵人赵重勋在 1945 年创业时还只是一名不起眼的卡车司机,只拥有一辆旧卡车。依靠赵重勋超人的胆识和敏锐的商业眼光,韩进集团由小至大,逐步发展成为韩国运输大王。赵重勋被人们称为韩国的运输业之父。赵重勋曾是韩国白手起家的典范,他用 20 年的时间,建立韩进集团,成为韩国首富。

韩进集团创始人赵重勋的创业史充满了传奇色彩。1920 年 2 月 11 日,赵重勋出生于朝鲜仁川一个贫困的农民之家。家中共有兄弟姐妹 8 人,赵重勋排行老二。此时的朝鲜,常年笼罩在日本的殖民恐怖下,人民温饱难以为继,更谈不上读书教育。赵重勋只读到了普通高中一年级便中途退学,早早承担起振兴家业、支撑门户的重任。后来赵重勋进入镇海海员培训所(现韩国海洋大学的前身)机械专业学习。学习期满后,赵重勋又进入位于日本神户的藤村造船所进修深造,学成后找到了一份货船船员的工作。在当船员期间,赵重勋走遍了中国的上海、天津、青岛等地,不仅开阔了视野,积累了很多从商方面的经验,而且还取得了由日本运输省颁发的二等机械师资格证。

1945年,25岁的赵重勋为了谋生,东拼西凑,买了一辆二手卡车做运输。即便司机的社会地位较为低下,经常受人白眼,赵重勋也不以为意,他认为弯得下腰才能抬得起头,生活的这点困难算得了什么呢。赵重勋踏实勤奋,埋头苦干,每天驾着卡车往返于汉城和仁川之间,不辞辛苦地为别人送货。由于货运竞争对手不多,加上勤奋苦干,赵重勋的生意越做越顺,便在仁川创办了"韩进商社",做起了运输生意。

赵重勋做生意坚持顾客至上的原则,来者是客,不管是大客户还是小客户,他都笑脸相迎,殷勤备至。没多久,"韩进商社"的名号便在汉城和仁川两地打响,找上门的客户越来越多。经过几年的艰苦创业,赵重勋的事业发展得红红火火,所拥有的卡车也逐渐增多。

有时候,人生的浓墨重彩可能就是从生活中一点小小的举手之劳开始的。至少赵重勋的人生就是如此。

1950年,朝鲜战争爆发。大量美军在仁川登陆、驻扎并长期生活。有一天,赵重勋从汉城开车到仁川送货,途中经过富平时,无意中看到公路旁有辆车抛锚了,一位金发碧眼、衣着非常体面的美国太太焦急地站在车子旁,四处张望,一筹莫展。

赵重勋见状,主动停下车问明情况,然后便取出工具,打开汽车引擎盖仔细检查，甚至钻到车底下去检查故障，最终帮这位满脸愁容的美国太太修好了车。

那位美国太太非常感激，聊天中，她得知赵重勋是一个跑运输的业主，就递给他一张名片，说如果需要帮助，就去名片上的地址找她。

几天后，赵重勋按照名片上的地址找到驻韩美军一位高级将领的家，原来几天前路遇的那位金发碧眼的美国太太，正是美国高级将领的夫人。

在那位夫人的引荐下，赵重勋获得了美军军需物资运输的生意。对创业初始苦于没有资源渠道的赵重勋来说，这笔生意犹如雪中送炭。胆大心细的赵重勋深知美军像一个不会枯竭的源泉，将源源不断地给他带来巨额的财富。赵重勋做生意特别注重信用。有一次，在运送美军军需品时，手下一个司机心术不正，因为贪念，竟然私下将1200套军服偷偷倒卖了。赵重勋知道后，愤怒不已。但他很快冷静了下来，他深知，如果这次失去信誉，那随之失去的便是今后的合作机会。于是，赵重勋带人第一时间追到黑市，不惜代价将军服赎了回来，有惊无险地将货物准时交付给美军。虽然这花费了赵重勋3万美元，却为他赢得了很高的商业信誉。

战争停止后，韩国国内物资匮乏，主要依赖美国支援。由于赵重勋一直信守合同，信誉极佳，凭着过去和美军的合作基础，赵重勋再一次揽下了军援物资的运送生意。他的事业像滚雪球一样，越滚越大。他不仅有了成批的车队，还有了一流的装备。

赵重勋的家底逐渐丰厚，他有了专职的司机，他的专车换成了最高级的奔驰车，办公室也从仁川的几间简陋的小瓦房，搬到了汉城最大、最豪华的"半岛饭店"，而且在汉城付岩洞还拥有一幢500多平方米的私人豪华别墅。"运输大王"赵重勋的名号渐渐打响，韩进集团初显规模。

别人小富即安，赵重勋却有着极大的财富野心。他深知，抓住机会比乞求上帝更重要：有心人懂得每个机会都价值百万。

有一次，赵重勋和韩国官员到越南访问，当他们乘坐的专机飞抵越南上空时，赵重勋通过机窗俯视地面，只见越南的港口密密麻麻，停满了运载军需物品的轮船。赵重勋看到了勃勃的商机，他决定从事军事运输。这笔生意极其危险，并且要从事军需品运输，需要得到美国国务院的许可。于是，赵重勋马不停蹄地赶到美国，诚恳地向美国国务院提出在越南从事军需运输的申请。好事多磨，经过一个多月的周旋，赵重勋终于得到了许可。随后，赵重勋与美军签订了一笔金额为780万美元的运输合同，合同规定承运方必须以300万美元作为抵押金。"不入虎穴焉得虎子"，赵重勋为此到处借债，甚至不惜冒着巨大的风险在地下钱庄借了利率惊人的高利贷，最终筹到了这笔巨额保证金。

赵重勋包下了利润很高但是风险极大的陆路运输，这几乎是刀尖上舔血的生意。有一次，没带任何干粮和补给的赵重勋，被困在防空洞里，整整三天才得以脱身。还有一次，军队突袭了一艘停泊于港口内的轮船，正在船长室休息的赵重勋仓皇跳上甲板，却不小心摔断了腿，险些成了俘虏。赵重勋冒着随时会丢失性命的危险，挣得了一笔巨款。这笔"卖命钱"极大地扩展了韩进商社的实力，也为他日后事业上的成功奠定了基础。

此后，赵重勋将运输业做大做强，开创了世界知名的物流企业韩进集团。随后，他又转战航空，收购了负债累累、财政累计赤字高达27亿韩元的大韩航空，实现了由陆地向空中拓展的第一步。为了赚取外汇，弥补赤字，赵重勋煞费苦心，千方百计扩大国际航线，历尽艰辛才将大韩航空扭亏为盈，获得成功。

巅峰时期的韩进集团，足足拥有12家大型企业，员工人数高达2.5万人，一度为韩国人称道。更难能可贵的是，虽然赵重勋后来事业发达，但他始终秉持初心，为人低调谦逊，生活简朴，是令人尊敬的成功企业家。

赵重勋属于那种一刻也闲不住的性格，他性子急，视时间如生命，有时为了赶时间，往往等不及电梯就跑去爬楼梯。他是个"拼命三郎"，夏天，别人都在睡午觉，赵重勋却不顾炎热，顶着大太阳出去干活。因此，他还得了一个不雅的外号——"哈巴狗"，是说他像狗一样一分钟也静不下来。

赵重勋自信、专注、追求完美、独断专行，组织决策能力强、行动上极具自信和主动性，坚持己见，不顾他人的意见或反对，独自行事。即使是客观而具体的分析资料摆在眼前，他还是凭灵感去构想。

赵重勋认为任何关系只要和钱掺杂上关系，就会变得很复杂。在金钱方面，赵重勋信不过别人，有时连公司一笔很小的一般性支出款项，他都要亲自过问，必须经过他本人的亲自批准。

不过，这么一个精打细算的精明商人，在对待员工时，却毫不吝啬，员工遇到困难，他总是及时伸出援手。有一次，赵重勋听说一位员工得了心脏病，痛苦不堪，但韩国的医疗技术还不能治疗这种心脏病，赵重勋亲自安排，将病人送到美国进行手术。由于这种心脏病比较复杂，要进行多次手术才能痊愈，赵重勋便安排这位病人多次往返美韩之间，直到痊愈为止。

赵重勋如此爱护下属，使员工都很感动，更加拼命地为企业效力。所以在他的"大爱"之下，即使他独断专行，也很少有员工愿意离他而去。有一段时间，受大环境影响，公司经营状况不佳，很多公司裁员自保，但韩进却没有人因此被炒鱿鱼，这在追求实绩的韩国财阀中实属凤毛麟角。赵重勋说，并不是他不愿意追究责任，而是他手下的员工都是家里的顶梁柱，如果失去了工作，整个家庭就将陷入困境，哪怕公司损失一点，也不能让员工为难。

赵重勋的经营哲学是：创业是一种艺术，要创造出好的作品，就要使成员像乐队的和音一样协调一致。由于年轻时读的书不多，创业后，赵重勋非常注重学习，他阅读了大量的书籍，其中也包括中国的古典文学，尤其是《三国演义》令他爱不释手。读过多遍后，他对书中的人物、情节了如指掌。他说，《三国演义》中的人物多达 3000 人，每个人性格不同。经营企业也是一样，会遇到各种不同性格的人，这些人都脱不出《三国演义》的范畴。[①]

在赵重勋的带领下，"韩进商社"的实力不断壮大，在韩国企业界的影响力日益增强。他连续成立或接收了东洋火灾保险、韩国空港、韩逸开发等大企业，成为拥有海、陆、空三大运输体系的财阀。韩进集团一跃成为国际性的大公司。从此，赵重勋每到国外访问，都受到隆重接待，所住的旅馆挂起韩国的国旗，以表示对这个国际性大航空公司老板的尊重。

英雄莫问出处，赵重勋从一个地位卑微的司机白手起家，经过一步步努力，成为富可敌国的超级巨富。除了商业外，赵重勋还运用自身国际影响力担任"平民外交官"，为 1988 年汉城奥运会的成功举办贡献了巨大的力量。

锦湖：从开出租车到"轮胎大王"

锦湖韩亚集团是韩国知名的企业集团，拥有锦湖轮胎、锦湖高速、锦湖化工、韩亚航空等多个独立子公司，业务范围横跨航空、运输、石油化工、轮胎、租赁、休闲等众多领域。锦湖韩亚集团最突出的代表是锦湖轮胎，其生产的轮胎销往全球，是世界上最

---

① 张光军. 韩国财团研究 [M]. 北京：世界图书出版公司，2010：267.

大的轮胎制造企业之一，凭借着锦湖轮胎耐磨性强、操控稳定、抓地力强的特点，成功进入世界十大轮胎生产企业行列。而在锦湖韩亚集团起精神领袖作用的是锦湖高速客运公司，其占有韩国高速客运市场36%的份额。

锦湖韩亚集团的创始人朴仁天，1901年7月5日出生于全罗南道罗州郡，父亲在他7岁那年就去世了。朴仁天自幼聪明懂事，家境贫寒的他11岁时才开始学习汉学，15岁就被选为面（朝鲜行政区域）内最优秀的学生。为了糊口，他曾做过棉花生意，在故乡开办过日用杂货店，还曾向日本高利贷公司借钱放高利贷，但他觉得"对同胞下手，是件残忍的事"，于是果断放弃了高利贷生意。朴仁天性格古板、老实，认为做人要对得起良心。

28岁时，朴仁天"安分"下来，为了找到一份稳定的工作，参加了日本殖民政府组织的公务员考试，成为一名巡警。巡警负责治安工作，有一定的职权，所以岗位竞争激烈，但聪明的朴仁天只用了三个月的时间准备，就顺利地考上了。

朴仁天正直善良，只想拥有一份稳定收入养活家人，并不想欺负同胞。所以在巡视中，他总是对同胞宽容以待，为此引起了日本署长的不满。他们需要的是听话的傀儡，而不是有独立思想的硬骨头。后来，早就看他不顺眼的日本署长以他偏袒朝鲜人为理由将他开除了。失去了稳定高薪的工作，朴仁天只好待业在家。朝鲜解放后，朴仁天似乎看到了曙光，试图恢复原职，成为一名巡警。但一番奔波后，无强硬人脉的朴仁天最终失败了。

1946年，刚刚摆脱日本殖民统治的朝鲜满目疮痍，国内经济百废待兴。在萧条与混乱背后，47岁的朴仁天经过长时间的观察与考虑，看到了创业的机会。他认为，战后车辆缺少，交通极为不便，出租汽车行业的发展前景一定非常广阔。

1948年是韩国临时政府成立的第一年。在那之前，韩国没有政府，所以美国军队担任临时政府角色，这短短的时期被称为"美军政时代"。解放之后的韩国赤贫如洗，在大部分人都无法保证温饱的情况下，开出租车行是大部分人不可企及的事。在那个年代，韩国一辆出租车的价格约为8万韩元，相当于800麻袋大米的价格。但这一切并没有吓倒眼光长远、胆大有为的朴仁天，他深知，高投入才有高回报，看准了机会，就要及时下手。于是，朴仁天当机立断，不惜变卖家产，然而他倾尽所有也只筹集到了7万韩元，根本不够买一辆车。被金钱所困的朴仁天不得不拉下脸皮，向住在康津郡的朋友借了钱，凑齐17万韩元的本钱，勉强买下了连汉城也难见的两辆1933年生产的福特轿车，开了一个出租车行，自任司机。就这样，朴仁天从一名出租汽车司机做起，进入客运服务行业，以此为基础开始拓展事业版图。

虽然出租车行开起来了，但仍然困难重重。由于美军拒绝供应非基础交通工具出租车使用的汽油，出租车无法运行。朴仁天不得不四处奔波，动用了所有的人脉，但仍无济于事。于是朴仁天每天去找美军负责人，软磨硬泡，试图说服对方。经过不懈努力，朴仁天终于拿到了美军的营业许可证。

有了充足的汽油供应，朴仁天的出租车在城市内驰骋，每天顾客满员，朴仁天从早到晚忙得不可开交。很快，朴仁天证明了他所看到的商机是正确的。罕见的出租车在有钱人圈子里有了很高的人气，出租车行发展如火如荼。不到一年时间，车行便由原来的2辆汽车增至9辆。

韩国俗话说："成功会招来成功。"当朴仁天的出租车生意做得风生水起时，一个新的机会又在向他招手。在光州一带，有大田—光州—本浦之间往来的火车，但由于铁路技术缺陷，几乎每天都有事故发生，很多人宁愿选择汽车，也不愿去坐火车。因此，光州一带的交通运输处于停滞状态。在这种状态下，全罗南道运输行政当局和各地方官员急得如热锅上的蚂蚁，他们急需一个能独当一面的人来挽救交通运输的颓势，于是想到了朴仁天这个在汽车行业做得风生水起的商人，希望朴仁天能运营巴士运送业。

临危受命，朴仁天很爽快地答应下来，这个在别人眼中是烫手山芋的行业，在朴仁天眼中却是大好机遇。经过一番紧锣密鼓的准备，朴仁天开通了地区间高速巴士客运站：光州—谷城、光州—潭阳、光州—长城。朴仁天顺势成立了光州旅客公共汽车株式会社，向银行贷款70万韩元，买下了4辆巴士。1948年11月5日，巴士公司首次运行，不到6个月就偿还了所有银行的借款。

虽然出租车和巴士事业都取得了成功，但商场总是机遇与挫折并行。1950年的朝鲜战争是对运输业最大的挑战，公司的巴士在纷飞的战火中或被炸毁或被破坏，朴仁天本人也被朝鲜军抓住，被判死刑。得上天眷顾，朴仁天趁着形势混乱逃出了牢狱，保住了性命。

光州再一次被"韩国军"占领之后，朴仁天东奔西跑，找到了巴士的残骸，经过一番艰难的修整后，朴仁天再一次开始了运输业。大家都觉得不可思议，乱世能保命就不错了，谈何做生意呀。于是好心的朋友劝朴仁天说："战争中做事业是疯狂的事情，不要再折腾了。"但朴仁天不肯放弃，他认为只要认准了方向，就一定要全力以赴地做好。

夹缝中也往往孕育着新生。不放弃、不颓废，才会有新的机会。结果证明，朴仁天的选择是正确的。休战时期，朴仁天的巴士公司已拥有37辆巴士。朴仁天并不满足于眼前的成功，他把目光放得更长远，并且无限拓宽。由于客运服务行业对轮胎的要求极高，需求量巨大，更重要的是关系到人的生命安全。与其把希望寄托给别的公司，不如努力研发出高质量的轮胎。于是1960年，朴仁天创立了锦湖轮胎，开始研发制造各种类型的轮胎。这也标志着锦湖韩亚集团的开始。

一开始生产轮胎,是在光州的一家小工厂里,每天生产约20条,大部分工序采用手工生产。因为品质卓越,锦湖轮胎的名声一炮打响,人们慕名而来,纷纷购买,锦湖发展越来越好,后来直接进军海外市场。

经过艰苦的创业,朴仁天已经拥有了14家公司。随后朴仁天将这些公司合而为一,成为锦湖韩亚集团的前身——锦湖集团。

朴仁天的事业不断发展壮大,业务范围不断扩展,涉及建筑、石油、家电、照明、贸易等多个领域;此外,他还拥有被更多人熟知的、韩国国内第二家民航公司——韩亚航空。

后来,韩国的很多经营学者都把朴仁天的成功归结于朴仁天坚定、稳固、不屈不挠的精神。这种精神被称为"不倒翁精神":人生虽摇摇晃晃,但却依靠一颗坚强不屈的心,在风浪中顽强前行。这种精神不仅为世界上无数文化传承提供了启示,也成为人类智慧和力量的象征。后来,锦湖韩亚集团确实经历过几次危机,但其克服了这些挫折,实现了跳跃式成长。

第3章

复苏与商机(1951—1959年)

在日本殖民时期，朝鲜半岛的一些本土企业已形成财阀雏形，但受到压制和盘剥，他们迫切期待与政府建立紧密关系。1947年，美国当局将没收的日本殖民统治者所留下的企业及其不动产，交给李承晚政府，李承晚将所谓的归属财产无偿"处理"给私人企业，这是一笔巨额的财富。1948年，韩国成立以后人口急速增加，百业凋敝，市场萧条，消费品极度缺乏，经济衰弱。为了稳定政权，执政者迫切需要与财阀合作，而企业也需要政策的支持，于是双方一拍即合，自此形成牢不可破的政经同盟。

20世纪50年代战争结束，国家趋于稳定，韩国经济从崩溃的边缘走向复苏。从50年代开始，美国利用经济援助计划，对韩国进行了大力援助。韩国政府将美国提供的物资援助出售，以此作为工业贷款和政府投资来源。企业家利用与政府的特殊关系，通过购买归属财产、援助分配和政府借贷等特惠政策迅速崛起，被称为"特惠财阀"。20世纪50年代，韩国刚成立，还是纯粹的农业国，没有成型的工业体系，经济基础还是农业以及和农业密切相关的少量轻工业。这一时期也是韩国基础设施建立的时期，如修公路、修电线杆、建设发电厂等最基础的设施建设；此外，纺织、制糖、水泥、玻璃等行业也有一定程度发展。20世纪50年代的基础设施建设为韩国后来的经济起飞积蓄了势能。

敢为天下先

1941年冬天，太平洋战争爆发，两面应战的日本政府禁止粮食自由经营，实行粮食物资统配政策，规定经营面粉、青果、干鱼的企业只允许拥有5%的产品支配权，其余全部作为军饷上缴。在这种政策下，无论是"三星商会"还是"朝鲜酿造"都既缺少原料，又无利可图。巧妇难为无米之炊，两家企业最后都到了被迫停产的地步。在发展无望，几年辛劳建立的企业都难以保存的形势下，李秉喆不得不在1942年春天将两家企业的经营权交给李舜根，黯然回到故乡中桥里。就这样，李秉喆的第二次创业又被战争摧毁了。

1945年8月15日，日本宣布无条件投降。从此，朝鲜终于摆脱了日本长达36年的殖民统治。国家独立，百废待兴，正是有志之士大显身手的年代。

李秉喆看到了希望，再次回到大邱，开始着手整顿停业已久的酿造厂。他从增加设备、人员调整上双管齐下，进行整顿，还试制成"月桂"牌新酒，在战后萧条的市场上受到了热烈欢迎，"三星商会"也重新开张。

但李秉喆的眼光绝对不仅限于大邱，汉城——这个繁荣的大都市，才是他向往的地方。于是，李秉喆举家迁居汉城。来到汉城的李秉喆将目标锁定在国际贸易经营上。1948年11月，他租下一栋100多平方米的二层小楼，挂出了"三星物产公司"的牌子，开始营业。

公司成立后，贸易的方向定为向中国香港、新加坡等地区出口墨斗鱼、鱿鱼干等产品，然后再从那里进口棉纱，转销韩国内地，这就是在韩国颇为流行的易货贸易。

在李秉喆苦心孤诣的经营下，三星物产公司的经营品种迅速增加到 100 多种，贸易对象也从最初的东南亚等地扩大到美国等许多先进工业国家。

1950 年 6 月 25 日，朝鲜战争爆发，三星物产公司和其他产业设施毁于一旦。心灰意冷的李秉喆回到大邱，却意外地发现当年留下的"朝鲜酿造"会社居然还在。社长向李秉喆报告了经营状况，并把辛苦攒下来的 3 亿韩元资产交给他。艰难时局中，他们不但保住了工厂，竟然还积攒下了如此巨额数目的资金，完全出乎李秉喆意料。

1951 年，李秉喆带着这笔资金，携家眷来到釜山，成立了"三星物产株式会社"（以下简称"三星物产"），主营国际贸易。"三星物产"从国外大量进口物资，通过贸易方式向百姓提供生活消费品，生意非常兴隆。

李秉喆眼光超前，他没有被眼前的胜利冲昏头脑。李秉喆认为建立在战争环境下的贸易业如同建立在沙滩上的楼宇，风险巨大。战争时期，物价飞涨，通货膨胀严重，资金很容易贬值。

1953 年，朝鲜战争结束。李秉喆敏锐地察觉到，战争结束后贸易发展一定会受到抑制，因为贸易运输解决的仅仅是国家的燃眉之急，战后重建中，民族工业必将蓬勃发展，此时抢占先机就显得尤为重要。

反复思考后，李秉喆打算开办更有助于国家发展和民众生活的进口替代产业。在经过一番考察权衡后，李秉喆认为造纸业、制药业、制糖业三个产业既在国内是空白状态，又是国民生活中必不可少的物资来源产业。考虑到制药业和造纸业生产技术要求高、从建厂到投产持续时间长，而制糖业的生产技术较为简单、生产周期短、投资后资金回笼更快，李秉喆最终选择了制糖业。

1953 年 6 月，李秉喆筹资 2000 万韩元资金，在"三星物产"

的招牌旁挂上了"第一制糖工业株式会社"的招牌。为了解决工厂用地问题，他四处奔走。

当打听到田浦洞附近一家在战争中被损毁的橡胶工厂，土地正在闲置的消息后，他立即赶往那里。橡胶工厂的主人固执倔强，别人看重利润，他却更看重买主的身份和买地的用途。

当听说李秉喆要买地建制糖厂时，厂主被他实业报国的魄力感动，二话没说，将土地卖给了他。"如果我能在有生之年看到我的地皮上建起一座救国救民的工厂，乃是我的一大幸事。"

之后，李秉喆获得了政府的支持。李承晚总统亲自批示给制糖厂18万美元的外汇配额，顺利解决了资金问题。1953年8月1日，李秉喆的第一制糖厂正式登记注册。

1953年11月5日，李秉喆生产出了韩国本土的第一粒糖。"第一制糖"不再是一个人们过去眼中妄自尊大的称呼，实至名归。李秉喆把这一天定为社庆日。

"第一制糖工业株式会社"（以下简称"第一制糖"）生产的白糖质量上乘，与进口白糖难分伯仲。李秉喆根据成本和合理利润把价格定到折合人民币48元一斤，与进口白糖300元一斤相比天差地别。李秉喆信心满满，当他踌躇满志地把白糖推向市场后，却被兜头浇了一盆冷水。由于长时间购买昂贵的国外白糖，韩国民众早已接受白糖昂贵的事实，在"便宜无好货"的固有观念驱使下，人们根本不去购买"第一制糖"的产品。

于是，李秉喆马上调整经营策略。将白糖价格由48元一斤提升为100元一斤再次出售，销路意外被打开了，再加上质量不断提高，民众渐渐认可了国产白糖，"第一制糖"的产品很快取代了进口白糖，占据了韩国白糖最大的市场份额。

李秉喆的"第一制糖"突破了资金和技术的局限，填补了韩国国产白糖的市场空白，凭借可以与进口白糖相媲美的质量、出色的管理和卓越的销售策略，成为韩国第一个具有现代化设备的进口替代产业，不仅为韩国节省了大量购买进口白糖的外汇，而且以"第一个吃螃蟹"的勇气为韩国自主经济发展奠定下一定基础。

"第一制糖"的成功同时引导了经济潮流，不少人紧紧追随"第一制糖"之后投资制糖业，在1954年到1955年短短一年之内，韩国境内就崛起了7家制糖厂，年生产能力达到15万吨，不仅将进口白糖逐出了韩国市场，还超出了市场需求量的2倍，形成了供大于求的竞争格局。

1957年7月，韩国当局不顾众多制糖生产商的反对，大幅度增加对白糖的征税，这使得以"实业救国"为最初开办目的的制糖业经营条件急速恶化，多家制糖公司难以抵抗这场风潮相继倒闭。对此，李秉喆十分忧虑，他深知传统的物美价廉策略已无法使"第一制糖"平安渡过这场"劫难"，无论是生产条件、产品质量，"第一制糖"都已接近极限，没有多少潜力可供开发。在经营状况不佳的情况下，只能通过裁员缩小公司规模、节省开支，才有可能使"第一制糖"得到一丝喘息的机会。

可是，当李秉喆走进办公室和生产车间，看到员工们兢兢业业努力工作的身影，他不忍心做出这样的决定。根据多年从商的经验，李秉喆意识到，要想确保"第一制糖"在不裁员的情况下还能生存，就需要依靠其他产业的力量来支撑和分担，所以眼下应该走多种经营的发展之路。

李秉喆把想法通过理事会讨论商榷，得到了大家的一致赞同。理事们认为，兼营的产业可以以白糖业为基础，利用"老树新花"的方法既能依靠白糖业的稳固基础，又能给企业带来新的发展活力和机遇，选择糖果业是再好不过了。然而理事们的提议却遭到了李秉喆的断然拒绝，他认为，如果"第一制糖"发展糖果业，必能如预期那样迎来一个新的发展窗口，但是"第一制糖"规模庞大，必然会挤倒多家小型糖果公司，造成大量的失业。

在李秉喆的生意理念中"双赢"至上，而不是为了公司的壮大去击垮别人。一个企业的终极目的是为社会谋福祉，不能为了保全自我而随意牺牲他人。

李秉喆带领着全体员工，拿出了当年创建"第一制糖"的勇气和魄力转而开拓面粉业。接着，李秉喆兼并了一家调味料制造厂，建立了"味丰产业"，同时进入混合饲料、食用油、肉类加工、牛奶加工等领域，并最终建成了一家综合性食品生产企业。

李秉喆从来不把鸡蛋放在一个篮子里，在打造制糖业和面粉业的同时，李秉喆一直在开拓其他行业。当他看到社会上毛料稀缺，穿毛料西服的人被称为"澳洲绅士"时，他希望通过努力，填补国内毛织业空白，打破市场被进口产品垄断的局面。于是1954年9月，李秉喆筹资在大邱建立了"第一毛织工业株式会社"（以下简称"第一毛织"），工厂设备全部采用世界上最先进的德国斯宾堡公司的设备。1956年2月，"第一毛织"终于正式投入生产。为了提高产品质量，李秉喆派遣员工到国外学习，并从欧洲发达国家请了专业的技术人员进行指导；同时成立了专门的实验室，从国外买来100多种国际知名面料做成的西服进行比较。几年后，"第一毛织"以无人能挡之势迅速占领了韩国市场，结束了韩国毛料长期以来依靠进口的历史。韩国总统李承晚到"第一毛织"视察时，对纺织厂的工作作出高度评价，提笔写下"衣被苍生"四个大字，这幅题字至今还保留在大邱"第一毛织"的经理室中。

废墟上重建"鲜京织物"

SK集团是韩国第三大跨国企业,以能源化工和信息通信为两大支柱产业,旗下有两家公司进入全球500强行列,分别是石化巨头SK HOLDINGS(SK集团)和控股公司半导体巨头SK HYNIX(SK海力士)。其中,SK海力士在韩国的地位相当于中国的华为。

SK的前身是1953年被收购的鲜京织物。SK由一个小小的织物工厂起步,历经70年的风雨,一路发展成为掌握韩国经济命脉的巨头,成为商业传奇的缔造者。1997年,亚洲金融危机爆发时,SK集团不仅成功躲避了冲击,而且企业的效益不断攀升,这些都与SK集团的灵魂人物崔钟贤所建立的高效管理体制和高瞻远瞩的决断有着密切关系。

崔钟贤出生于1930年4月,是家中次子。他自幼聪明伶俐,学习用功,是崔家四兄弟里最爱读书的一个;他一心想成为学者,用知识报效祖国。1950年,崔钟贤毕业于农高,1953年就读于首尔大学的农业部。崔钟贤英语很好,准备大学毕业后就去美国留学。后来在兄长崔钟建的资助下,远渡重洋赴美国求学,1956年毕业于威斯康星大学化学系,1959年取得芝加哥大学经济学硕士学位,并考进芝加哥企管研究所博士班。在后来韩国的所有财阀中,崔钟贤是学历最高的。提到崔钟贤,就不得不提他的兄长崔钟建,因为他才是鲜京集团的实际创始人。兄弟二人自幼的志向就非常不同,崔钟贤的志向是成为学者,崔钟建的兴趣则在经营企业上。

1926年1月30日,崔钟建出生于京畿道水原市的富农之家,是家中长子,崔钟建从小学习汉学,10岁进入小学。1944年,崔钟建毕业后进入鲜京织物,担任实习技术员。在日本殖民统治时期,鲜京织物主要生产士兵的衣服衬里。鲜京织物是由输出纺织品的"鲜满绸缎"与日本东京的"京都织物"一起合作成立的公司。其中,"京都织物"提供资金支持;"鲜满绸缎"提供工厂场地及人员,而鲜京的名字就是从"鲜满绸缎"和"京都织物"中各取一字而来。①

虽然只是鲜京一个小小的技术员,但崔钟建工作勤勤恳恳,坚持把每件事情都做好。他机警敏锐,深知"凡事要好,须问三老",在工作中善于请教同事、请示领导,以最佳办法及时解决问题,得到同事及领导的一致赞扬。

1948年韩国政府成立后,勤奋能干又头脑灵活的崔钟建被提拔为生产部长,开始管理鲜京织物的生产线。崔钟建善于整合资源,具有逻辑思维能力,在与他人的交往中始终保持着高度的自觉性和自律性,在工作中精益求精,始终保持好奇心,不断提升自我能力。

不久,崔钟建结婚成家,为了赚取更多的财富,他辞掉工作,开始打拼自己的事业,以制作西服里子用的人造丝作为主要产品向市场销售,获取了丰厚的利润。

但福兮祸所伏,1950年朝鲜战争爆发,积累了一些财富的崔钟建在斗争中被送进了监狱。战争结束后,崔钟建元气大伤,事业遭到重创,他不断地开拓新的市场,但每一次都以失败告终。于是心灰意冷的崔钟建进入了一家碾米厂打工,但他心里始终埋藏着对纤维事业的热爱,心里始终惦记着鲜京织物。

鲜京织物因在战争期间遭到轰炸,水原市的工厂已成为废墟,鲜京织物一蹶不振。崔钟建却在废墟里看到了生机,他认为战争之后,人们肯定对衣物有大量的需求。

1953年朝鲜战争结束后,韩国政府把一批日本遗留的财产和

---

① 张光军.韩国财团研究[M].北京:世界图书出版公司,2010:259-261.

公有企业以"归属财产"的名义向民间进行拍卖，鲜京织物公司也是其中之一。

崔钟建抓住机会，筹集资金，将鲜京织物买了下来，在履行了"归属财产"手续后，于1953年4月8日正式接管鲜京织物。在那一片被战争摧毁的废墟上，崔钟建用碎砖和石子重建了厂房和宿舍楼，因为他在鲜京织物工作期间树立了良好的威信，那些老员工们非常信服他。他正直公正，信守承诺，善于沟通协调，尤其能解决员工的后顾之忧。当老员工们听说崔钟建要成为新老板后，纷纷回来加入鲜京织物。大家一起努力，用碎片组装出了四台纺织机器。一番努力后，机器开始运转了。就这样，曾经的鲜京织物通过崔钟建之手成为新的事业。这就是鲜京集团的前身，崔钟建出任董事长。此时的鲜京织物规模比较小，资金仅有50万韩元，职工只有60人，主要生产一些棉织品、人造绢织品和化纤产品等。

由于崔钟建已经把所有的财产都投在了收购鲜京织物上，企业真正运转起来后缺乏必要的流动资金，崔钟建心急如焚。在这关键时刻，正在国外留学的崔钟贤的一个决定解决了崔钟建的燃眉之急。正远在大洋彼岸一门心思读书的崔钟贤，被父亲的一封家书打破了平静的生活。父亲在信中告诉他，哥哥崔钟建经营的"鲜京织物"陷入了经营困境。如今父兄有难，崔钟贤责无旁贷，必须要赶回国内助家族一臂之力，于是崔钟贤决定回国帮助哥哥，这样也可以把家里的钱留给哥哥投资。

崔钟建再次筹集了资金，加上家里的帮助，1953年7月，崔钟建的公司已有了20台纺织机。时值韩国纺织业淡季，公司产品销量很差，崔钟建认为只要坚持到中秋节旺季来临，公司一定会焕发新机。结果在中秋节期间，崔钟建成功售出400匹人造丝绸，获得了36万亿韩元的巨额利润。

崔钟建追求"品质第一"。在20世纪50年代人造丝绸是制作西装的主要材料之一，但人造丝绸有一个缺陷就是容易缩水。崔钟建通过技术改造解决了人造丝绸缩水的问题，鲜京织物推出的鸡标人造丝绸西装，一经上市便获得了人们的认可，销售量大增。批发商为了买到鲜京织物的西装，拿着现金在水原市的工厂前面排大长队。鲜京织物的西装人气火爆到在韩国创造出了一个流行语："有（公）鸡标吗？"

在1955年10月于昌庆宫举行的"解放十周年产业博览会"上，鲜京织物的人造丝绸获得了"总统奖"，"鲜京织物"品牌一炮打响，其纺织产品成了人们争相追捧的名牌。崔钟建备受鼓舞，很快就建立了庞大的加工厂，在汉城设了办公室。

鲜京织物的人造丝绸人气过旺，有一段时间甚至连山寨货都出现了，鲜京织物和市场上的商人只能共同强化对市场的监督。

鲜京织物发展的步伐并没有止于此。以"高品质产品"的名声为基础，鲜京织物推出了新的产品——"凤凰被料"。鲜京织物针对韩国的中产阶级推出了新的产品，就是绣上华丽的凤凰的高级被料。凤凰被料一推出，就被选为韩国结婚市场的必备物品，其销量在很长一段时间内都是韩国第一。市场上又有了一个流行语："（活在世上，）至少要盖上凤凰被。"

而崔钟贤的归来也给了崔钟建极大的助力。凭借出色的经济学、管理学知识，崔钟贤协助哥哥管理"鲜京织物"。对技术开发情有独钟的崔钟贤，重视创新，不断推陈出新。

崔钟贤的创新灵感曾来自一次酒会。一位舞姿翩翩的舞女身着的美丽连衣裙，质地轻柔，将人衬托得高雅得体。于是崔钟贤在后台找到这位舞女，花高价买下那条裙子带回实验室加以研究，最终研制出了新的混纺布料——皱纱，又叫泡泡纱，一经上市便风靡市场。泡泡纱成本低廉，即使赚取四倍利润也会被抢购一空。

泡泡纱的一炮走红令鲜京织物彻底摆脱了经济困境，迅速发展壮大起来，成为纺织界的巨人企业。秉承"人无我有，人有我新，人新我精"的理念，鲜京织物一边努力维持泡泡纱的高档质量使其他企业无法超越，一边继续研究开发新产品，寻求进一步的突破。

东洋：左手水泥，右手白糖

好丽友（Orion）是韩国排名前列的休闲零食企业，在中国也可谓家喻户晓，一句"好丽友，好朋友"让人记忆犹新。好丽友出自韩国东洋制果株式会社，属于韩国东洋集团旗下公司。

韩国东洋集团旗下有34家子公司，其前身为成立于20世纪50年代的韩国东洋株式会社和东洋水泥。20世纪80年代中期，韩国东洋集团成立东洋综合金融证券、东洋生命等公司，开始进军金融领域，并引进尖端的金融体系，成为综合性的金融公司。

韩国东洋集团的创建人为李洋球，号瑞南，1916年10月出生于朝鲜半岛北部咸镜南道咸州郡的一个贫苦的农民家庭。7岁时，李洋球的父亲不幸去世，母亲一个人既当爹又当妈，拉扯着几个孩子艰难度日。1931年，15岁的李洋球从永信学校毕业，他聪明机灵、上进心强，便向母亲表达了要继续求学的愿望。母亲听了一句话没说，只是默默地进了厨房。过了一会儿，李洋球走进厨房，看见母亲一边做饭，一边偷偷地抹眼泪。看着母亲羸弱的身体，李洋球心痛不已，母亲身体不好，常年需要看病吃药，家里大部分的钱都用来买药了，家庭负担很重。再加上正在读高中的哥哥学习成绩十分优异，为了让哥哥继续上学，以及照顾生病的母亲，懂事的李洋球决定担起家里的担子，从此再没提过上学的事。

李洋球生活的咸州郡位于咸兴以西、城川江下游。在日本殖民统治时期，咸兴是日本进行殖民掠夺的基地之一。日本在长津江、赴战江上修建水电站，利用当地丰富的黄铁矿资源，以及外地的煤和石墨等原材料发展化肥和火柴制造业。之后，在这里经营了以化学工业为主的一些工业部门，生产军需品和原料性的半成品。就是在这样的背景下，李洋球为了养家糊口，进入日资经营的杂货批发公司"咸兴物产"打工。李洋球吃苦耐劳、乐观坚强、头脑灵活，有敏锐的洞察力，并且沟通能力强。李洋球的突出表现，很快引起了领导的注意，便放手让他去做一些挑战性强的工作，比如推销产品。李洋球凭借三寸不烂之舌，加上本身优异的产品质量，赢取了客户的信任。他将最难的销售工作做得很出色，得到了领导的赏识，很快进入了管理层。

有了一定的人脉和经验积累后，李洋球不甘于再给人打工。他认为，与其给别人打工，不如放手一搏，去开创自己的事业。1938年，不满足现状的李洋球用积攒的资金，创办了食品批发公司"大洋公司"。李洋球善于经营，又跟日本人保持着良好的合作关系，在日本人的扶持下，李洋球的食品公司做得顺风顺水。

1948年，朝鲜半岛南部成立大韩民国，北部建立了朝鲜民主主义人民共和国。处于半岛北部红色政权之下的李洋球作为亲日派资本家，自然是首批被清算的对象。精明能干、善于审时度势的李洋球一看形势不对，赶紧带着一家老小连夜潜逃，跑到了朝鲜半岛南部。

在韩国，李洋球开始了经商生涯。一年后，他和同乡朱东泰一起创办了东洋食粮公司。1950年6月，朝鲜战争爆发，韩国国内资源奇缺，白糖储量匮乏，李洋球抓住时机，和朱东泰一起在釜山成立了三洋物产公司，开始经营进口白糖和面粉的生意。

俗话说，盛世黄金，乱世白糖。在战争年代，白糖和面粉是人们的生命之源。特别是糖，不但可以补充士兵的体力，还可以制作炸药这种强大的武器，因此糖作为战略物资成为战时的硬通货。

行业看得精准，再凭借出色的商业才能和积累的信用，李洋球的事业迅速发展，他也由此赢得了"糖业大王"的称号。

1953年7月，朝鲜战争结束。此时，韩国国内的零食十分匮乏，随着人们生活的稳定，除了白糖和面粉，人们对零食的渴求也十分明显。李洋球敏锐地看到了机会。因为曾经在日资企业当过经理的缘故，李洋球获得了日资企业的收购权。1955年，李洋球与朋友李秉喆、裴东焕等合资，收购了日本饼干厂"丰国制果"，将其更名为东洋制果工业株式会社，生产饼干等食物，李洋球自任总经理，这奠定了好丽友（Orion）的基础。

由于有美国的援助，韩国的工厂发展很快，再加上正是零食业起步的阶段，东洋制果工业株式会社很快占据了国内的市场，迅猛发展。但眼光长远的李洋球并不满足于眼前的事业，他就像一只嗅觉敏锐的狼一样，不断地寻找，强力捕捉着一丝丝擦肩而过的机会。有一次，李洋球走在大街上，看到到处都在建造房子。韩国战后重建期，人们要安居乐业，自然需要稳定的住所，建房自然离不开建材。敏锐的李洋球立马意识到这是一个千载难逢的绝好机会。于是行动力强的李洋球马上做了一番详细的市场调查，发现市面上对水泥的需求量很大，几乎可以说是供不应求，卖水泥简直像卖黄金一样挣钱。

水泥，也被称为"洋灰"，被誉为建筑行业的"粮食"。可以说，一个国家的建设，水泥工业功不可没。李洋球当机立断，拿出东洋制果工业株式会社赚取的资金，独立收购了一家日资水泥厂——三陟水泥，并改名为东洋水泥，李洋球建起了一座烧水泥的炉窑，从设备、原料到工艺、配方、生产，他都亲自参与把关。

由于东洋水泥质量好，在市面上备受欢迎。朝鲜战争后，东洋水泥主要负责废旧道路及港湾等基础设施的重建工程，以及住宅的建设。李洋球的事业版图上，由此衍生出了水泥这项新的业务，从此韩国东洋集团在重工业和食品行业双管齐下，齐头并进，东洋水泥和东洋制果工业株式会社共同成为日后东洋集团的根基。

商业的本质是迎合，市场需要什么，就去做什么，李洋球善于站在产品的角度去思考商业模式。投机取巧，也是一种创业思维。投机本身是一种包含智慧和胆量的经商行为。朝鲜战争时期，投机商人李洋球靠着买卖生活物资，成功积累了巨额资产。朝鲜战争结束后，随着国内局势的稳定，国家全面加强基础设施建设，东洋集团又开始了近30年的水泥帝国时代。李洋球也由此成为韩国的一大财阀。

在创业中，李洋球非常重视"正直"和"信用"，并把它们确定为集团的经营哲学，将从东方哲学中汲取的思想精华、生活经验应用到经营活动中。有意思的是，白糖被称为水泥的克星，在水泥中加入白糖，可以降低水泥凝固的速度，甚至将水泥变成一滩烂泥，而李洋球的一生与食糖和水泥结下了不解之缘。李洋球的食糖哲学是"爱糖如爱己身"，水泥哲学是"开创一代男儿的事业"。[①]

"味元"成就国民美味

大象集团（Daesang Group）成立于1956年，是韩国一家从事生物发酵产业的公司，靠"味元"发酵调料成长为韩国知名的食品公司，在全球设有约30个办事处，是世界三大发酵专业企业

[①] 张光军. 韩国财团研究 [M]. 北京：世界图书出版公司，2010：367-369.

及韩国排名第一的综合食品公司。大象集团的企业logo将公司的英文名字"Daesang"打散，并错落排列，形成一棵扎根于大地、伸向天空的大树。它象征着一种良性循环，以自然为基础，为人类创造一个健康和环保的世界。每个字母由不同的颜色构成，代表多样性、永远为了健康、基于专业知识的创造力、社会公益、表现敏捷、自然灵感、丰富的体验。

韩国大象集团凭借其独有的生物发酵技术，发展成为世界级的综合性食品领军企业。除了韩国以外，大象集团的产品还覆盖了中国、日本、美国、欧洲、俄罗斯、越南、印尼、菲律宾、大洋洲、非洲等国家和地区。大象集团一贯秉承为家庭的幸福和人类社会的繁荣作出贡献的经营理念，力求成为深受顾客信赖的一流企业。

在韩国，泡菜就像氧气一样，人们每时每刻都离不开。大象集团旗下的品牌，最出名的就是清净园（Chungjungwon）和宗家府（Jongga），其中清净园的淳昌辣椒酱连续10年被评选为韩国产品品牌力量第一名，而发酵调味料"味元"则被评选为世界一流商品。

大象集团的创始人林大洪出生于1920年。1945年，25岁的林大洪辞去了稳定的公务员工作，开始下海经商。他在商界摸爬滚打，不断尝试。富有创业精神的林大洪一开始选择的是毛皮加工业，后来又转行做过商贸，但事业发展并不顺利。

1950年6月，朝鲜战争爆发以后，韩国国内物资匮乏，日本产品乘虚而入，大量涌入韩国。在韩国国内几乎找不到几家民族企业。这让林大洪十分忧虑，他意识到，一个国家的强盛，必须有自己的民族企业、民族品牌。"光复（从日本殖民统治下独立）还不到十年，韩国就被日产商品占据，长此以往，韩国将再次落入日本手中。"

俗话说："民以食为天，食以味为先。"百菜百味，精髓就在于调味。在菜肴中,调味品总是幕后英雄,看似微不足道的配角,却是主导菜品味道不可缺少的灵魂。作为加工食品或烹调食品都离不开的调味品,在韩国市场却是一片空白,韩国的调味品市场几乎被日本企业"味之素"垄断。林大洪不愿见到如此情形,立誓将日本产品驱逐出本土。

为了让韩国人能用上自己国家生产的产品,1955年,林大洪前往日本学习"味之素"(即味精)的配方。他深知调味料的主要成分是谷氨酰胺,于是刻苦努力,勤于动脑,很快掌握了谷氨酰胺的制作方法。

1956年,学成回国的林大洪在釜山创立了"东亚化成工业株式会社",研制出韩国最早的发酵调味料——味元。这是林大洪发明的韩国本土"味元",从此进军调味品市场。

更确切地说,林大洪是一个善于钻研的发明者。和领导一个企业相比,林大洪更喜欢埋首于实验室进行各种研究,他每天泡在实验室里勤奋钻研,对企业的具体管理事务并不太感兴趣。林大洪被称作"实验狂",比起企业家、董事长的头衔,他更喜欢别人称呼他为"发酵博士"。犹如很多高科技企业,负责人通常是见不到的,他们不是在车间就是在实验室。

但"味元"调味品作为应势而出的产物,市场的需求推动着企业的发展。此阶段,对创始人的管理能力要求并不是很高。因此,味元很快通过"无论什么饮食,只要添加一点就可以让味道更好"的口碑,迅速占领了韩国调味品市场超过50%的份额。"东亚化成工业株式会社"迅速壮大扩张,这时,在管理上,林大洪逐渐感到力不从心。

确切地说,创始人林大洪是发酵技术的专家而非管理天才,早期公司的结构一盘散沙,亟须寻找外部专业力量帮忙,并希望能吸取同一时期起亚、大宇等公司的教训,尽早走上规模化的科学管理道路。

在朋友的建议下，头脑清晰的林大洪很快意识到了自己的短板，成立了职业经理人制度，引进了职业经理人。有了职业经理人的助力，"味元"调味品迅速占领了韩国本土市场。这让韩国第一制糖工业株式会社看得眼热。

和林大洪创立"味元集团"差不多同一时期，三星集团的创始人李秉喆成立了第一制糖工业株式会社，它是三星旗下最早的制造业，主要经营面粉制造业务和出口白糖。随着实力逐渐增强，李秉喆也盯上了庞大的调味品市场，"第一制糖"很快合并了调味料制造公司"味丰产业"，推出同款调味料品牌"味丰"，在调味品市场上和"味元"分庭抗礼，争夺市场。两家公司的商战打得如火如荼。

但富有创新研发精神的"实验狂"林大洪自我要求特别高，他闭关在实验室里，疯狂钻研，然后把研发出的产品让厨师去试用，找食品专家品尝，达到要求后，再推广到市场上去。"味元"好似抓住了人们的味蕾，每研发出一种新调料，很快就成为市场上的"宠儿"，订单如雪片般飞来。

就这样，"味元集团"凭借产品不断推陈出新，在市场占有率方面始终处于上风。

意气风发的三星集团创始人李秉喆比林大洪早十来年开始创业，20世纪50年代，三星集团在他的带领下入资银行，实现了生产、流通、金融的一体化。如此庞大体量的商业集团在早期跟"味元"的战争里却是屡战屡败，也难怪李秉喆意难平。他曾在自传里不无遗憾地留下一句话："子女、高尔夫和味元集团这三件事，由不得自己。"

但企业的发展很忌讳产品单一，在林大洪管理期间，他一门心思研究调味品，忽视了对其他产品的开发，特别是后来，外界对味精成分有过争议。有些人认为味精含有对人体有害的化学成分，这让消费者产生了顾虑，不敢再买"味元"。

但是"味元"的主要成分味精其实是由天然原料——从甘蔗中提取的蔗糖（原糖）或糖蜜做酵母发酵而成的，是发酵调味料。美国食品药品监督管理局（FDA）和世界保健机构等对味精是否有害的检测研究调查结果表明，味精是对人体无害的安全的食品添加剂，这解除了人们对"味元"的误会。

大象集团一边宣传关于味精的正确认识，一边加大技术开发投入，成功研制出新的发酵"味元"产品，新产品减少了原来产品中的核苷酸含量，更注重口味的柔和与醇正，同时推出的产品还有海带发酵的"味元"。这种"味元"是添加了海带粉的、自然的淡绿色颗粒。海带是韩国家庭制作菜汤料理时使用最多的食材，味道清淡自然，与任何料理都很配。在做料理时，先加入海带"味元"再放入盐，能够大量减少钠的摄入，对健康也有好处。

俗话说，造谣一张嘴，辟谣跑断腿。当被误解后，再想辟谣真是难上加难，也就在那个时候，"第一制糖"凭借自家的调味品品牌"大喜大"迅速抢占了市场，市场占有率超过80%。"大喜大"受欢迎的原因大概是其在产品里增加了牛肉、凤尾鱼，继而改变了像"味元"（味精）这样一般化学调味料的单一印象，彻底赢过了"味元"。

不过，大象集团并没有停止研发的脚步，为了向顾客提供超出饮食文化之外的更加健康的体验而不断进行变化和创新，不断将事业领域扩大到韩国的传统食品酱类、冷冻和冷藏食品、肉加工食品、欧美食品、咖啡等领域，翻开韩国食品文化的新篇章；同时，大象集团向重工业、贸易、石油化学等非食品领域推进业务的多元化发展，使其成为韩国国际化的先导企业。

同甘共苦的真露烧酒

真露是韩国烧酒第一品牌,其在韩国烧酒业的地位可以和茅台酒在中国的地位相媲美。在韩国,真露烧酒因销量大、名声响被称为"国酒",占据着韩国烧酒市场54%的份额,年均营业利润达到1000亿韩元。真露烧酒还是行走的时尚风向标,从中可以一瞥韩国演艺圈艺人们走红的程度。代言过真露烧酒的艺人有李英爱、南香美、河智苑、李秀赫、孔晓振、李知恩等。在中国,真露运用"借树开花"的策略——"吃火锅,喝真露",借助老字号东来顺作为打开中国市场的渠道之一。

真露烧酒正宗的身份是起源于中国元代的烧酎。在公元1300年高丽后期,烧酎传入朝鲜半岛。"酎"的本义是指粮食经过三次蒸馏,如同新鲜纯净的露水一样酿成的酒,因此也叫"露酒"。[①] 真露酒是由纯净水、大麦、红薯等粮食发酵并蒸馏而成的纯粮食酒,酒精度数在19.5~21.5之间。蒸馏出的酒清澈如水,醇香四溢,辛而不霸,入喉甘香顺滑。烧酎在朝鲜历史上长期被列为奢侈的高级酒,民间禁止制造,甚至被朝鲜皇室引为药方。直到日本占领时期,烧酎才开始走向大众。

1901年,朝鲜半岛虽已进入大韩帝国时期,却已是穷途末路。1910年,日韩两国签订《日韩合并条约》,朝鲜半岛正式步入日本殖民时期。真露烧酒的创始人张学烨就是在这一时期出生的。

1923年,22岁的张学烨以优异的成绩毕业于镇南浦公立商工学校(朝鲜近代新式教育机构)。张学烨的人生理想就是踏踏实实做一名教师,教书育人。他完全遵奉朝鲜独立运动家安昌浩的精神,期望能透过振兴教育改变国家的现状,提升国民知识水平,

---

① 王薇,邢龙飞. 韩国烧酒 [J]. 酿酒, 2009 (3): 56-57.

从而实现国家与民族的独立。

1923年4月,张学烨如愿进入黄海道谷山公立普通学校任教,负责学生们的朝鲜语教学。然而严峻的社会现实很快打破了张学烨教育救国的梦想。朝鲜尚处于日本殖民时期,朝鲜总督府不断向朝鲜人施压,加大对于朝鲜人的文化打压、洗脑政策的力度,这让有爱国思想的张学烨十分不满。他坚持教授学生朝鲜语,并不断向学生灌输独立、爱国的思想,深受学生的爱戴。但在校方与学校高层皆是日本人的情况下,教导朝鲜语并传播进步思想的张学烨被视为洪水猛兽,成了日本人的眼中钉。他们疯狂地打压张学烨,甚至不惜迫害他。在这样的形势下,张学烨的教学无法再进行下去,最终在日本高层的强迫下辞职,退出了教育领域。

离开校园,走下讲坛的张学烨并不气馁,他志向高远,下定决心,一定要在朝鲜半岛上创立一所本民族的学校,提高民族意识。

可是,没有资金,一切都是空谈。没有了糊口的工作,张学烨连吃饭都很困难,谈何创建学校呢?好在张学烨家中有一个果园,家人说,真不行,你就回来种水果吧。可是自认为学了一肚子文化的张学烨怎肯放弃梦想。不得已,他便来到小城寻找机会。可是找了好久,张学烨却一无所获。心情苦闷的张学烨来到一家小酒馆,点了几两酒喝。不知道是心情不好的缘故,还是酒真的不好喝,几两白酒下肚,张学烨感到更郁闷了。酒的味道寡淡无味,喝得张学烨兴致尽失,他叫来店小二,让他把店里最好的酒拿来。店小二瞥了他一眼,不屑地说:"您就凑合着喝吧,这年头哪有什么好酒,就连您喝的酒都是日本生产的。您就别挑三拣四难为我了。"

是啊,日本人调制出来的酒,怎么能符合朝鲜人的口味呢?张学烨的脑中闪过了一个念头:酿出真正属于朝鲜人的酒。"符合朝鲜人口味的酒,必须由朝鲜人亲手酿造!"张学烨暗下决心。

同时他也意识到，若要实现心中创建学校的远大志向，必须向现实低头，先赚到钱，为以后实现梦想积累资本。

张学烨考察了一些烧酒厂，经过一番详细的准备后，决定创建一家烧酒公司。他找到有酿酒业经验的洪石曹、姜基旭了解行情，三人的想法不谋而合，于是决定联手创建真泉酿造商会，也就是真露集团的前身。

1924年10月3日，张学烨在平安南道龙冈郡真池洞创立了真泉酿造商会，正式创立了真露公司。张学烨为其酿造的烧酒取名为"真露"，意为在真池洞这个地方如同接露水般酿造的纯酒。

然而，当时朝鲜的酿酒市场已经被日本企业瓜分。虽然张学烨与联手的两位创办人摩拳擦掌，信心满满地想要干出一番大事业，但要跟资金庞大的日本企业竞争，简直是螳臂当车，自不量力。就这样，公司勉强维持了两年，便在经营日渐困难下被迫关门退场。27岁的张学烨再次败在了现实面前。这次，他心甘情愿地回到家乡经营果园。

1950年6月，朝鲜战争爆发后，张学烨带着家人离开家乡，南下来到釜山重新打拼事业。1953年，朝鲜战争结束，张学烨又从釜山北上汉城。做什么行业好呢？颠沛流离、彷徨不已的张学烨再次想到了真露烧酒这个未竟的事业。于是，张学烨倾尽积蓄，又借了一些钱，在汉城永登浦区新吉洞买了一块土地建造工厂，重振旗鼓开设了西光酒造株式会社，同时复活了"真露烧酒"商标。环境稳定了，张学烨得以全身心扑入酒的研发中。张学烨注重打造酒的品质，从浸泡到蒸熟、冷却再到蒸馏，每一个环节，他都细细把关，揣摩品咂。他一直瞄准当前最先进的生产技术，通过技术的保证，不断提高产品质量，以无可挑剔的品质取胜。

同时，张学烨注重企业管理，积累了一套高效且行之有效的经营管理经验。张学烨紧盯人们的需求，无论在哪个时期，真露烧酒始终都没有离开过韩国人的餐桌。

张学烨甚至还把市场开拓到了日本,日本市场对外国产品十分排斥,但是真露不仅分到了这杯美味的羹肴,还一举成为日本烧酒市场的老大。张学烨成功的原因首先是靠真露特有的纯净品质;其次便是在产品开发上,注重与日本原有产品的差异性,比如真露可以调制鸡尾酒的独特之处就得到大批日本年轻人的青睐。

真露烧酒通过市场调查发现,很多中青年有抵制传统高度酒的倾向,对保健酒的需求更加强烈。真露做好了两手准备:一是以真露烧酒主攻低度酒市场;二是让真露人参酒成为保健酒市场的一支劲旅。

真露还充分利用真露可调制的特点,让可调制成为真露的特色卖点。后来韩国的年轻人喜欢在聚餐时玩"酒游戏",将烧酒混入啤酒或其他色素饮料,使其"爆炸"产生泡沫,也因此称为"炮弹酒"。

真露已经拥有近百年的历史,保持了40年韩国国内市场第一位的纪录,是韩国最长寿商标品牌之一,素以清爽纯净、爽口甘甜畅销韩国,并销往80多个国家。在韩国,真露的宣传一直围绕着"真露和国民在一起"的主题展开,并在国家遇到经济困境时打出"同甘共苦"的情感主题,凝聚了韩国人的心。持续一致的文化传播效果斐然,所有韩国人都将真露视为韩国的国民酒,以及韩国酒的灵魂。

第4章

民生经济，民心所向（1960—1969年）

在20世纪60年代至70年代初期,鉴于国内能源资源严重匮乏但人力资源丰富的基本国情,韩国政府采取"以轻(工业)育重(工业)"的战略,也就是以轻工业为核心,以劳动密集型产品为重点,建立和发展民族工业。

为了重点推动国家轻工业的发展,1962年,朴正熙政府执行第一个五年计划(1962—1966年),提出"出口第一"的口号,推进产业结构现代化,在税赋和补贴方面给国内工业大开绿灯。此时恰逢美、欧等发达国家开始将劳动密集型产业向外转移,外部还有低油价和低汇率的东风,韩国人口稠密,劳动力充足,十分适合发展劳动密集型产业,于是顺利接到了发达国家转移的第一批劳动密集型产业。韩国就此开启了工业化之路,尤其是轻工业发展迅速,围绕民生的产业如纺织、家具、食品、制鞋等产业迅速崛起。1967年,韩国开启第二个五年计划(1967—1971年),计划指出:"实现出口7亿美元,为突破性国际收支改善奠定基础。"朴正熙政府实施的经济政策本身就包含了经济驱动的因素,政策需要企业家去执行,为了得到企业家的支持,在资本匮乏的情况下,韩国通过金融压制和高利率将资源集中于生产企业,财阀也就应运而生,他们有着非常强烈的进取心和创业精神。

可以说,韩国的执政利益与财阀利益及普通国民利益是紧密捆绑在一起的。在这一背景下,各大企业围绕民生展开了商业布局。

一波三折的全球最大化肥厂

1953年8月1日，李秉喆在釜山成立"第一制糖工业株式会社"，仅三年时间就使韩国白糖进口依存度由原来100%降为7%，为韩国节省了大量的外汇开支。"第一制糖"的成功使李秉喆从一个单纯的商人转变为载入韩国历史的民族企业家。紧接着，李秉喆又把解决"衣食住行"第一位的穿衣问题的纺织业作为他的第二个进口替代产业。在他的努力下，"第一毛织"发展成可以满足韩国国内市场需求的最大毛织企业，结束了国外毛料长期垄断韩国市场的局面。20世纪60年代，作为民族企业家，李秉喆又将目光放到了化肥生产建设上。但让李秉喆意想不到的是，化肥厂的生意成了他创业历程中最波澜起伏、曲折艰辛的一次长征。

韩国自古就是一个传统的农业国家，在20世纪50年代，农民数量仍占总人口的60%以上。随着战后大量荒地的开垦，韩国农业生产的肥料供给矛盾愈显突出，严重制约了农村经济的发展。韩国国内肥料短缺，每年都需要花费大量外汇进口化肥，而且时常因为运输阻碍耽误农时。韩国政府对此束手无策，希望有企业家能勇挑重担，投身化肥生产。不过化肥生产是高风险、高投资、高技术要求的产业，商人们望而却步。

作为民族企业家，为了提振韩国农业，减少外汇开支，李秉喆决定接下这个烫手的"山芋"，规划建设一个具有世界级规模的肥料厂，以帮助韩国农业发展，改善农民的生活。经过测算，李秉喆发现要在韩国建设一座可以满足国内肥料需求的化肥厂，需要年产量至少达到35万吨，投资要5000万美元以上。如此巨大的外汇开销对李秉喆来说不啻为天文数字，就连韩国政府也无力承担。

李秉喆和韩国政府同时想到了国际借款，虽然国际借款利息很高，但化肥厂前景广阔，投产后不仅可以满足国内需求，而且生产盈利5年后就可以连本带息还清海外欠款。

为了筹措资金，李秉喆到日本东京去了解情况，惊喜地得知很多国家都开设有面向国际服务的商业贷款部门，但前提是项目计划必须详备且切实可行，就可以被批准借贷。于是李秉喆信心十足地返回韩国寻求援助，最终得到了总统李承晚和国会议长李起鹏的支持。

1960年2月，李秉喆访问欧洲寻求贷款，他来到德国的一家钢铁公司寻求支持，德国钢铁公司回复，只要具有银行出具的支付保证书就可以提供借款。于是，李秉喆马不停蹄地来到欧洲第二站——意大利的蒙泰卡蒂尼财团。蒙泰卡蒂尼财团答复，李秉喆只需要提交事业计划书、收支预算书和支付保证书，财团就能保证借款资金马上到位。

真是天时地利人和，李秉喆意气风发，万万没想到在国内难以筹集的资金在海外却出奇地顺利。但是事情太过顺利，往往潜伏着危机。李秉喆想建造化肥厂的想法，两次被政治风波中断。

1960年4月19日，韩国爆发了"4·19"学生运动，结束了韩国政府成立以来李承晚和自由党长达12年的长期执政。自由党政府被迫集体辞职，李承晚引咎下台，李起鹏畏罪全家自杀。新政权上台后，矛头直指韩国企业的问题，众多的企业家以偷税漏税的罪名被逮捕入狱，李秉喆自然也不能幸免。最终，检察院向50家企业追缴200亿韩元的罚金结束审判。在这次处罚中，李秉喆给新政府交付了50亿韩元作为罚金。第一次建设化肥厂的计划还没正式提上日程就铩羽而归了。

建造化肥厂的计划搁浅后，李秉喆前往日本，很快，又一场政治风波袭来。1961 年 5 月 16 日，美国政府暗中支持以朴正熙为首的韩国少壮派军人发动军事政变，结束了民主党政权，开始了韩国历史上的军政府统治时期。

朴正熙上台后建立了综合经济再建委员会，制订了 1962—1966 年第一个经济开发五年计划，计划建立水产、肥料、钢铁、电线、水泥、人造丝、炼油等 15 个基础产业。[①] 这个经济计划规模庞大，但是资金除了美国支持的一部分外，初登政治舞台的军政府无力负担，他们便将目光锁定在身家不菲的财阀身上。

于是，朴正熙迫不及待地出台了《非法敛财处理法》，将全国 58 家企业列为调查对象，追究其从 1953 年到 1960 年期间的非法敛财，其中自然少不了李秉喆的三星集团。

正在日本东京散心的李秉喆很快就收到了韩国政府的通缉令，敦促他立刻回国。同时，日本政府也向他下达了逐客令，并派刑警盯梢。双重压力之下，李秉喆迫不得已，极度不情愿地动身回国了。

1961 年 6 月 26 日，李秉喆乘坐的飞机在韩国金浦机场一降落，立刻被当局控制。第二天一大早，李秉喆被请到了总统府"喝茶"，受到了总统朴正熙的接见。朴正熙采纳了李秉喆的建议："把资金留给企业家用于企业经营，将部分股份代替罚款交给国家，从而通过企业的发展促进国家经济发展，使企业家将功补过。"并以法律形式下达了投资命令，企业家们纷纷投入再建工作。

按照规定，三星缴纳了 150 亿韩元的税额，这是李秉喆的全部家当。经此一折腾，三星已处于破产的边缘。好在李秉喆是"打不死的小强"，他坚韧刚强、能屈能伸，再次以极大的热情投入事业中去，并用三年的时间恢复元气。

---

① 王雨时. 天地本无主 韩国企业大王成功之谜 [M]. 哈尔滨：黑龙江人民出版社，1999.

1964年5月，时任韩国总统朴正熙在青瓦台会客室召见李秉喆，问他是否可以继续建设肥料厂。考虑到肥料厂建设一波三折，李秉喆面露难色，表示力量有限。朴正熙说："这你不用担心，有政府的支持你怕什么，我会全力支持你。"

朴正熙让副总理兼经济企划院长官张基荣协助李秉喆创办化肥厂。张基荣接到命令后，多番催促李秉喆尽快着手建设肥料厂。李秉喆提出，将建设肥料厂的对外交涉权限全权交给三星，当局爽快答应了。

于是，李秉喆将建设肥料厂的原班人马重新召集起来，制订建设规划，推进化肥厂的创建，但却阻力不断。首先是支援韩国建设第三、第四肥料厂的美国援助使团以担心生产过剩为名，试图竭力阻止韩国自主建设肥料厂；其次，日本肥料界不愿失去韩国肥料市场，同时担心李秉喆的肥料厂日后会在国际市场上与他们竞争，因此坚决反对向韩国出售机械设备和提供贷款。

不过，日本财团和机械行业出于行业发展考虑，愿意与李秉喆商谈。最终，三井物产、三菱商社、神户钢铁三家企业向李秉喆抛来了橄榄枝，日韩双方就引进资金和技术达成了协议。

1964年8月，李秉喆投资4000万美元建立了"韩国肥料工业株式会社"。在当时的施工条件和技术水平下，肥料厂从开工到投产需要40个月，李秉喆却将工期缩短至18个月，一年后，韩国肥料工业已初具规模。

三星向意大利一家公司购买了"OTSA"产品，用于尿素肥料制造工程。由于疏于防范，被人私自盗卖了6吨，虽然后来产品被追回，但三星的管理能力却遭到了质疑。之后更是风波不断，为使工程顺利进行，李秉喆主动向当局捐献了韩国肥料工业51%的股份。

李秉喆认为，要做就要全力以赴，做成最好的；创业，不只是创新一个行业，更是引领一个行业。1967年1月，肥料厂终于历尽艰辛顺利完工,韩国肥料工业创造了世界肥料厂建设历史的高规模、新设施、短工期三项纪录。1967年10月,韩国肥料工业正式投产。前后历尽十年艰辛、依靠技术和力量、创造多项纪录的韩国肥料工业为改善国家贸易收支带来了巨大收益,对韩国的化工、机械和运输业的发展促进作用不可估量。

就在三星从肥料生产中获取巨额盈利的时候,一年前,三星以建筑材料的名义,走私了2000袋糖精在韩国贩卖的事,再次被媒体翻了出来,并越炒越烈。

识时务者为俊杰。在巨大的舆论压力之下,李秉喆爽快表态,将化肥厂无偿捐献给国家,同时表示将退居二线。可即便如此,舆论还是不依不饶,三星集团受到了全韩人民的谴责。无奈之下,李秉喆的次子李昌熙站出来,代替父亲背锅入狱。李秉喆退出三星,担子交给了大儿子李孟熙。也许是因为缺乏灵魂人物,三星在李孟熙的带领下业务增长缓慢,集团出现衰落的趋势。不久后,李孟熙因能力不足,将大权还给了李秉喆。重回一线后,李秉喆紧跟时代潮流,将三星发展目标定位于高科技产业。1969年1月13日,"三星电子"成立,这个决定直接将后来的三星推上了巅峰。

三养:从拉面到牧场

拉面,也就是即食面,是方便面的韩式叫法。韩国老百姓的餐桌上,泡菜、酱汤、拉面成为组成韩国饮食文化生态的重要拼图。根据世界泡面协会的统计,韩国是全世界最喜欢吃即食面的国家,每年人均消费约75包,比世界平均值高5倍。如果说泡菜和酱汤承载着朴素的民族记忆,不起眼的拉面则凝聚了当代韩国复杂的社会变迁。

拉面的诞生缘于贫穷。日本经历了太平洋战争之后沦为废墟，并且缺少粮食，美国给予了日本粮食援助，其中包含大量面粉。日本日清食品公司创办人安藤百福看到这些面粉萌生一个想法："用这些面粉做成耐储存的食物，大量普及，就可以解决粮食危机了。"1958年，华裔日本人安藤百福带着几个老乡潜心研究，最终研发出全世界第一包即食面——鸡丝拉面，并且销售到世界各地而令其获得世界性的人气。在日本经济腾飞的起步阶段，大量适龄人口离开乡镇，城市规模急速扩张，工作节奏与生活成本日益提升。速食拉面的问世，将繁忙的人们从一日三餐的繁琐中解放出来。

与日本相似，拉面也是在战争与贫穷时期进入韩国的。1953年，韩国经历了朝鲜战争，导致粮食短缺。从1955年开始，美国援助的面粉、籼米陆续进入韩国，虽然避免了更大规模的饥荒，却也摧毁了韩国的主粮作物种植业，很多老百姓连饭都吃不上。

有人将美军部队的残羹剩饭和垃圾收集起来煮粥，以5韩元一碗卖给民众，饥不择食的人们纷纷排队来买剩饭粥，有人从里面吃出过烟头和嚼过的口香糖。

有一天，保险公司的社长全仲润在集市上看到了排着长队购买剩饭粥的人们，出于好奇，他尝了一口，立即被一个硬硬的东西硌到了，吐出来一看，发现是一块碎掉的纽扣。

全仲润惊呆了，他想到访问日本时吃到的鸡丝拉面，那种美味一直让他难以忘怀。在第一次尝到速食拉面的味道时，全仲润就曾意识到这是一种能解决饥饿、也不算难吃，同时还可以挣钱的食品。只是由于事务繁忙，他从未将想法予以落实。如今，这种想法再次涌入脑海，全仲润决定马上行动，依葫芦画瓢，以同样的制作方法，成功制作出了属于韩国人的拉面。

然而，韩国由于刚刚结束战争，整个国家一片萧条，经济十分不景气，处于等待复苏之时，韩国既不具备制作拉面的技术，也没有制作拉面的设备，于是全仲润飞往日本寻求帮助。为此，他甚至不惜舍弃了保险公司社长的职位，放低姿态，从一个学徒做起。通过潜心学习，全仲润终于掌握了素食拉面的制作工艺。回到国内后，他四处奔走，历尽艰辛，最终从政府那里筹到了5万美元的投资。启动资金到位后，全仲润马不停蹄地再次前往日本，拜访各大食品企业，试图购买相关设备和技术。但他所接触的企业却无一例外地提出了苛刻的条件和高昂的报价，毫无转圜的余地。全仲润一筹莫展，后来在一位故友的牵线搭桥下，全仲润拜见了明星食品的奥井清澄社长。在得知韩国百姓的困苦境遇后，奥井清澄没要一分钱技术费和专利费，只收了全仲润2.5万美元的设备转让费。此外，奥井清澄还在全仲润返韩前，托秘书送去了一份属于企业机密的调料配方表。

带着奥井清澄的期许，全仲润回国后开始马不停蹄地调试设备、生产样品。最终，韩国第一款方便面——三养拉面在1963年正式上市。

三养拉面虽以昂贵的牛脂来炸面，但价格却很亲民，为了推广这种新型食品，全仲润将三养拉面的价格定为每包10韩元，比日本市场同类产品便宜了整整25韩元。但在三养拉面上市前人们根本没有接触过泡面，对这种新奇的食物抱着怀疑的态度。所以，三养拉面刚一面市，反应平平。对此，全仲润当机立断，进行了一系列营销活动，通过"免费试吃"，让人们品尝到三养拉面的美味。但是一个新产品要想打开市场，绝非易事。这既有新生事物需要一个接受过程的原因，也有初期的三养拉面因清淡的味道不符合韩国人的口味的原因。

当全仲润为三养拉面的市场反应平平而一筹莫展时，朴正熙通过暴力手段上台，上台后的政府提出了"增产、出口、建设"的纲领，开启了政府主导的经济建设。深知粮食自主权重要性的朴正熙为了重振本土农业，于1962年推出了"农产品价格维持法"，保证农产品价格高于生产成本，以此拉动各地农民的积极性。由于市场上面粉多、粳米少，他还使出浑身解数，鼓励老百姓多吃面食和杂粮，同时限制粳米消费。1965年，韩当局出台"混面粉奖励政策"，鼓励民众消费方便面。

就这样，在拉面的革新之路上跌跌撞撞地艰难前行的全仲润，遇到了政策的春风，政府背书，让三养拉面的路越走越宽，知名度迅速打开。同时，三养食品公司为迎合韩国人偏爱咸辣的饮食习惯，把拉面的汤底加辣、面身调硬。之后又花样翻新，把拉面发展出多种不同的食法，例如没有汤的"捞面"，在拉面里加入辣炒年糕、加入部队锅、加入芝士，把两款不同质感的拉面混合在一起，等等。随着口味的不断改良，三养拉面受到了韩国国民的喜爱。

1966年，三养食品实验室成立，目标是研发更适合本土消费者口味的拉面品类。随后几年，由于大米不足，三养获得了政府的支援，进入快速成长期。在上市三年内，三养拉面销量突破240万袋，并开始转向出口，成功获利250万美元。

随着韩国三养食品公司的迅猛发展，为了在拉面里放入真正原生态、健康的牛肉，全仲润决定在韩国江原道筹建三养大关岭牧场。牧场位于大关山岭高山地带，地广人稀，曾是被原始森林环绕的荒坡地带。很多人都觉得不可思议："怎么能在这样荒凉偏僻的地方开辟牧场呢？"但这个制造出韩国第一桶拉面，解决韩国饥饿问题的三养食品集团会长全仲润，却坚持己见，他认为牧场就应该建在远离人烟的原始自然环境中，这样空气污染少，更有利于牧场的打造。于是全仲润带领大家集体开垦荒山，艰难地进行牧场建设。

在众人的努力下，大关岭牧场很快正式对外开放了。2000多万平方米的草地上,不仅有自由奔跑的羊群、牛群,羊舍、牛舍及其他动物居所、加工场所,还有巨大的风力发电站,风景秀丽的树林步道,以及各色牧场体验活动……全仲润以天然原生态为理念,打造了一个将生产、加工、销售(营销)、观光(体验)等融为一体的休闲牧场。

远离尘嚣,地处荒坡,三养大关岭牧场无法实现自动化的耕作方法,眼光长远的全仲润顺势提出了自然、生态、可持续的耕作方法,种植有机草地,这种理念比较超前。三养大关岭牧场运用生态可持续循环的畜养农业技术,以自然的生产方式为三养食品提供牛肉、羊肉等优质蛋白。生态健康的绿色概念的提出,为牧场加工环节提供坚实的保障。

三养大关岭牧场主打"有机",养了2000多头有机奶牛,又从澳大利亚、加拿大进口了600头奶牛。围绕有机奶牛这条主产业链进行深度加工,而饲养的牛主要用于生产三养拉面和牛奶等的主材料。为了从源头上保证三养食品公司的生态安全,大关岭牧场采用了严密的品质管理体系,通过HACCP认证、ISO认证,从草地、奶牛到环境进行统一监测与管理。

全仲润并不满足于单一奶牛养殖,为了提高牧场的知名度,全仲润一手打造了观光牧场,然后项目逐渐延伸,开拓出了体验牧场的新概念,多方位提升游客体验,紧紧围绕牧场主题特色,进行产业拓展与融合。三养集团的产品生产制造能力,丰富了产品销售品类。这些特色食品不仅能为牧场增加销售收入,同时也成为牧场的品牌特色之一。

为了开拓渠道,丰富产品销售体系,三养大关岭牧场线下牧场内设置了牧场特色小卖店、牛奶商店和Oksigi(玉米)小卖店,为客人提供了方便;线上搭建三养食品、三养风味、孝美堂、济州牛奶等网店,种类丰富;不仅分门别类地进行农产品、加工品等销售，还充分考虑游客在牧场内停留时间，哪个区域适合休憩，哪个区域适合补充能量，哪个区域适合购买特色纪念品等等，满足游客的多样化需求，提升游客体验，增加农场利润。

三养大关岭牧场面积广，规模大，自然风光优美，有着"韩国的小阿尔卑斯"之称，是韩国唯一的牧场。得益于景色秀美的牧场环境和科学合理的规划体系，三养大关岭牧场被评为现代人治愈心灵的休闲空间，被各大影视剧定为外景取景地，比如《蓝色生死恋》《贝多芬病毒》等。三养有机畜产开发股份有限公司还曾获得韩国总统颁发的"银塔产业勋章"。而从拉面到牧场的跨越，中间饱含的是韩国三养食品公司创始人全仲润对民生的关怀和对食品行业的热爱。

"让全世界看到农心"

朝鲜半岛不适合种植小麦，朝鲜人的主食一直是大米。20世纪60年代，韩国人口大爆发，大米供应不足。而这时，正好美国小麦储备大幅过剩，于是跨国粮商将小麦卖到韩国、日本等亚洲国家。1963年，三养食品工业推出韩国第一包泡面——三养拉面。靠着火鸡面一度翻红的三养，曾是韩国泡面界不折不扣的老大，直到一个叫辛春浩的年轻人成立了农心集团，研发出了适合韩国人口味的辛拉面，并一炮而红。

辛拉面的创始人辛春浩是乐天集团创始人辛格浩的亲弟弟。辛春浩在家排行第三，比辛格浩小11岁。十兄妹里，辛春浩并不是最出众的那个。大哥辛格浩的一生才是"出任CEO，迎娶白富美，走上人生巅峰"的真实写照。1930年12月1日，辛春浩出生在偏僻落后的蔚山。1950年朝鲜战争爆发后，辛春浩成为一名警官,战后考进了釜山东亚大学学习。此时,大哥辛格浩已经东渡日本创立了乐天公司,成为大财阀。辛格浩将生意做得风生水起,自然也要拉弟弟一把。辛春浩一毕业就被大哥招致麾下,空降乐天集团管理层,帮哥哥打理生意,[①] 因工作能力突出,辛春浩很快做到了乐天食品工业公司总裁的位置。伴随着职级的平步青云,辛春浩和哥哥一样有着追求事业的野心。

而就在辛春浩进入乐天的那一年,日本日清食品公司的创办人安藤百福研究发明了方便面,风靡全日本,而韩国一家老牌食品公司三养公司的创始人全仲润反应敏锐,马上引入机器、研究配方,1963年在韩国本土开始销售三养拉面。

鉴于韩国的方便面市场刚刚起步,有极大的发展空间,辛春浩看到了方便面这片蓝海,认为此时踏入这个行业,一定会占尽先机,他不甘心失去这样一个绝佳的时机,于是信心满满地向大哥辛格浩提出申请,想要借用乐天在日本得天独厚的资源,回到国内开设方便面产品线。但令辛春浩意想不到的是,他刚说出想法,便遭到了大哥劈头盖脸的一顿训斥,认为他异想天开。辛春浩心中十分不服气,但实力不够,只能忍耐着,但兄弟两人自此产生隔阂,从此走上了不同的轨道。

20世纪60年代初的韩国,仍处于朝鲜战争后的恢复期,政治局势不稳,动乱不断,朴正熙上台后,意识到国内粮食问题的严重性,民以食为天,如果人们连饭都吃不饱,国家还怎么发展呢。特别是韩国小麦短缺,在美国面粉物资的帮助下,朴正熙政府在1965年出台了"混面粉奖励政策",鼓励人们购买方便面。

政策一出,韩国方便面销量飞升,很快成为韩国民众必不可少的食物。乘着这股政策的东风,方便面堂而皇之地被摆上了韩

---

① 弦子.韩国"辛拉面之父"和他的"泡面帝国"[N].新民晚报,2021-04-15(23).

国民众的餐桌。

见此"风口",辛春浩再也坐不住了,他急得如同热锅上的蚂蚁,可他根本说服不了固执的哥哥。辛春浩是一个实干型企业家。他看准了这是一次机遇,不顾哥哥反对,决定放手一搏。1965年9月18日,辛春浩通过启动资本金500万韩元开始了创业之路,在乐天食品工业成立了"乐天工业公司",建立拉面研究所,独立研发配方。也就是农心集团的前身,第一家工厂建在了首尔市信德榜洞,如今是农心集团的办公大楼位置。

但由于有三养拉面的先入为主,尽管辛春浩心态非常乐观,但农心集团的发展还是出乎意料地遇到了困难。商品一推出,竟然被大众认为是冒牌货。因为,在人们已有的概念里,三养拉面就是拉面的全部。

辛春浩深知,要想在市场上站稳脚步,获得消费者的信赖,必须树立品牌优势,做出特点,以此增加产品的竞争力。

韩国三养食品公司由于是引进日本的生产线,推出的拉面产品大都以清淡为主,并且以鸡汤打底,跟日本人的口味相似,而韩国人更喜欢辛辣味的。

于是农心集团摒弃了以鸡汤为基础的调料,推出以牛肉味为基础的"牛肉面"。农心集团通过牛肉面将市场占有率提高到23%,开始威胁到业界龙头的三养拉面。农心集团乘胜追击,又推出了"炸酱拉面""农心拉面",逐渐在市场上引起关注。"农心"进入了大家的视线。

工业化、城市化都有一个共同特点:随着大量劳动力从农村转移到城市,这些新增人口就迫切需要一些价格低廉且能供应足够热量的饮食。农心集团可谓是应时而生。当然能抓住时代风口,靠的是敏锐的洞察力和判断力,但要想把企业真正做大,就必须要有核心竞争力——过硬的产品。

辛春浩重视创新，把技术研发放在十分重要的位置，事必躬亲。他没有架子，和大家吃住在一起，为了研发出新型的膨化产品，辛春浩夜以继日地与研究人员一起调制配方，不厌其烦地进行测试，不辞辛苦，最终在使用了80吨面粉、4.5吨调料的基础上，终于开发出了"农心虾条"。此后，辛春浩拥有了一个非常响亮的外号"拉面王"。

同时，辛春浩非常重视人才。1965年成立的拉面研究所，拥有100多名硕士和博士。辛春浩执着奋进，为了让辛拉面的辣味与众不同，曾带领研发团队潜心研发辣椒材料，历经200多次试验才最终调制出拥有独特口味、独一无二的辛拉面。

辛拉面以特殊调制的辣味"一炮打响"，可以说启蒙了韩国人的味蕾，而这种有韵味和层次感的辣，同样饱受国外很多消费者的喜爱，这正是这款产品具有爆红基因的基础。辛拉面首先在口味上有了独特的辨识度与吸引力，加上特调的浓汤，不油腻和清爽的辣味，配上筋道爽滑的面条，让人入口难忘。辛春浩曾花费大量的时间待在研发实验室里，专门研究辣椒粉，还曾推出与大多主打酱油和大酱口味的韩国泡面不同的辣味"石锅牛肉拉面"。为了吃好这道美味，韩国人充分发挥了吃的优势，专门生产出了辛拉面专用小黄锅，而辛拉面的吃法也层出不穷，被研究出十几种花样。

农心产品定位清晰、明确，至今未变，辛拉面也确实是韩国的"国民泡面"。同时，辛春浩采取了差异化竞争的策略。辛春浩认为，辣才是韩国人最热衷的口味，选择辣味既迎合了韩国人的口味，也与韩国市面上的泡面形成了明显的差异。

农心拉面奠定了韩国泡面汤底多是牛肉味道的基础，各家泡面公司摩拳擦掌开始生产牛肉味泡面，这也为日后的一场风波埋下了伏笔。后来汉城地方检察厅收到了一封匿名信，举报一些食品公司使用工业牛油制作拉面。调查后，包括三养在内的几乎所有泡面厂商都受到了波及，唯独使用棕榈油的农心，成为这场"牛油"风波的最大获益者。辛拉面从此再无敌手，稳稳坐上了韩国泡面之王的宝座。

纵观农心拉面的成功，我们不难发现，一些家族企业之所以能够成功并走得长远，是因为在这些创始人身上，首先拥有深厚的历史底蕴，其次是拥有不可或缺的工匠精神，以及充满了理想主义气质，他们敢于去拼搏奋斗。当聚齐了天时地利人和的条件时，成功也就是顺理成章的事儿了。抓住了机遇的农心，依靠着过硬的产品竞争力走到了今天。

从辛拉面问世到缔造拉面帝国，其中不乏辛春浩的执着和智慧，当然也少不了时代的推波助澜。"让全世界看到农心"是辛春浩的夙愿。除了注重产品开发之外，农心集团还非常重视品牌营销，比如成为亚运会、奥运会、世界杯等大型赛事活动的方便面官方品牌商。同时，农心集团还抓住韩国文化流行的红利，借韩国电视剧和综艺的热度，走出国门，远销海外，开始在国际舞台上崭露头角。

如今，农心集团已经在世界各地建立了强大的销售网络，其产品销往 80 多个国家和地区。辛春浩一直以"在世界上的任何地方都可以看到辛拉面"为口号。从瑞士最高峰勃朗峰的山间小道、少女峰山顶天文台到智利最南端麦哲伦海峡附近，都有农心的产品。①

经过半个多世纪的耕耘，农心集团发展出 7 个分公司，业务遍及农水产品、食品加工、商业、化学、印刷、电脑信息、工程设计、进出口贸易等多种领域。

民以食为天。通过不懈的努力和对美食的热爱，农心集团成

---

① 你一定吃过他的方便面，韩国农心创始人辛春浩去世 [EB/OL]. 知乎，2021-03-29

功地将品牌打造成韩国食品行业的佼佼者，在销量和市场占有率上一直位居韩国食品界第一，成为最受韩国人欢迎的品牌，并助推韩国一度成为世界第一大方便面消费国（直到2021年，越南才超越韩国成为方便面第一消费大国）。

走出国门赢天下

纺织业是同农业关系最为密切的手工业部门。桑、棉、麻生产的发展，为纺织业提供了丰富的原料。可以说正是农业的发展，促进了纺织业的繁荣。而纺织作为传统工业，是国民经济不可或缺的重要组成部分。从一根纤维到最后的成衣，背后潜藏着行业发展的领跑密码。而鲜京SK集团正是从一个地方性小织物工厂起步，一步步发展成为韩国经济的命脉，缔造商业传奇的。SK集团在韩国国内最先开拓了出口纤维的发展道路，创造了韩国国内最早生产聚酯原丝的神话。

1956年，鲜京SK集团的创始人崔钟建以500万美元的资本金成立了鲜京纺织株式会社，开始进行原产绸缎的生产。1959年，喜欢社交、深谙人性、喜好与政要交往的崔钟建通过一番游说活动，终于从银行获得了一大笔贷款。之后，崔钟建便招兵买马，马不停蹄地扩大规模，引进调浆设备，大批量生产尼龙产品。

由于具备廉价的劳动力和充分的生产条件，全球工业开始部分向韩国转移，韩国纺织业迅速发展，很快实现了自给自足。崔钟建意识到消费市场越来越小，竞争者越来越多，虽然鲜京织物的产品以优异的质量在市场上很受欢迎，销售量惊人，但竞争者前赴后继，在产品质量上很快就与鲜京织物齐头并进，导致纺织市场的价格越来越低。而在美国游学多年，回国辅助哥哥创业的弟弟崔钟贤见多识广，他认为解决这一问题的办法就是"抛弃现在的市场，找出新的市场"。但抛弃擅长的行业进入完全陌生的产业，绝不是明智之举。最好的办法还是要在企业所擅长的领域中深挖、突破：一是海外出口市场；二是为织物企业供货的纺织原料市场。

对于弟弟崔钟贤的建议，崔钟建觉得不无道理，但一直稳扎稳打的他还是心中没底儿。正当他举棋不定、困惑不已之时，有一天，时任国家重建最高会议议长的朴正熙参观鲜京织物工厂。崔钟建说明了烦恼，朴正熙微微一笑，说："何不试一下出口呢？"

朴正熙居然与弟弟崔钟贤的意见不谋而合，崔钟建顿时豁然开朗。1961 年 11 月，鲜京织物扩建了汉城办公室，开始着手为出口做准备，不少贸易公司都纷纷规劝鲜京织物，出口要暂时缓一缓，看看形势再说，千万不要操之过急。有些公司甚至提议在商标上写上"made in Japan"，千万不要写韩国生产。崔钟贤已先人一步看出了经济发展的走向，"出口加工产业"取代"进口替代产业"将成为必然趋势。此时，韩国只有提升出口换汇能力才能解决国家资金不足的问题，政府必然会给予企业资金和政策的扶持。在崔钟贤出谋划策下，崔钟建对做出口有了更大的信心。崔钟建是做业务出身，他一步步打拼将企业发展起来，一直负责公司的经营和业务发展；而崔钟贤走的是学术路线，不喜欢抛头露面参与社会活动，但聪明睿智，眼光独到，就像一只暗夜里的猫，喜欢蛰伏，但对外面的形势却把握很准，一直是哥哥的军师。

果不其然，20 世纪 60 年代初，韩国政府当局认为需要大力发展一批以出口产业为主的劳动密集型产业，以解决韩国劳动力就业问题。经过讨论分析，政府将纤维产业作为重点发展对象，积极扶持促进发展壮大。朴正熙一上台便推行了经济发展五年计划，并很快正式确立了出口导向的工业化战略。相应地，韩国大幅降低了进口关税和配额，实施贸易保护的方式也由正面清单转向负面清单。[①]韩国的纺织工业得以发展，成为输出工业的花朵，有力地推动了韩国的经济发展。

崔氏兄弟意识到这是挽救鲜京织物的绝好时机，于是开始布局国际市场，成立了国际贸易机构，专门从邻国日本进口纤维原料加工成布料后再对外出口。在出口厂商的寻找上，兄弟二人多次前往中国香港，利用香港是自由贸易港口同世界各地经济联系紧密的优势，同多个国家集团签订了订单。

1962年，SK集团向香港出口了10万匹人造丝绸，这是韩国产织物产品的首次出口。1962年一年，鲜京织物通过香港这个重要的转口基地输出了30多万美元的纺织品，刷新了韩国纤维出口创汇的纪录。之后，鲜京织物不断出口产品到海外市场，SK集团几乎成了韩国的综合贸易商。韩国的轻工业刚起步，鲜京织物的成功为韩国轻工业的出口奠定了基础，成为政府的最佳鼓励对象；崔钟建被政府授予了最高荣誉——金塔产业勋章，并在政府的支持下担任了韩国织物输出联合会的副会长。

对技术开发情有独钟的崔钟贤认为，创新是企业进步的灵魂，一家企业若想要发展，必须紧扣时代脉搏，不断提高生产技术和生产效率、研究开发新产品，才能促进企业不断发展壮大。他注意到虽然鲜京已经打开了香港这个国际中转贸易中心的市场，通过出口贸易暂时摆脱了破产倒闭的威胁，但是在国内，鲜京的产品依然滞销严重，根本原因就是鲜京创新能力不足，产品老旧。以鲜京服装为例，无论是面料质地还是服装款式都毫无可圈可点

[①] 张振华. 东亚奇迹的理论解读：回顾、争议与当代启示[J]. 学术界，2021（6）：197—209.

之处，穿上身后既不舒适也不美观，得不到消费者的青睐也就不难理解。崔钟贤意识到鲜京必须马上推陈出新，跟上时代发展的步伐，否则在缺少畅销产品作为企业基础的情况下，即使出口贸易局面繁荣也只会是昙花一现。

崔钟贤在实验室日以继夜进行研究，但结果却并不令人满意。此时，韩国市场上人造丝绸、尼龙衣物已呈现饱和状态，用既有质地粗糙的面料制作服装，无论如何裁剪，都很难达到所期待的创新效果。在实验室中苦思冥想的崔钟贤，却在一次酒会上意外获得了启发。一位舞女身上穿着一条从中国澳门进口的连衣裙，质地轻柔，立体感强。崔钟贤对这种新颖的面料非常感兴趣，便花高价买下这条连衣裙带回实验室加以研究。他发现这款裙子的材质并不复杂，只是简单的纯棉纱织造，但因为增加了一些工艺，使布面起伏荡漾。崔钟贤经过多次试验，发现可为布面再增添几道皱纹，经过特殊的压制处理后，研制出了新的混纺布料——皱纱（泡泡纱）。皱纱外观别致，轻柔飘逸，为布料平添了迷人风格。因此一经上市，便引起轰动。物以稀为贵，虽然鲜京以四倍的利润定价销售皱纱仍被抢购一空，鲜京织物不但在韩国国内市场赚了个盆满钵盈，连续三年占领纺织品市场，还返销到中国澳门、中国香港等地，赚取了3000多万美元的外汇。

开拓了新的市场之后，为了和世界上的纺织企业竞争，崔氏兄弟开始思考建立鲜京纺织会社的原料工厂。鲜京每年要从日本进口大量的人造绢丝、维尼纶和涤纶丝，如果能建厂生产原料，那么不仅可以保证工厂生产的需求，还可以作为一项新的事业。

建造纺织原料工厂的工程需要30亿韩元的资金，但鲜京织物只有5000万韩元的资金，考虑到现实因素，这是不可能的投资决定。1965年，崔钟贤访问了与鲜京合作的两家日本人造纤维制造商——帝人公司和东洋化纤公司，这两家公司不仅是鲜京织物的原料供应商，同时也垄断着日本衣料市场，代表着最先进的技术水平。

  但是最初崔钟贤向这两家公司提出技术学习的请求时，并未得到应允。"教会徒弟，饿死师傅"的事情在风云变幻的商场时有发生，帝人和东洋化纤并不愿意培养出一个强劲的竞争对手继而丧失韩国市场。但在对这两家公司的参观过程中，崔钟贤机敏的头脑和丰富的专业知识令日本技术专家十分欣赏，他们在与崔钟贤深入探讨合成纤维技术时，坚定地认为与崔钟贤的合作不是简单的技术援助，而是合作双赢。最终，崔钟贤成功从日本企业获得了技术支持。

  1965年，鲜京纺织乔其纱（Georgette）纺织品营收额达132万美元，发行新股份10万股（资金1亿美元），成为韩国纺织业当之无愧的领头羊。1966年，鲜京化纤成立，同时生产了韩国第一批醋酸纤维和聚酯纤维。1968年底，鲜京织物会社建成了日产5.5吨人造丝的工厂。SK集团不断扩大规模，很快拥有了1000多台纺织机器，在韩国纺织界首屈一指，公司利润与日俱增。韩国纺织业基本主推尼龙，但是SK集团却打破传统，突破困局，挑战高技术，研发聚酯纤维技术。依靠聚酯纤维SK集团赚到了第一桶金。

  1969年7月，SK集团与日本帝人公司合资建成了日产7吨涤纶丝的鲜京合成纤维，合成纤维营收833万美元。1970年，日产14吨的纤维丝工厂落成，鲜京迅速占领了韩国国内市场，飞跃的发展速度令韩国同行折服。然而，SK集团并不满足于国内的市场，而是积极地进军海外市场，开展跨国和跨行业的全球事业。1971年，SK集团纤维产品首次进军北美，成立鲜京纺织纽约分公司；1972年，SK集团又在伦敦和悉尼成立鲜京纺织分公司。SK集团在20年的海外扩张过程中，发展迅猛，成绩卓著，曾获韩国总统表彰、国务总理表彰、最高输出业绩奖等。可以说，SK集团是一家有着顽强的生存能力的企业，企业势头发展良好，从不盲目扩张,而是每一步都稳扎稳打稳算,将企业行动融入国家发展大局,紧随国家发展的脚步,践行企业担当,为推动韩国纺织行业的发展作出积极贡献。特别是崔钟建、崔钟贤兄弟性格互补,配合默契,珠联璧合,冲破重重困难,成功将企业推向一个新的高度。

第5章

开启重工业之路(1970—1978年)

韩国作为一个政府主导型国家，政府的最高决策，在经济发展中起着至关重要的作用。从1962年到1971年，朴正熙政府实施的"一五"计划和"二五"计划，重点发展出口导向的轻工业，取得了斐然成就。接着韩国政府调整产业发展战略，从以出口型、劳动密集型的轻工业转向资金密集型的重化工业。[①]朴正熙政府在"三五"计划（1972—1976年）中，提出建设重化工业，提升产业结构、加速科技发展、建立出口工业园。自1973年起，韩国政府通过国家投资基金和韩国产业银行将大量资金投入六大"战略行业"：钢铁、有色金属、造船、机械、电子、石化。这些战略行业培育了世界一流的造船业及浦项钢铁和三星电子这样的世界顶尖企业，降低了下游产业投入品的价格，推动了下游产业如汽车行业的发展。韩国政府为发展势头良好的上升型企业，提供了极大的优惠条件，给予了丰厚的政策补贴。

"潮平两岸阔，风正一帆悬。"韩国的大财阀，比如现代、LG、三星等知名企业借着政策的东风，青云直上，快速发展，形成了垄断局面。可以说，如果没有重化工业化政策的实行，韩国就不可能有如此非凡的经济成就。这一政策的推行正是韩国迅速崛起，并跃升为"亚洲四小龙"的关键一步。[②]同时，在美国对越南的战争中，韩国政府派出军队参战，得到了美国在越南境内的大部分军需订单，使韩国在美越战争中渔翁得利，大发横财，韩国航空、韩华集团、韩国大林、现代集团等企业以燎原之势蓬勃发展。

---

① 曹中屏，张琏瑰，等. 当代韩国史[M]. 天津：南开大学出版社，2005.
② 金光熙. 大韩民国史[M]. 北京：社会科学文献出版社，2014.

浦项的"制铁报国"往事

一个没有重工业的国家是不可能跻身世界强国之林的,而钢铁工业在重工业中的突出作用又是尤其不可忽视的。1954年,韩国全国钢产量仅为3000吨,到1960年达到顶峰也才6.5万吨。

钢铁工业可以极大地促进其他行业的发展,象征着一个国家的工业化程度。特别是随着工业化发展步入正轨,钢铁需求量迅猛发展,钢铁生产成为制约国民经济发展的"瓶颈"。基于此,朴正熙政府在1961年实行"一五"计划,确定把"石油和钢铁"作为主干产业。在接下来的"二五"计划里,浦项钢铁公司(以下简称浦钢)和蔚山石油化学工业园区的建设,乘着政策的东风,发展突飞猛进,成为韩国"二五"计划期间的两大核心项目。严峻的现实使朴正熙深刻认识到,作为国家基础企业的钢铁厂可谓"一夫当关,万夫莫开",其重要性不言而喻。一是随着经济的发展,钢铁需求量大增,汽车、造船、机械部门的工业化均需要大量钢铁;二是钢铁工业是一个国家的综合实力的象征。因此,他多次强调指出,为了韩国的现代化发展,建设钢铁厂势在必行。朴正熙选定了釜山北部的东海岸小城浦项,作为建设大型国营钢铁厂的厂址。他慧眼如炬,十分看好得力干将朴泰俊,将筹建浦钢这个千斤重担交给了他。

朴泰俊毕业于日本的早稻田大学器械工学系,1948年回国后进入韩国陆军军官学校,那时朴正熙是陆军军官学校的中队长之一,教学生们弹道学。朴泰俊被朴正熙的人格魅力所折服,朴正熙也把朴泰俊当作"聪明的学生"。朴泰俊一直跟随着朴正熙做事。

朴泰俊做事靠谱，只要把任务分配给他，就不用再操心。有一次，朴正熙让朴泰俊起草一份本师全年所需武器装备报告，第二天早上8点给他。朴泰俊爽快地领下任务。结果当天晚上，同事们缠着他去喝酒，朴泰俊推辞不掉，在酒宴上，同事们使劲灌他，结果同事们喝得酩酊大醉。朴泰俊把他们一一送回住处，然后回到家里写报告。第二天如期写好了一份详细的装备报告，朴正熙大喜过望，说："此人可堪大任！"

如果说朴泰俊是匹千里马，朴正熙无疑就是他的伯乐。朴泰俊忠心耿耿，深得朴正熙信任，将其视为心腹重将。1961年，"5·16"军事政变时，朴正熙将朴泰俊从名单中勾掉，并表示，如果起义失败，朴泰俊就继续留在军中领导军队，并帮他照顾家人。

被朴正熙赏识的朴泰俊后来成为国家重建最高会议议长的幕僚长，之后更是平步青云被任命为负责商业和工业的最高议员。1963年，朴泰俊从军队出来之后，担任韩日之间的外交密使，认识了很多日本政界、商界人士，积累了人脉，对后来浦项钢铁的成立有很大帮助。

办钢厂需要大量的资金和专业的技术，而这些韩国都不具备。韩国政府想到从国外借钱，便派朴泰俊四处游说，请求西方发达国家支援韩国建设年产50万到100万吨的钢铁厂。世界银行的官员收到请求后前来考察，结果发现浦项荒无人烟，特别是当他们听说这里曾是朝鲜战争的战场时，顿时兴趣全无，摇头拒绝：开什么玩笑，一个国家的钢铁厂怎么能建在一片荒地上呢？迫不得已，朴泰俊只好硬着头皮去华盛顿游说，但对方对韩国并不看好，而是把钱借给了打算建钢厂的巴西。

朴泰俊四处碰壁。万般无奈下，他想到了动用日本"赔款"，也就是日本为对韩侵略和殖民的行为谢罪的赔偿金。经过多方交涉，日方同意提供贷款，并指定由八幡制铁、富士制铁（后合并为新日铁）和 NKK 三家公司负责技术援助。[①] 此时，日本钢铁工业已经基本完成了技术的引进和消化，并成功建成了多个沿海大型钢铁基地，拥有丰富的建设经验。

为推进浦钢建设，1969 年 6 月，朴正熙任命金鹤烈为负责经济的副总理。金鹤烈是个铁骨铮铮的硬汉，他"志在必得"，挥笔在办公室黑板上写下"综合钢铁厂"几个大字，下令"钢铁厂完工或我退任之前，绝不允许擦掉"！

韩日达成一致意见：为实现规模经济效益，钢铁企业规模要从 30 万吨扩大到 103 万吨；日本贷款的一部分用于建设钢铁联合企业，以减轻利息负担；为节约建设钢铁企业的费用，建设工厂和疏浚建设所需的港口、码头、供水管道等基础设施费用由政府承担；制定《扶植钢铁工业法》，通过减免税金和关税、特别折旧及财政资金等方式给予支持，以确保开工后的成本核算。[②]

1969 年 12 月，日本向浦钢提供 1.68 亿美元，韩国政府向浦钢投入了 453 亿韩元。朴正熙把建厂的具体权力全部交给朴泰俊，他拍拍朴泰俊的肩膀说："钢铁乃国力之所在！我给你撑腰，你就按照建设企业的设想，大胆拼命干吧！"

朴泰俊眼眶一热，他雷厉风行，决策迅速，带着国家振兴的希望，豪情万丈地率领 39 名退役军人，组成创业队伍，在浦项满地沙石的荒凉旷野中拼尽全力，磨砺挣扎。而这 39 名退伍军人，在此之前甚至连高炉都没见过。浦钢的神话自此从荒凉的迎日湾上开始了。1970 年 4 月 1 日上午 10 点，浦钢终于动工。朴正熙亲临奠基仪式，挥锹铲土。

一个人为自己确定雄心勃勃的目标时，心中会自然升腾起一

---

① 刘铁男.钢铁产业发展政策指南 [M].北京：经济科学出版社，2005.
② 金光熙.朴正熙与韩国的现代化 [M].哈尔滨：黑龙江朝鲜民族出版社，2007.

股力量。朴泰俊站在海风凶猛的迎日湾，慷慨激昂地表示："建设钢厂的钱是我们先辈用生命和尊严换来的，如果我们失败了，就只能'向右转'，跳到迎日湾的大海自尽。今后'制铁报国'就是我们生活的信条、我们的人生哲学！"

1971年8月，因形势所迫，浦钢的工期被延迟了3个月，日方技术人员认为想要按期完工是不可能的，除非太阳打西边出来。朴泰俊却认为事在人为，只要一个人心中怀着一个不倒的信念，就没有做不成的事。他和职工轮班，保证24小时开工。朴泰俊是个工作狂人，他每天只睡3个小时，在工地上跟工人同吃同睡，同舟共济，共克时艰，盯着项目的进展，鼓励工人。1972年10月3日，经过全体职工的共同努力，浦钢奇迹般地如期交工了。朴泰俊会长在浦钢首款热轧产品上题写"血和汗的结晶"。

1973年6月9日，第一炉1650℃的钢水从浦项涌出！朴泰俊和员工们高呼万岁，流下了热泪。人们把这称为汉江奇迹的"信号弹"。

钢铁是韩国工业发展的主要基石，浦钢通过为国内制造业提供"产业之米"，发挥了带动产业发展的火车头作用。钢铁被广泛运用到建筑业、造船业、汽车工业等，使韩国的汽车、家电和造船业等产业迅速发展。

在钢铁的生产和应用上，浦钢表现出浩瀚的实力和坚韧的品质。为了实现"成为全球领先的钢铁企业"的目标，浦钢重视技术创新研发，大胆革新现有生产工艺和操作规程，不断提升高附加值产品的竞争力，同时注重节约生产成本。每年浦钢都为全球60多个国家的用户提供2600多万吨钢铁产品。浦钢在韩国浦项市和光阳市设有完善的厂房，生产各种先进的钢铁产品，包括热轧钢卷、钢板、钢条、冷轧钢板、电导钢片和不锈钢产品等。[①]

浦钢拥有完整的产业链和先进的生产技术，注重提高战略性钢材的销量，如汽车用钢和能源用钢，并加强了生态友好型新产品的开发。一是环保产品，不含对环境有害的物质能降低噪声或振动、提高尾气净化能力，阻止有害物质对人体造成危害。二是节能产品，轻量化汽车用钢或一些不必热处理的产品，提高能源利用效率和材料加工性能的产品。三是具有可循环性产品，例如能提高耐腐蚀和生命周期以及耐久性的产品等。[②] 汽车用钢是浦钢极具竞争力的产品。

浦钢是钢铁工业的中坚力量，也是城市进步的引擎。它的产品门类齐全，应有尽有，曾长期在韩国钢铁行业占据绝对主导地位。在韩国国内，浦钢主要向现代汽车集团、韩国通用、双龙、雷诺、三星供货；在国外，浦钢主要向本田、铃木、丰田等日系车生产企业，以及雷诺日产、菲亚特、福特标致等全球汽车企业供应汽车板。[③]

在厂房林立、烟雾袅袅的浦钢，热火朝天的炼铁车间内，机器轰鸣，冒着浓烟的高炉吐出熔化的铁水，昼夜不息地运作着，输出着钢铁的力量。浦钢作为世界钢铁厂发展历史上的一大壮举，从1970年初年产50万吨条钢，发展到具有年产5000万吨条钢的生产能力，使韩国一跃成为世界排名第六位的钢铁大国。不管外部环境如何，浦钢自成立以来，都没有出现过一次赤字，成为世界钢铁业界的经营创收神话，被世界钢铁协会（IISI）评为"世界上成本最优的公司"，被美国摩根斯坦利投资银行评定为"全球最具竞争力的钢铁制造商"，被麦肯锡投资家赞为"最具投资潜力的钢铁公司"。

[①] 王晨光. 对外合作交流的新华章 [N]. 焦作日报，2010
[②] 陈祎淼. 都是产能惹的祸 钢铁行业形势没改观 [N]. 中国工业报，2013
[③] 元镐，李俊伟. 本土受挫浦项汽车板如何走出去？[N] 中国冶金报，2016

荒滩上崛起的"造船王国"

20世纪70年代，韩国在全球船舶市场的完工率只有1%。之后，韩国用了25年时间超越日本，问鼎世界第一。韩国之所以能够在一段时间笑傲世界造船江湖，离不开两个人：一个是铁血总统朴正熙；一个是现代造船工业董事长郑周永。20世纪70年代初，韩国推行了"出口第一""贸易立国"的发展战略，并采取了"集中力量办大事"的方式，举全国之力扶持几家大型企业，将资金和资源都集中到这些头部大企业。但无论做什么都需要完善的航运和造船业作支撑，于是朴正熙开始构想"造船王国"。蔚山市地理位置得天独厚，接连不断的山和海洋在此相遇，形成了众多的海滩，同时又与釜山、济州岛等城市相邻，与日本距离也较近，是韩国通往日本的重要交通枢纽，于是朴正熙决定在蔚山市打造大型的造船厂。

但很多人对在蔚山打造造船厂持保留态度，他们并不赞成此想法，认为国内不具备造船技术，也无外力支持，再加上国家外汇收入少，兴建船厂只会占用原本就不充裕的外汇，风险太大。于是很多企业纷纷躲避这个烫手的山芋。

而现代集团董事长郑周永的想法则不同，眼光敏锐的他早已经把企业发展的下一个目标定在了建设造船厂上。他认为，造船与建高楼异曲同工，原理大同小异，只不过是从地面搬到海面而已。再说韩国三面环海，拥有丰富的海洋资源，又拥有低成本人力资源，一定能具备国际竞争力。它还能扶持很多相关的产业，给国民提供就业机会。

1966年，郑周永趁去日本公干之际，让现代分会长李春林陪同他，一起去参观了横滨船厂、神户船厂和川崎船厂，这些日本知名船厂的现代化设备及庞大的规模让郑周永震撼不已，这更坚定了他建设造船厂的想法。

郑周永的想法和朴正熙不谋而合,特别是成功修复高灵桥的项目让朴正熙对郑周永刮目相看,于是就把蔚山造船厂的项目交给了郑周永。郑周永在集团内部高级会议上表达了现代集团造船的决心:造船的原理并不复杂,犹如一块大铁板凹成一个容量极大的铁箱,然后在铁箱里安装上发动机,使它漂浮在海上。我们曾建过那么多发电厂和炼油厂,设计过各形各色的铁板,也焊接过各式各样的铁板。造船对现代来说,根本不在话下。[①]

1970年3月,现代公司下设造船工作部,并着手选址征地等基础工作。万事俱备,只欠东风。一切就绪了,资金却毫无着落,这才是最让人头疼的。最初的计划是50万吨级,那就要相应地修建900米长的船坞,需要配备各种装备和机械,而仅仅是买机械一项的费用就在8000万美元以上。

为了解决"贷款大攻关",郑周永跑到日本、美国四处借钱,可折腾了一圈却一无所获。没有筹够造船的费用,郑周永万般无奈,只好去求助韩国政府。但政府却表示:"不管有多大困难,造船厂一定得建设,日本、美国不行,那就到欧洲去。"于是1971年初,郑周永马不停蹄来到了英国伦敦的巴克莱银行,这是欧洲的金融中心。巴克莱银行请阿普尔多尔公司的负责人来评估,但负责人认为韩国缺乏造船的基础,更谈不上经验,他担心韩国的技术能力不足以承担这样的重任。

郑周永拿出随身携带的一张500元的朝鲜旧纸币,指着上面的图案说:"这张钱上印的是我们国家在1500年前就造出来的龟甲船。"然后详细向对方讲述了韩国龟甲船的历史。最后阿普尔多尔公司的负责人被郑周永的真诚打动,痛快地向巴克莱银行写

---

① 梅昌娅. 财界总统: 郑周永 [M]. 沈阳: 辽海出版社, 2017: 184.

了推荐信,并写出证明,表示现代集团有能力建造大型船厂。

随后,郑周永来到斯克特里斯格造船厂,取得船舶设计图纸。一切具备之后,郑周永这才赶到巴克莱银行。银行负责人见郑周永思路清晰,谈吐不凡,便询问他的专业。郑周永说:"我拜访了牛津大学,和校领导及教授们相谈甚欢,我给他们看了这份企划书,他们非常赞赏,当即授予了我一个经营学的博士学位。这份企划书就是我的博士论文。"银行负责人被他的睿智与幽默折服,同意了他的贷款要求,但提出了一个条件:必须先拿到造船订单。厂址还是一片荒地,船都还没影儿呢,就要找到买主,这不是天方夜谭吗?但棋下到了这一步,郑周永已无退路,无畏者无惧,现代办事处的工作人员拿着厂址的荒地照片和从斯克特里斯格造船厂借来的 26 万吨级的油轮设计图纸,开始了"地毯式"兜售推销。

功夫不负有心人,当郑周永费尽心思打听到希腊船王利瓦诺斯正有意购买油轮时,便马不停蹄地赶到利瓦诺斯的休假之处,毛遂自荐,推销起油轮来。郑周永真挚地说:"希望您能考虑一下我们的油轮,如果您订购,我们一定造出超乎您期望的油轮,一定给您最大的优惠,保证让您觉得物有所值。如果不能如期交付船只,或者哪怕您有一点点的不满意,我们都会退还给您保证金和利息。这一切都由银行来做担保,定金也可以分期支付。"郑周永把话说到了这份上,他的诚意无懈可击,再拒绝就说不过去了,于是利瓦诺斯点点头,握着他的手说:"你的诚意我已经看到了,这船我要了。"就这样,郑周永顺利拿到了订购两艘 26 万吨级油轮的合同订单及 13 亿美元的定金。①

上有资金,下有订单,只差船舶建造了。郑周永马不停蹄地回国督战。1972 年 3 月,现代造船厂奠基修建,朴正熙在开工典

---

① 顾文州.汽车王国里的愚公:郑周永 [M]. 北京:中国社会出版社,2015.

礼上对当地渔民说:"你们一直用小船出海打鱼,迎风斗浪,困难重重。等我们建成了船厂,一定会给大家提供很大的帮助。"

1973年4月,蔚山造船厂举行1号船奠基仪式,从此生产步入正轨。同时,郑周永乘胜追击,开始再次扩建丹阳现代水泥厂。心系民生的他为汉城市民在西冰库建造了新的现代化的居民住宅小区,博得了民众的支持。

为了早日建成船厂,郑周永不辞劳苦,在汉城和蔚山之间奔波,每天凌晨三四点就起床亲自巡视施工现场。一天凌晨3点,郑周永被外面的雷雨声惊醒。他担心工程建设,冒着风雨开车出去巡视。不料行车途中,路面湿滑,视野不清,眼看车要撞到路边的一块大石头上,郑周永忙乱地扭转方向盘,不幸连人带车掉入海中,好在有惊无险,被警卫及时发现,将他拉出了车子。郑周永爬上岸边,浑身湿漉漉的,但他却毫不在意,心里依然牵挂着工程,就这样穿着湿透的衣服,继续巡视。

1973年12月28日,"现代造船株式会社"成立。从叩石垦壤、破土动工到第一艘万吨巨轮下海试水,现代造船厂仅仅用了2年3个月的时间。同时,郑周永还完成了防波堤工程和疏浚港湾工程,修建码头、挖船坞,建造了14万坪(约合46万平方米)的厂房,修建了职工宿舍。对造船毫无经验的郑周永以百折不回的勇气和非凡的毅力,锲而不舍,克服一切艰难险阻,奋力拼搏,取得了胜利。

1974年6月,在现代造船厂竣工典礼上,当两艘油轮缓缓下水时,全场爆发出雷鸣般的掌声,大家欢呼雀跃,奔走相告。郑周永为韩国造船事业立下了汗马功劳。为了表彰郑周永的突出成就和对国家的杰出贡献,韩国政府授予他"金塔产业勋章",这是韩国企业家最高荣誉勋章。

同时,1975年4月28日,郑周永创立了现代尾浦造船厂,成立初期主要承接修船业务,后来开始承接新船订单参与商船建造。每年可承接450余艘国内外船舶改造与修理工程,成为世界上最大的船舶修理厂。

郑周永在蔚山荒凉的海岸上建起的宏伟的现代造船厂,成为韩国重工业的排头兵,解决了很多人的就业问题,同时很多相关企业从中得到实惠。要知道,造船业不仅是一项重要工业,还与其他行业存在千丝万缕的联系,为钢铁、机械、电子、化学工业等50多个部门提供部件和原材料,成为促进经济发展的强大推动力。

在郑周永的竭力运营下,1979年,韩国成为世界第七大造船国,造船的国产化水平达到80%以上。1999年,韩国造船业在世界造船市场的占有率为33%,位居世界第一。

看着船舶入海如同海豚在水面划过优雅的弧线,心怀大海而不见波澜的郑周永嘴角露出一丝不易察觉的微笑,他没有辜负政府的期望,也没有辜负人民,同时又顺势将企业推向了巅峰,大力发展造船业,正好迎合了韩国政府把经济重心转移到重工业领域的经济政策。现代造船不仅垄断了国内的造船业,还获得了低息贷款、出口退税等一系列优惠政策,进一步增强了现代集团在国际市场的竞争力。20世纪80年代,现代造船已一飞冲天,取代日本三菱公司,成为世界上最大的船舶制造商。[1]

韩华:低调的"军火之王"

有句话说,撑起整个人类世界的三大支柱是钢铁、火药与信仰,足见火药的重要性。火药的应用使得军事力量成为国家的重要支

---

[1] 顾文州. 汽车王国里的愚公:郑周永 [M]. 北京:中国社会出版社,2015:196.

撑，它不是战争的诱发根源，而是战争的调停者，对国家起到一定安全防卫的作用。韩华集团作为韩国最大的国防制造商，旗下拥有53家下属机构和分支企业，在全球拥有78家办事处和分公司，业务网络遍布欧洲、美国、中国、东南亚和中东等地。近年来，韩华集团在强化航空宇宙事业等新的未来发展动力的同时，将核心力量集中于海外资源开发领域。[①] 韩华集团从战时火药供应商到零售再到金融集团，同时作为韩国航天产业的幕后推手，是韩国重要的防务企业。

韩华集团的前身是1952年成立的韩国火药株式会社，在韩语里，"韩华"和"韩火"同音，"韩华"本为"韩国火药"的缩写。创始人金钟喜被称为韩国的"火药王""达那炸药金"，火药是金钟喜的命根子。金钟喜，字"玄岩"，意为"深奥的岩石"。他表示，爆发是火药的宿命，但必须在规定的场所、规定的时间爆发，因此火药最为诚实。制造火药的人，从经营家到管理员再到技术员，也要像火药一样真实、诚实。火药事业的领导者必须有重视人性的领导能力。

1922年11月22日，金钟喜出生于忠清南道天安市富垈洞的一户普通农家。金钟喜从小聪明能干，从稷山公立普通学校毕业后，于1937年考进了位于汉城的京畿商业高中。后来，金钟喜通过自学考进了元山商业学校。1940年毕业后，他又一鼓作气考进日本明治大学商学院。1942年，20岁的金钟喜来到汉城，进入由日本人出资开办的朝鲜火药共贩株式会社工作，正式进入了火药界。

金钟喜聪明机灵又勤奋努力，很快得到上司的认可。日本为了不使火药技术落到韩国人手里，但凡跟火药技术沾边的工作，都不许韩国人介入。但金钟喜八面玲珑，以超高的情商获得了火

---

① 陈根. 韩国四大财团转型升级中崛起 [M]. 北京：电子工业出版社，2014：127.

药技术家松村的信任，将火药技术毫无保留地传授给了他。

1945年8月15日，朝鲜半岛解放。随后美军政厅成立，朝鲜火药共贩株式会社作为归属财产其所有权由美军政厅接收。日本战败从韩国撤走后，金钟喜成了韩国唯一的火药爆弹专家。金钟喜长袖善舞，交际能力出众，很快获得了美军方的认可。1946年5月，金钟喜被美军政厅正式任命为朝鲜火药共贩株式会社的管理人员。

1950年，朝鲜战争爆发，100多万美军涌进半岛作战，对军需用品有着强大需求，这些都需要从海外的周边国家采购。金钟喜从战争中见识到了火药的重要性，他下定决心，要成为韩国火药产业的开拓者。金钟喜深知背靠大树好乘凉，于是向美军主动提出为他们管理军用炸药的储存。美军欣然同意，与金钟喜签署了炸药管理合同。尽管是在战乱时期，但有了美军这个坚强的后盾，金钟喜的炸药事业发展十分顺利。①

1952年，为提振经济，培养民间资本，韩国政府决定向社会拍卖"归属敌产"。日资的火药共贩株式会社也在此次拍卖范围中。金钟喜意识到机会来了，主动申请购买。由于一直以来在韩国的炸药行业里摸爬滚打，积累了一定经验和业绩的金钟喜得到了韩国政府的认可，金钟喜集资购买了火药共贩株式会社，成立了韩国火药株式会社，并成为会长，这样原本由政府支配的炸药产业从此进入了私人运营时代。

金钟喜不是一个"白手起家型"的创业者，而是一个成功的"修复者"。他擅长接管现成公司，并凭借超强的管理能力将企业做大做强，通过收购，省去从零开始建立公司的过程，直接获得成熟的团队、客户资源和市场份额，实现快速扩张和优化升级。

1953年，朝鲜战争结束后，国家大部分基础设施受到破坏，

---

① 张光军. 韩国财团研究[M]. 北京：世界图书出版公司，2010：264.

韩国为了重修基础设施，需要用大量的炸药。但韩国欠缺相应技术而无法满足与日俱增的需求量，只好全部依靠进口，尤其是对日本的依存度非常高。火药供应受限，价格居高不下。

怀有"实业报国"梦想的金钟喜积极投身于火药事业，倾注3年的时间和努力推进炸药的研发，为战后国家的重建而不遗余力。1955年，韩国政府决定重建仁川火药工厂。金钟喜志在必得，他与重建工作小组夜以继日奋战20多个日夜，向韩国商工部提交的《仁川火药工厂第一阶段修复计划书》内容详备，多达400页，其中事无巨细地分析了修复过程，令政府大加赞赏。1955年10月26日，金钟喜与韩国官税厅签署了仁川火药工厂购买合同。韩国火药株式会社由此向实现炸药国产化迈出了第一步。1955年12月24日平安夜，仁川火药工厂升起了第一道火焰。

由于雷管和导火线生产技术含量不高，危险系数低，韩国火药株式会社以此为突破口，于1956年2月成功生产出雷管和导火线。之后，韩国火药株式会社乘胜追击，又成功生产出硝铵炸药，供给全国采矿业，发展得如火如荼。

永远不满足于现状的金钟喜，不断向下一个目标挺进。他认为只有生产出爆炸威力强大的硝化甘油炸药，才能真正地实现炸药国产化。

1956年4月，金钟喜继续进行仁川火药工厂的达纳炸药（"达纳"源于希腊文"威力"。一次试验中，诺贝尔发现，硝化甘油与硅土混合物结合并不会减轻炸药的威力，但生产、使用和搬运更加安全了。之后他用木浆代替硅土，制成了新的烈性炸药——达纳炸药）制作设备的重建工作[①]，并开始招募达纳炸药的制造专

---

① 芩宇飞，刘利生. 诺贝尔获奖人物全传：生理学医学卷一（1901—1919）[M]. 长春：吉林摄影出版社，2005.

家。但在韩国寻找达纳炸药的制作专家无疑是大海捞针。当年，亲自参加达纳炸药制作过程的 5 名专家，已有 2 名在爆炸事故中死亡，金钟喜找到剩下的 3 名专家，雇用了他们，开始自主研发炸药。

通过不懈努力，1958 年 6 月，韩国火药株式会社成功生产出硝化甘油炸药。韩国成为继日本之后第二个具备该炸药生产能力的亚洲国家。

到 1962 年底，仁川火药工厂三个阶段的重建工作已全部完成，国产炸药市场占有率已提高至 80%。由此，韩国火药株式会社实现了炸药生产和销售的一条龙服务，赚得盆满钵满，为接下来的多元化经营打下坚实的基础。

20 世纪 60 年代是韩国火药株式会社的集团形成期。为了拓宽发展空间，韩国火药株式会社开始走多元化的发展路线，进入机械工业、石油化学产业、金融服务业等领域。除不断进军新的事业领域外，韩国火药株式会社还接管亚铅矿山、开办仁川盐厂、设立白岩文化财团等，由此正式构筑了以火药、石油化学、机械为中心的产业框架，在商海中鲤鱼打挺般不断腾挪，跃升为韩国企业界的头部企业。同时，金钟喜为了驾驭庞大的多元化事业领域，加强企业管理，富有前瞻性地引入集团经营体制，于 1965 年 8 月成立了韩国化成工业（即后来的韩华石油化学和韩华）。

进入 20 世纪 70 年代，韩华集团开疆拓土，不断拓展事业版图，并正式上市。而后，韩华集团进入建筑业、食品加工业、运输业等领域。

然而成功中往往潜藏着危机，1977 年底发生的里里站爆炸事故对韩华集团来说是一个极大的考验。

1977 年 11 月 11 日晚，由于韩华集团的押货人酒后照明，不慎导致运送炸药的货运火车在韩国全罗北道里里（现益山市）火车站内，发生严重爆炸事故，现场惨不忍睹，死伤人数达2700多人，2千米以内的建筑物都被炸没了，造成的经济损失高达80亿韩元。金钟喜连夜召开紧急董事会议，商量救援对策。金钟喜亲赴现场指挥，开展灾后重建工作，并通过报纸向死难者家属谢罪；同时完全承担事故责任，并拿出所有的财产——90亿韩元当作补偿费。这几乎是韩华集团的全部身家，韩华集团由此将会陷入经营困难、资金无法周转的困境。政府当然不会坐视不管，韩华集团的年收入约40亿韩元，于是政府提出，90亿韩元的赔偿金，由韩华集团分期支付，限期三年。这样既能保障爆炸事件的受害者得到足够的补偿，又能让韩华集团有喘息之机，不至于陷入绝境。

1979年5月，金升渊成功拿到沙特阿拉伯的建设项目，韩华集团有了起死回生的转机。1979年，韩华集团的成长率同比增长了42.9%。韩华集团东山再起，重新成为耀眼的太阳，跻身于韩国的大财阀企业之列。

大林："基建狂魔"顺势而为

建筑犹如一本打开的书，从中能看到一座城市的抱负。在韩国，青瓦台国会厅、世宗文化会馆、独立纪念馆、奥林匹克竞技场这些闻名遐迩的建筑，蔚为壮观，它们的背后都指向韩国建筑业的领头雁——大林集团。大林集团是韩国知名的长寿企业，不但闻名全韩，还在海外各国负责了许多大型建筑工程项目。

大林集团创立于1939年，从一个小小的木材商起步，经过80多年的发展，逐渐成长为一个多元化的产业集团，旗下拥有建筑行业、石油化工、设备制造和信息通信等多个重要产业。大林集团拥有14家子公司，其中石油贸易规模在韩国企业中首屈一指。

1917年，大林集团的创始人李载滪出生于京畿道始兴一个商人之家。在商业环境的熏陶下，李载滪商业嗅觉非常敏锐，从军浦普通学校毕业后，他便在自家的碾米店协助父亲经商。

时值日本帝国主义发动侵华战争，朝鲜半岛成为日本的兵员运输和后勤补给基地，日本对朝鲜半岛实行了战时统制经济体制，并将当地的工业结构从轻工业迅速转变为重化工业和军需产业。仁川距离汉城很近，起着汉城门关的作用，是朝鲜半岛的重要工业区。这里工厂鳞次栉比，有碾米厂、建筑工厂、机械工厂、木材加工厂等，重点发展以机械工业为中心的军需产业。许多日本财阀集团争相在此开设工厂。

年轻的李载滪经历了社会的动荡，他眼看着父亲的碾米厂从红红火火到衰败萧条，而父亲却无能为力。于是，李载滪决定独自去闯出一条道路。1939年10月10日，李载滪在仁川市富平区创立了富林商会，这便是大林集团的前身。富林商会从销售石灰和泥瓦材料起步，后来随着公司的发展，眼光长远的李载滪看到韩国林木资源丰富、盛产各种优质木材的优势，意识到木材行业未来一定前景广阔，便逐渐把公司的重点转向木材加工。不过，富林商会的经营刚刚步入正轨，李载滪正想大展拳脚，便被兜头浇了一盆冷水。

朝鲜半岛民族资本家开始振兴，日本殖民当局为了遏制朝鲜半岛的发展，把木材生产掌握在手中，首先把木材列入重点监管的军需物资，其次在以汉城为中心的京仁一带扶植了一大批日本小木材商。韩国本土企业发展举步维艰。同其他木材商一样，李载滪也一筹莫展，他不断地寻找着机会突围。被逼无奈的李载滪最终决定破釜沉舟，奋力一搏。他投其所好，主动向总督府提出可以免费为富平地区的日本军需工厂送货。这种找上门来的好事，总督府自然不会拒绝，于是欣然同意。李载滪趁机和总督府搭上了关系，后来又费尽心机打通各个环节，最终成为总督府指定的全国11家木材企业之一。富林商会一跃成为京仁地区数一数二的大木材商，拥有30多处伐木场，遍及整个朝鲜半岛。公司资本总额达到400万韩元，是初创时的100倍。[①]

由于日本殖民政府在朝鲜半岛推行"南农北工"的政策，在北方建立了一些重工业基地，主要发展化学、金属、采矿等重工业；在南方则主要发展农业，以及纺织、印刷、食品等轻工业。富林商会的主要原木供应地都在北方，朝鲜半岛一分为二管制后，富林商会在"三八线"以北以伐木场为主的所有不动产都化为乌有，而这些资产占富林商会总资产的70%以上。虽然公司经营受到重创，但李载瀅并没有灰心丧气，他从经验教训中自我反思，认为"鸡蛋不能放在一个篮子里"，经营项目过于单一会使企业把所有的筹码压在一个项目上，风险太大，必须扩大经营范围寻找新的经营业种。

1947年6月28日，富林商会改为"大林产业株式会社"，并分设汉城和仁川两家分公司。为了拓展业务，李载瀅四处奔走，参与了富平警察署新建工程，迈出了进军建筑业的第一步；接着，李载瀅又乘胜追击，承揽了京畿道光州警察署和汉城许多学校的建设工程，积累了丰富的经验。李载瀅一边拓展建筑业务，一边兼顾木材经销的生意，为自身的建设公司提供建筑材料，事业全面开花。之后，前景更为广阔的建筑业不断发展成为大林产业株式会社的支柱产业。

可惜在战争年代，财富就像天上的流云，随时都会烟消云散。1950年朝鲜战争的爆发，令李载瀅辛苦奋斗积累起来的万贯家业被战火销毁，顷刻间化为乌有。战火蔓延，林地被炸毁，工人四处逃亡，伐木场无以为继，建筑部门承包的许多工程只能搁置，

[①] 张光军.韩国财团研究[M].北京：世界图书出版公司，2010：275.

公司依靠承建一些难民收容所，苟且偷生，勉力维持经营。

朝鲜半岛解放后，美军开始在半岛南部驻军，为方便开展军事活动，美军在韩国建设大批住宅、道路、机场等军用设施，各种重型建设装备大量投入施工现场，拉开了机械化施工的帷幕，对韩国社会经济的发展产生了重大的影响。

韩国建筑业刚刚起步，技术力量不足，很多工程承包商的施工技术水平与美军的要求相差甚远。为了成功承揽美军的工程，李载瀍孤注一掷，花了大量的资金，率先引进了先进的机械化设备，并凭借这一优势将众多的承包商甩在身后，成功包揽了美军的工程建设项目。为了打响品牌，李载瀍在施工中严格要求，牢牢守住"品质第一"的底线，讲求效率，坚持诚信施工，保证所承包的工程准期交付，得到美军的高度认可，从而以优质的信誉树立了良好的企业形象。

李载瀍从小受传统的儒家教育熏陶，始终将"勤奋和诚实是企业家必须具备的基本条件"作为人生信条。他大力倡导并推行"伦理经营""自律经营"，不贪大求全、不一味求快，做好技术积累，步步为营，一步一个脚印地稳扎稳打发展企业，打下了稳固的根基。

同时，李载瀍把儒家思想奉为圭臬，内化于心，外化于行，并将其灵活运用到企业管理中，认为"有容乃大"。首先，企业内部必须团结和谐，他着力将大林打造成"家文化"，把家的思想融入企业和员工心中，在企业中营造家庭氛围，对员工生活上给予关心，体现人性关怀；工作上给予帮助，包容员工个性，为他们创造施展才华的空间。凝聚人心，实现企业广阔无限的发展。

1961年，朴正熙政府启动了第一个经济开发五年计划，韩国经济发展突飞猛进，建筑业以年平均13.7%的增长率飞速发展。李载瀍深知建筑是一座城市最基本的元素，更是一座城市的灵魂，随着韩国经济的发展，城市化进程的推进，建筑会发挥巨大的作用。于是，他牢牢抓住了建筑业的高速发展期，在"经营合理化"思想的指导下，大林集团承揽了40多个大型建设工程，其中包括蔚山港、韩国肥料工厂和国防部办公大楼等重点工程，在韩国建筑业首屈一指，成为现代建设、东亚建设、三富土建、极东建设等大企业的领头雁。

1973年，韩国政府实行产业结构调整，开始强有力地推动重化工业化建设。政府还建设了丽川石油化学工业园区。由此，韩国成为先进的石油化学工业国。李载濬看准时机在丽川工业区内建设了湖南乙烯工厂及大林集团3个子公司的工厂。工厂建设期间恰逢海外建设的关键阶段，国内原材料短缺的情况非常明显，大批技术工人流向海外，企业困难重重，面临着材料不足、人力不够、物价居高不下的困难。在此情况下，工厂的动工日期被迫延后了3个月，直到1977年2月基础土木工程才得以施工。不过，讲求诚信经营的大林集团克服重重困难，负责施工的工业区核心工程湖南乙烯工厂仍如期交工。该工厂年产35万吨乙烯，堪称具有国际规模的大型石化工厂。

在商业之路上，富有进取精神的李载濬并不仅仅满足于韩国的市场，他把目光投向了更为广阔的海外业务，曾在越南西贡（现胡志明市）、泰国曼谷、新加坡、印度尼西亚等地设立了海外分公司，就这样开疆拓土，海外建设领域不断拓宽。1974年，李载濬经过一番谈判，大林集团在沙特阿拉伯一举拿下了第一个中东地区的建设工程，从而打开了中东市场。大林集团以沙特阿拉伯为中心在中东地区展开了广泛的合作，此举对大林来说意义非凡，因为它成功打破了中东国家的"本国企业保护主义"壁垒。如同多米诺骨牌效应般，大林集团顺理成章地开辟了伊朗、卡塔尔、科威特等其他中东国家的市场，业务范围逐渐扩大，囊括了周边的新市场。"万丈高楼平地起"，随着市场的扩大，大林集团逐渐崛起，成长为商界巨头，从此在世界舞台上开展了令人瞩目的经营活动。

1976年2月，为巩固和强化整个集团的经营管理体制，李载瀗对大林集团进行人事制度改革，引入由副社长主管公司业务的副社长中心制。这一制度提高了副社长的管理权限，使其能够在业务往来中迅速处理问题和作出决断。此外，还实行了严格的"预算制度"，对每一个项目从开始计划到最终完成全程监管。在严密的计划和管理下，公司的利润迅速增长，为事业扩张积蓄了力量。大林集团用磅礴的伟力不断建造新的城市地标，为城市建设贡献新的力量。

李载瀗的长子李埈镕，曾经在国外留学，回国后，李埈镕一直是父亲李载瀗的得力助手，在海外工程洽谈时，其流利的英语发挥了非凡的效果。李载瀗有意培养儿子成为第二代集团领袖，让他逐渐参与企业的经营，并慢慢将一些企业的管理权移交给他。李埈镕也不负父亲期望，兢兢业业，深入企业磨砺，并将企业管理得井井有条。1978年，李埈镕担任大林产业副社长，以先进的经营理念，在建筑业界率先推行业务处理信息化，构建了经营信息系统。李埈镕的眼界更宽，经营理念更新颖大胆，他的加入，为企业发展注入了活水，公司发展迈上一个新台阶。1979年4月18日，大林产业获得湖南乙烯80%的股份持有权，正式进驻石油化学产业。

李载瀗创业时属于摸着石头过河，在实践中摸爬滚打，企业发展由木材业逐渐发展到建筑行业。而其子李埈镕掌管企业后，站在父亲的肩头看得更长远，逐渐向石化部门深入，构建了建设和石化两大支柱产业结构，引领着大林集团走上了一条高速发展的道路。

如今，大林集团在两代人孜孜不倦的努力下，历经80年的发展，从建筑工程起家到产业遍及建筑工程和石化、制造、能源等方方面面，成为韩国商界当之无愧的巨头。

第6章

汽车工业的"黄金时代"(1979—1983年)

韩国的汽车工业萌芽阶段起始于1944年成立的起亚汽车前身京城精密工业。1950年朝鲜战争爆发，为配合部队运输及机动需求，京城精密工业由原本制造自行车零部件的工厂改制成了自行车生产厂商，以适应战争的需求。所以韩系车的起步比德、美、日晚了半个多世纪。在20世纪50年代朝鲜战争结束后，韩国急需发展经济。为了满足民用运输的需要，韩国政府果断推出一系列发展汽车相关产业的政策。

1962年，朴正熙确立了韩国第一个五年计划，决定大力发展汽车产业和重工业，集全国之力造汽车，在政策的加持下，韩国汽车制造业如火如荼地发展起来。1972年，大宇汽车公司与美国通用汽车开始合资生产。1973年，现代汽车公司引进日本三菱公司发动机、传动系统和底盘技术；1975年开始自主研发生产汽车，并大量出口非洲。1985年，韩国的汽车年产量从1970年的3.8万辆迅速跃升至37万辆，增长近10倍；1986年更是飞速增长至60万辆。由此，韩国汽车工业发展进入高速发展的巅峰时期。

在这漫长的汽车发展史上，涌现出无数的汽车品牌，有的如流星般一闪而过，有的曾经在历史上留下浓墨重彩的一笔。在技术爆发的时代，数不尽的品牌野蛮成长，也有曾经辉煌一时，如烟花般灿烂了整个汽车工业的星空，但又很快湮灭在残酷的时光中。

缔造"现代速度"

现代汽车作为全球第五大汽车品牌,凭借技术和品牌实力,走在时代的前沿。2022年,现代汽车全年销量近400万台,成为全球销量第三名。从建厂到独立研发车型,18年的励精图治,现代汽车最终成长为韩国最大的汽车集团,拥有世界规模巨大的汽车生产基地,以及韩国唯一具有国际水平的汽车综合试验场,拥有从钢铁、汽车零部件供应到汽车品牌的庞大传统汽车产业链条,其完备的汽车三大件研发生产能力,令很多汽车企业望尘莫及。

1974年,一款名为"PONY"的时尚小型汽车在韩国上市,拉开了世界第三大汽车销量巨头诞生的序幕。在此之前,谁也没有想到,韩国首尔一个经营汽车修理店的老板,日后会既修路又造车,并最终成长为一方巨擘。从过去的修车厂到现在的超大型综合集团,从学习和模仿到自研生产"PONY",从低端入门车到高性能品牌,现代汽车在创新的道路上,策马扬鞭,一路狂奔。

时间回到20世纪60年代,随着韩国高速公路的建成和货物运输业的急剧膨胀,韩国政府将汽车产业的发展列入第二个经济开发五年计划中。

与汽车有着不解之缘的现代集团会长郑周永看到了机会。而此时,美国福特公司在韩国拓展业务,于是郑周永吩咐正要去美国交涉工程借款事宜的弟弟郑仁永尽快与福特公司搭上关系。郑仁永一到美国便马不停蹄地赶往福特公司,向其提供了现代建设的汽车工业发展计划,并展开了强大的游说攻势。

1967年2月,福特公司派团队来到汉城考察,与郑周永洽谈合作事宜。郑周永对汽车产业的熟稔程度令前来的福特专家佩服不已,现代建设顺利被确定为福特的海外技术合作伙伴。

1967年12月,现代建设取得了"现代汽车"的生产许可证,以新名字"现代汽车株式会社"面世。然而,当现代汽车准备在庆南地区修建厂房的消息传出后,那一片的土地一夜之间从原来的每平方米180元涨到了每平方米700元,现代汽车委托的谈判人员遭到了土地所有者们的群攻。为了使征地工作顺利进行,现代汽车把"处理好与农民的关系"作为征地工作的第一要义,一边向蔚山市居民宣传在此建厂拉动经济增长、促进居民消费生活水平提高的好处,一边积极向当地农民提供就业机会,并尊重当地居民的风俗习惯。一系列措施的采取,终于缓和了剑拔弩张的紧张局面。

1968年底,现代汽车以每平方米900元的价格收购了70000多平方米土地。1969年5月,开始投入建厂。"现代建设"和"现代汽车"分工合作,一个负责工厂的土木和建筑,一个负责机器设备。同时,现代汽车广纳人才,把人才招聘的基本条件设置为具备开拓性和会说流利的英语,入职的新员工被送往澳洲、美国、日本等地学习先进的生产技术、代理店销售和售后服务。

经过一番紧张的筹备,现代汽车在1969年10月制造出了第一辆汽车。然而,产品推向市场后,人们对这个新事物反应冷淡,现代汽车不得已采取了降价促销的措施。但是,由于韩国的道路多为砂石,借用福特技术生产的现代汽车车型严重"水土不服",经常出现抛锚、撞车等事故。现代汽车的品牌遭到严重质疑,连锁反应下,现代生产的卡车和大客车一上市便受到了冷遇。

然而一波未平一波又起,这边,郑周永和团队还没商量好对策,韩国当局又出台了汽车三元化方针,要求在汽车生产中实现发动机单一化、车种单一化、统一车种国产化。这一方针看似是实现

第 6 章 汽车工业的"黄金时代"（1979—1983 年）

汽车国产化的妙法，但与市场严重脱节。汽车企业短期内培育出的技工只对所制造的一个车种技能熟悉，政府在短时间内完全改换布局的做法完全没有顾及企业的生存。

雪上加霜的是，现代汽车遭遇了百年一遇的大暴雨，现代汽车公司的 300 多名职工被围困在工厂里，10000 多平方米的工厂被浸泡在 1.2 米深的洪水中，已经装配好的汽车在一片汪洋中漂来漂去。郑周永紧急组织员工，挖走了淤泥和沙子，修复了生产安装线，对被水淹过的零部件根据损毁程度进行修复。但市场上很快传出"现代企业销售的汽车被水浸泡过"的消息，现代汽车的销售陷入停滞状态。

屋漏偏逢连夜雨，1969 年 12 月，国家商工部出台了汽车国产化三年计划，规定从 1970 年起，韩国将全面禁止七种车辆的生产，同时建设发动机厂和车体锻压厂；并从车辆组装公司中，挑选出其中设备最好的，把其定为发动机铸造定点厂家，然后取消其他三家的发动机制造资格。

接连不断的打击使得现代已经无力单枪匹马应付这一艰难局面。郑周永想到了合作方福特这根救命的稻草。然而此时福特公司对郑周永的窘境早已了然在胸，想要"趁火打劫"，便断然拒绝了郑周永提出的一比一的合作比例。

福特的野心令郑周永非常愤怒，"现代"这块牌子早已和郑周永的生命融为一体。与福特合作的破裂使现代汽车走上濒临破产的边缘。

一个人如果被逼上绝境，就会爆发出无穷的潜能。多重因素叠加，郑周永带领着现代汽车决心走上一条自主研发的道路。

自知设计能力不足的现代汽车，在欧洲各地寻找可以进行车身设计的公司，并最终通过接近两倍市价的价格让意大利的设计公司接下了这一任务。尚且需要通过贷款建设汽车工厂的现代汽车，愿意支付 120 万美元用于设计劳务，这足以见得现代汽车对于生产自主车型的决心，同时也彰显了作为韩系汽车领头羊的现代汽车对于设计和技术储备孜孜不倦的追求。

1974 年，现代集团投资 1 亿美元建设年产 5.6 万辆汽车的新厂；同时，现代汽车及时开创了汽车零部件事业，为企业发展夯实了稳固的基础。1974 年 6 月，现代汽车首款量产自主车型"小马"（PONY）问世，并于同年 7 月首次出口到厄瓜多尔。小马在世界上是第 16 个、在亚洲是继日本之后的第二个自主研发的车型，标志着韩国向世界宣告进入了世界汽车工业国的行列。

独树一帜的造型设计能力，一直被视为现代汽车的核心造车竞争力。小马汽车以"国产化""适合韩国人体型的轿车""适合韩国公路的轿车"为宣传口号，在韩国销量惊人。之后，现代公司与日本三菱公司结盟，生产小马牌汽车。有了日本三菱技术的加持，现代汽车发展突飞猛进。20 世纪 80 年代，现代汽车开始进军国际汽车市场。1983 年，小马牌汽车销往加拿大，一炮打响，总计卖出 7.9 万辆的好业绩。投入美国市场后，迅速火爆，一举创下了销售 16 万辆车的销售佳绩，从而奠定了现代汽车的国际地位。

现代汽车只用了 30 年的时间，就跻身全球汽车企业前 10 名，成为韩国最大的汽车供应商，辐射全世界。汽车的飞速发展，带动了整个韩国工业的起飞。曾经被视为地位象征的轿车，迅速成为人们日常生活的必需品。

作为全球销量排名第三的传统汽车工业巨无霸，现代汽车最大的产业优势，便是在岁月的积淀中积累的无可比拟的产业链资源，使其在成本、品控等方面拥有更为完备的体制优势，也使得现代汽车彻底摆脱了对国外技术的依赖，真正实现了汽车零部件自主化。

20 世纪 90 年代末，现代汽车在金融危机下艰难生存，但依旧不忘探索前行，其研发的 EF 索纳塔和 XG 车型，使现代汽车迈上了一个新台阶，在国际上获得推崇；收购起亚汽车及与 HPI、HMS 合并，令现代汽车达到了全球市场竞争所需的经济规模。使之成为世界第五大汽车集团。

现代汽车作为世界级的汽车制造商以迅猛之势蓬勃发展，特别是海外市场不断被开拓，现代汽车在所有销售量中出口已占据 60%。2002 年，现代汽车集团走向了辽阔的中国内地，创造了"现代速度"的流行语。如今，在全球市场正势如破竹的现代汽车，正在以全方位的资源整合能力，在技术研发与产品制造等方面精耕细作，以特有的方式续写传奇，正努力成为汽车时代的领军者。

守住起亚的尊严

起亚是韩国最早的车企，韩国的第一辆自行车、第一辆摩托车、第一辆三轮车及第一辆汽车，都是起亚生产的。当大宇、双龙还在给奔驰通用做代工厂，现代才刚刚建立起第一座工厂时，起亚就已经把车出口到了国外。

专注是一种突破的力量，同其他企业多面突击的多元化经营方式不同的是，在整个 20 世纪 70 年代，起亚集团仍然一心一意专注于车辆制造产业。他们深信被市场眷顾的，从不是运气使然，而是优质的产品和丰富的品类，核心技术才是企业常盛不衰的根基，于是把重心放在技术研发上，起亚的技术人员争分夺秒，抓紧一切时间开发新产品。

1971 年，起亚成功研制出四轮厢式货车（皮卡）E-2000 和 E-3800，这种轻型货车特别适合多用途货车，是一些始创公司和个体户的最佳选择。也正因为此，这两种型号的汽车一经打入市场，便深受欢迎,销售额急速攀升,巨大的收益为起亚日后建设综合汽车制造厂打下了深厚的经济基础。

  1973年,起亚年产2.5万辆汽车的综合汽车厂竣工投产,此时的起亚在汽车国产化的道路上已经超越了现代汽车和新进汽车。但68岁的起亚创始人金哲浩去世了。1973年11月,金哲浩的长子金相汶继任会长。金相汶是位实干主义者,在他的带领下,起亚抓住机遇,引进了国内第一条传送带系统生产线,建立了基于单一连续流程的生产结构,生产了第一款韩国制造的汽油发动机,并研制成功了小型敞篷货运卡车。在新车型的研发道路上,起亚从未止步,1974年10月又研制出韩国第一辆采用汽油发动机的乘用轿车"波利沙"(Brisa),并很快生产出皮卡"Brisa B-1000"。①

  起亚很久之前就向韩国政府提出参与轿车生产的工作计划,但韩国当局考虑到起亚多年来一直生产卡车,便一直没有给起亚许可批复。之后,韩国总统朴正熙和秘书长金正谦访问了起亚的新工厂,也正是这次视察,让起亚迎来了新的转机。朴正熙突然造访起亚,让时任厂长的金善弘受宠若惊,他毫无准备,只得穿着工作服带领总统参观了新工厂。当朴正熙关心地询问起亚工厂是否有困难时,心性耿直的金善弘直截了当地告诉总统,起亚已经成功出品了"波利沙"轿车,但是由于产业部门迟迟没有批准生产,轿车处于停滞不前的状态。大家脸上都流露出惋惜的表情。于是,朴正熙转移话题,询问起老会长金哲浩有没有看到工厂竣工的情景,金善弘巧妙地回答,老会长看到了工厂竣工,但是没有等到工厂出品。这次视察,朴正熙对起亚工厂的生产运行和金善弘恰如其分的回答表现得十分满意,承诺将给予起亚适当的帮

---

① 任荣伟,蒋学伟,路跃兵.跨国汽车企业在华成长战略[M].北京:清华大学出版社,2014:537-538.

第6章 汽车工业的"黄金时代"（1979—1983年）

助。不久后，起亚就得到了生产轿车的许可，"波利沙"的身影终于出现在了韩国的汽车销售市场上。备受鼓舞的起亚集团再接再厉，四个月之后，成立东昌精机。

1975年，起亚工业公司开始走向国外，首先将汽车出口到中东地区，这是韩国出口的第一辆汽车。1976年，起亚工业公司将亚细亚汽车工业公司纳入麾下，成立起亚汽车集团。起亚获得标致604轿车与菲亚特132轿车的生产权，开始组装这两款车，掌握了国外先进车型的生产经验，积蓄了力量。此时的起亚旗下聚集了自行车、摩托车、运货卡车、特种客车和小型轿车等多种车型。1978年，起亚生产出韩国第一台柴油发动机。

此后，起亚生产进入蓬勃发展期，然而过分单一的经营模式为日后埋下了隐患。

1979年第二次石油危机爆发，起亚遭到了毁灭性的打击，以燃油为主的摩托车、汽车的销量急剧下降，在没有其他产业支撑的情况下，起亚的生产工厂只能转入停产状态，整个集团都背负了巨大的经营赤字。随后发生的政变引发了剧烈的社会动荡，以及之后政府发布的重化工业产业调整政策，更是使本就举步维艰的起亚寸步难行。

为了振兴汽车工业，1981年，韩国政府推出了《汽车工业合理化措施》，要求韩国境内的所有企业实行一元化生产，规定现代和大宇集中力量生产小轿车，起亚和东亚主要生产消防车和5吨以下的小型货车，亚细亚主要生产吉普车，5吨以上的卡车和公共汽车则由各汽车企业自由生产。

"面对政府的行政命令，起亚不得不放弃了前景广阔的轿车生产，企业陷入了困境。为了改善不良的财务结构，金相汶以壮士断腕的勇气，忍痛将创立近20年的摩托车产业卖给大林集团，同时依照政府的建议与东亚汽车合并。

东亚汽车了解到起亚在扩张过程形成了巨额的债务和经营赤字，拒绝按照资本金规模一比一的比例进行合并，并苛刻地提出让金相汶让位，由东亚社长何东范掌握经营权的条件。贪心不足蛇吞象的东亚为了扩大在合并后的经营权利，千方百计收购起亚的股权，这激发了起亚人的不满。金相汶将全部股权捐赠给起亚，使起亚真正成为起亚人的企业，并将经营不善的责任揽到身上，主动退位，同时任命职业经理人闵庚重和金善汶共同管理。金相汶不计个人利益，放弃家族管理的做法，将起亚从危机中拯救出来。

闵庚重和金善汶接管后当机立断，以铁腕手段运用新的经营体制，将企业的所有权和经营权剥离，并迅速调整领导班子，制定新的管理章程，起亚开始形成了新的经营核心。领导核心的变革使得起亚上下风气为之一变，新接任的社长金善弘大打感情牌，呼吁员工"一定要守住起亚的尊严"，工人们士气高涨，气氛焕然一新，公司上下众志成城，达到了空前的团结，使得原本很多无法解决的问题都迎刃而解。

金相汶捐赠股权的做法在起亚内部也引发了连锁反应，工人们自觉发起"减薪救社"运动，主动申请降薪，帮助企业渡过难关。这场运动在社会上引起了很大反响，东亚也不得不放弃控制起亚的打算。"堡垒是从内部攻破的，堡垒是被外部加强的"，外部的压力使起亚内部的凝聚力更强了，大家齐心协力，一致对外，加强了团结。这种在企业内部形成的动力，使起亚获得了新生的力量。

由于东亚和起亚双方都拒绝妥协让步，1982年7月26日，韩国产业部部长金东晖最终宣布政府放弃东亚与起亚的合并计划。不过此时的起亚依靠着众志成城、团结一心已经逐渐从危机中摆脱出来。

然而，产品为王，真正使起亚重新站立起来的还是接下来"丰谷"客货两用车的问世。这种客货两用车就是面包车，和轿车相比，面包车可以载更多乘客及货物，一经推出就引起了轰动。1982年起亚"丰谷"客货两用车仅单一车型就销售了2.7万辆。"丰谷"客货两用车的成功，挽救了起亚，也奠定了起亚的新生之路。

20世纪80年代，为使韩国尽快成为汽车生产和出口大国，韩国政府制订了汽车产业发展的新目标，要求企业大力扩大生产规模，进行技术的更新换代，集中力量进行技术研发，以增加出口量。韩国政府已经意识到之前的限制政策对企业发展形成了掣肘，于是取消了过去扶植、保护汽车工业的一系列优惠政策，宣布放开汽车市场，鼓励企业自由竞争。政府也及时取消了对各汽车生产企业所生产的车种、车型等的限制。[1]

摆脱束缚的起亚开始了重拾小轿车生产的准备。虽然错过了生产轿车的10年黄金期，但"东隅已逝，桑榆未晚"，起亚奋起直追，研制出了"普杰特"-604和"菲亚特"-132高级小轿车、小型客车、农村多用型卡车等。为使公司长足久远地发展，1984年，起亚正式建立R&D中心，担负起起亚汽车的技术研究和新产品开发设计的任务，坚定了起亚"走自己的路"的雄心壮志。

为了更好地发展，1986年7月，起亚汽车同美国福特汽车签订了产权合作协议，美国福特汽车获得起亚汽车10%的产权。

1990年3月，起亚汽车公司更名为起亚汽车株式会社。韩国社会发展迅猛，国内汽车市场风起云涌，强手如林，行业竞争加剧。可以说，那是一个最好的时代，也是一个竞争最惨烈的时代。起亚奋起直追，加大研发力度，推出了一系列新产品，其中三款车型Potentia、Sephina和Sportage甫一上市，便受到了人们的追捧，起亚由此进入黄金发展期。

---

[1] 许智博，金朝，秦聪，等. "韩流"启示录中国汽车离"现代"有多远——差不多的路韩国汽车后起跑还超了车 [J]. 中国汽车界，2012（2）：36-41.

不过，由于业务板块发展得过于迅猛，1994年，起亚公司的经营开始下滑，在国内和北美这两个市场发展出现颓势。加之1997年，亚洲金融危机爆发，起亚集团陷入了经营危机。之后现代汽车收购了起亚51%的股份，成为起亚最大的股东。注入新的资金和管理方式后，独立的起亚汽车虽然已不复存在，但全新的现代·起亚汽车已顺势飞扬，以青春蓬勃的活力快速地发展。到2007年，韩国现代·起亚已经成为世界第五大汽车公司，品牌声名远扬。

大宇的并购神话

汉城希尔顿饭店顶层，曾是大宇集团金宇中的办公室，这里视野开阔，一眼望去，整个汉城都一览无余，尽入眼底。大宇集团一鸣惊人，从初创到崛起仅仅用了不足20年的时间，就创造了世界车坛的一个速成神话，震惊世人。大宇集团为汽车业界的巨无霸之一，巅峰期的资产总值高达500亿美元，是全球排名前50名的大企业，并一度成为韩国在战争废墟上迅速崛起的象征，给韩国带来无限的自豪与荣耀。而大宇集团的创始人金宇中，从零起步，一步一个脚印打下了一个商业帝国，被誉为"输出大主""速成财阀""金融鬼才""韩国经济起飞的缩影"，是美国《财富》杂志的亚洲风云人物，入选过美国商业教学案例，一时风头无两。从他的发家史中，可以窥见韩国经济迅速崛起的奥秘。只是遗憾的是，金宇中所创造的神话最终不过是"镜花水月""昙花一现"。

1936年12月19日，金宇中出生于朝鲜大邱一个官宦世家，祖上曾经做过朝鲜的三品大员，曾祖父也是有名的大儒。1945年，因父亲金容河工作调动全家迁居汉城。1950年朝鲜战争爆发，在社会上颇有影响力的金容河被迫外出避难，后来在战乱中遇难。

第6章 汽车工业的"黄金时代"（1979—1983年）

金宇中挑起家庭重担，少年时的金宇中卖过冷饮、当过报童，虽身处乱世，依然不忘学习。1956年，金宇中考入延世大学。大学毕业后，金宇中进入父亲的好友金荣顺的汉城实业株式会社（以下简称汉城实业）工作，从底层开始磨炼。在汉城实业工作期间，金宇中曾一度使公司起死回生。

"金麟岂是池中物"，不久金宇中离开了汉城实业，创立了大宇实业株式会社（以下简称大宇实业），主要从事出口业务。能力卓越的金宇中穿梭于美国、日本的纺织品市场，大宇实业一路高歌猛进。1972年，大宇实业的出口额已跃升至5000万美元，位居全国第二。金宇中成为韩国最著名的"纺织品输出大王"。

1975年11月，大宇实业将发展目标定位于机械工业，敢于冒险的金宇中以"披荆斩棘"的魄力大胆收购了有40年亏损历史、濒临破产的大型企业——韩国机械，迈出了进军汽车业的第一步。金宇中对韩国机械进行了大刀阔斧的改革，仅一年时间就使其走出困境，扭亏为盈，由此奠定了汽车业的基础。

1977年，大宇实业已颇具规模，金宇中大胆调整大宇实业的机构，在多元化发展上步子越迈越大，除了购买新韩汽车，还成立了制铁化学、大洋船舶、锐进公司，开辟了非洲国家的劳务市场和建筑市场。

金宇中非常看重汽车行业的市场潜力。1978年7月，金宇中将与美国通用汽车公司有密切联系的新韩汽车50%的股份买入囊中，正式投身汽车工业。新韩公司原本为日本丰田代工，销售丰田光冠（Corona）车型。1972年，丰田退出。1976年，新韩公司与美国通用合作。

1978年，韩国当局提出"十大战略产业发展计划"，将钢铁、有色金属、水泥、机械、造船、汽车、石油化学等十个部门作为战略产业重点，给予政策倾斜，鼓励其重点发展。以此为契机，金宇中选择了汽车工业和造船工业作为大宇集团的重点发展方向。

确定了企业经营重点发展方向的金宇中计划实现汽车生产设计国产化，但遭到美国通用的激烈反对。金宇中只是新韩汽车六个合伙人之一，并且只有 50% 的股份，并不具有全部的话语权。而新韩汽车实际经营权由美国通用把持着。于是，金宇中决定曲线救国，新建第二轿车厂，增设生产线，扩大汽车产量，实现车种开发多样化。

大宇汽车注重引进吸收国外先进科学技术，并取得了突破性进展，逐渐掌握了零部件通用化和车身造型设计。1979 年，大宇将小轿车转换为客货两用车，掌握了整车开发技术。

1982 年，新韩汽车亏损严重。美国通用要求金宇中增加投资，金宇中提出要掌握经营权，美国通用只得将新韩汽车的实际经营权让渡给大宇集团。

1983 年，金宇中将新韩汽车更名为大宇汽车株式会社，决心要使新韩汽车的面貌焕然一新。大宇汽车使用地球和怒放的花朵为标志，地球象征高速公路大动脉向未来无限延伸，表现了大宇汽车的未来和发展意志；花朵体现了大宇家族的创造力、挑战意识。

大宇汽车强调责任经营与内涵经营，实施重视现场、实践第一、技术优先三项原则。汽车装配是一项极其精密的工作，需要 1 万多个零部件的配合，为保证组装质量，大宇汽车严抓流水线生产车间，实行"质检人员检查，生产人员自检自查，组装好的车辆通过 100% 的道路测试才能发货"三种制度。秉持着"下一道工序是顾客"的服务精神，大宇汽车制造出的汽车深受顾客喜爱。

向海外出口汽车一直是金宇中的梦想，为此他制订了开发出口型汽车的生产计划；为了打入国际市场，金宇中为大宇汽车定下了两个硬指标：高质量和低价格。他加大技术投入和改革力度，不放过汽车生产的每一个环节，提高了大宇汽车的整车自制率。

大宇由此掌握了整车制造技术，并独立设计开发出了国产车。

之后，大宇汽车株式会社的轿车工厂正式竣工投产，年产汽车16.7万辆，平均每两分钟生产一辆汽车。这标志着大宇汽车公司已经形成了规模批量生产体制，拥有了自行开发车型的基础条件。大宇集团完全掌握了整车设计技术。

几年后，大宇独立设计开发的"王子"牌轿车一经上市，便获得了市场的热烈追捧，大宇汽车迅速从一个小规模组装厂蜕变为具备国际水平的汽车企业。大宇集团急遽扩张，不断壮大，一跃成为韩国业内仅次于现代集团的大财阀，旗下拥有20多个子公司，其中海外分支机构达到60多个。

大宇是一个外向型企业，不断向外扩张，金宇中由此被誉为"韩国出口大王"，他的经营理念是"敢冒风险，顽强开拓"，坚信"更高的风险意味着更高的利润"。金宇中力图成为全球重要的汽车制造商，他提出世界化经营的扩张战略。在企业经营中，大宇汽车积极推行"章鱼足式"的扩张模式，认为"瘦死的骆驼比马大"，企业规模越大，就越能立于不败之地。为此，大宇四处出击，不惜大肆举债以进行企业并购，鼎盛时期，国内所属企业曾高达40多家，海外公司数量更是创下过600家的最高纪录，拥有多达几十万海外雇员，如此高速的发展令业界震惊不已。为了成为国际知名品牌，大宇不遗余力地在波兰、越南、印度等十几个新兴海外市场建立汽车制造厂。

但疯狂的扩张背后是极大的风险，鲸吞的企业中有很多是负债累累的不良企业，大宇集团还来不及消化经营就陷入了债务泥淖中。1999年，650亿美元的沉重包袱压垮了大宇集团这头庞然大物，金宇中创建的"商业帝国"轰然倒塌。随后经过破产、重组、拆分等一系列操作，大宇集团被美国通用汽车公司收购，更名为GM大宇汽车。

双龙：韩国跑车和越野的鼻祖

　　SUV是运动型多功能车，其强大的动力性能、浓郁的运动质感，迎合了用户的非凡品味，成为世界上最受欢迎的车型，而韩国的第一辆SUV正是双龙汽车公司制造的柯兰多，也是韩国最长寿的SUV车型。双龙汽车是韩国四大汽车制造商之一，也是世界第三大专业SUV生产商（第一是Jeep、第二是路虎），更是世界上唯一一个被奔驰授权使用奔驰7速自动变速箱的品牌。20世纪50年代，双龙汽车与美国Wiliams公司（Jeep前身）联姻，生产了四驱军用越野车，成为韩国军用Jeep的开创者。双龙汽车更被誉为"韩国越野车的鼻祖"和"韩国工业守护者"。

　　双龙集团创始人金成坤是一个传奇人物，1913年出生于大邱广域市连城郡玄凤邑下里，1937年毕业于普成专门学校（今高丽大学）商科。1939年，成立三共油脂合资会社，进入肥皂业，1948年创办高丽火灾海上保险，并成立金星纺织，之后创办东洋通信、收购联合新闻社，一跃成为传媒大亨，在商界呼风唤雨。1962年，金成坤在江原道宁越郡韩半岛面（面相当于乡）双龙里以厂址为名，设立双龙水泥（洋灰），1965年组建双龙集团，在韩国首次开展预拌混凝土业务，并退出纺织业务，以重化工业为主要扩张领域。1975年2月，金成坤去世，长子金锡元继承双龙，将事业扩张到能源、化工、重工、建筑、金融等行业。

　　金锡元是位狂热的汽车爱好者，他一直想进入汽车领域。双龙集团是东亚汽车的搅拌车大客户，两家公司在同一个办公楼办公。此时恰逢东亚汽车要出售，金锡元成功收购了东亚汽车公司，他有信心将每况愈下的东亚汽车再次引向巅峰。

　　双龙汽车和双龙集团其实只有10年的缘分。提起双龙汽车，自然绕不过一个人——河东涣。

第 6 章　汽车工业的"黄金时代"（1979—1983 年）

东亚汽车公司的前身是河东涣汽车制造厂，是韩国历史最悠久的汽车公司。1954 年 1 月，24 岁的修车厂技术员河东涣创立了河东涣自动车制作所，头脑灵活、精明能干的河东涣通过收集废旧车辆零件组装公共汽车，公司逐渐发展。1962 年，河东涣汽车正式成立并建厂，日产能 2 辆。河东涣汽车借鉴 Jeep 旗下的车型生产汽车，因优质的质量被美国陆军指定为吉普车和特种车辆供应商之一。1963 年，河东涣汽车与东方汽车合并。之后，河东涣汽车出口到文莱。1967 年，河东涣汽车成为新进汽车（新进自动车）的子公司，成为丰田代工商。1976 年，河东涣汽车找到 AMC 美国汽车公司等机构申请技术合作，从而成为全球柴油发动机技术的领导者。第二年，河东涣汽车更名为东亚汽车有限公司，发展成为一家综合性的汽车公司。河东涣坚持无债务经营，东亚汽车逐渐走下坡路，看着企业发展江河日下，河东涣想招聘一位更有商业头脑和开拓精神的人来"挽狂澜于既倒"，但并未成行，河东涣不得不将东亚汽车出售给金锡元。

金锡元将东亚汽车更名为双龙汽车，并把车标设计为一个空心圆圈，"SSANGYONG"中的"S"被抽象为"8"字，犹如"双龙"起舞，期望双龙汽车能"大鹏一日同风起，扶摇直上九万里"。金锡元收购东亚汽车完全是出于一个汽车迷的执念。军人出身的他是一个重度迷恋硬派 SUV 的人，为了生产 SUV 车型，双龙汽车从韩国进道集团创始人金圣植的儿子金永哲手中收购了英国小型跑车——黑豹西风公司（Panther Westwinds）。

金永哲对家族的皮草和集装箱生意不感兴趣，倒是对汽车疯狂痴迷。1981 年，金永哲出差伦敦被街头的小众复古跑车 Panther Lima 吸引了，Panther 正因经营不善急于转手，有钱任性的金永哲大手一挥收购了 Panther，并主导生产了价格亲民的 Panther Kallista。汽车对金永哲来说只是玩票性质，失去兴致后，金永哲转手将 Panther 卖给了金锡元。

双龙汽车收购了 Panther 80% 的股份，意气飞扬地把 Kallista 迁到韩国平泽工厂量产。这样可以一举两得，将 Kallista 从一款"作坊"小众车变成流水线化的工业量产车，还顺便完成韩国"本土跑车"的第一步跨越。

胜券在握的双龙汽车畅想着这款顶着"韩国首款正品跑车"头衔的车能风靡全韩，目标是在韩国本土年销量达到 100 辆。双龙 Kallista 上市后，果然对韩国市场形成了文化冲击，增强了韩国人的民族自信心，但不菲的售价让人望而却步。Kallista 面临着有价无市的尴尬局面，一年后只售出了不到 50 辆车。

双龙 Kallista 顶着巨大的压力，坚持生产两年后，终因销售不佳，狼狈下线。双龙 Kallista 一共生产了 78 辆车，其中 60 辆被销往国外。只能说，Kallista 生不逢时。"何不食肉糜？"金锡元乐观地预估了形势，尚不富裕的市场环境还不足以消化一款豪华跑车，如果这款车能推迟 20 年生产，也许就另当别论了。

随着韩国汽车市场的飞速发展，双龙汽车有了新的发展契机。德国奔驰看中了双龙汽车在柴油发动机方面的技术优势，而双龙汽车更想借鉴德国奔驰的先进技术，于是双向奔赴，双龙汽车与德国奔驰（即戴姆勒 - 克莱斯勒）建立战略同盟关系，基于梅赛德斯 - 奔驰技术开发了一款 SUV——Musso（韩语意思"犀牛"），双龙汽车对这款具有越野性能的车寄予了很深的期待，但苦于没有适合的发动机，于是不得已向奔驰公司提出了购买奔驰发动机的要求，奔驰公司爽快同意。

后来，奔驰公司想要进入亚洲市场时，将韩国当成是桥头堡，派出两名工程师来到韩国双龙汽车公司，进行了一番细致的技术考察，最终表达要将技术先进的奔驰 E 级的 W124 平台拿到韩国双龙汽车公司进行开发，双龙当然求之不得。奔驰公司派出 20 多名工程师到韩国，帮助双龙开发，将技术毫无保留地传授给双龙，包括外形内饰的重新设计，由此研发出了韩国最豪华、技术最先进的车型——"双龙主席"。"双龙主席"占据韩国大型豪华车70%以上的市场份额。就连韩国三星集团掌门人李在镕都是"双龙主席"的拥趸，将其作为日常出行的通勤座驾。

当第一辆样品车试制完成被送到德国测试时，双龙汽车借机往德国派去了一批技术员参观学习。与优秀的企业同行，才能快速成长。通过与奔驰的技术合作，双龙潜移默化中学习到了许多宝贵的造车经验，特别是底盘的设计和开发，这为双龙汽车的后续发展，奠定了坚实的基础。

有了奔驰的支持，双龙旗下的Musso和"双龙主席"等车型迅速推向市场，市场反应良好。随着产品阵营不断扩充，双龙汽车也在金锡元的带领下迅速崛起。1980年，双龙汽车因其质量过硬被指定为韩国国防用车生产企业，成为韩国军用Jeep的最大供应商，双龙汽车的影响力日益扩大。特别是1988年，双龙集团率先开发出了韩国第一辆SUV车，开启了韩国SUV的新纪元。

然而，1997年亚洲金融危机的爆发导致双龙汽车陷入财务危机，双龙集团濒临破产，不得不壮士断腕，出售大量资产来维持业务。最终双龙汽车被大宇汽车收购。2001年，双龙集团出品上市的雷斯特在韩国开拓了新概念SUV市场，引导了韩国SUV产业的繁荣。自此，双龙汽车顺利跨入了国际汽车市场的大门。

2004年，双龙汽车49%的股份被上海汽车工业（集团）总公司收购。2010年底，印度马辛德拉收购双龙汽车70%股份。2022年，双龙汽车被产业投资公司KG集团收购。

双龙汽车曾经名噪一时，其硬派越野车，以坚固耐用的形象，深受韩国用户的欢迎，连韩国军方都对其青睐有加，将大量的军事订单给予了双龙集团。但随着时代的发展，双龙汽车已经失去了独特的技术优势，逐渐被其他汽车公司追赶并超越。随着城市SUV的兴起，双龙汽车曾经引以为傲的硬派SUV技术已经不能满足时代的需求。

真可谓"成也萧何，败也萧何"，双龙汽车背靠奔驰这棵大树，躺在功劳簿上吃尽红利。由于太依赖奔驰成熟的技术，缺乏研发动力，导致双龙汽车技术研发受限。在现代、起亚摩拳擦掌、斗志昂扬地攻克技术难关时，双龙被远远地甩在了后面，市场占有率急剧下降，最后不得已走上了一条依赖别的企业不断注血的不归路。双龙汽车在不同的收购人之间来回切换，注定了其话语权的减少及品牌的弱化。产品研发乏力的双龙，难掩颓势，能够力挽狂澜救自己于水火的终究不是别人。

第7章

奥运经济与汉江奇迹（1984—1989年）

1988年汉城奥运会为韩国带来了经济腾飞的支点。在汉城奥运会之前，韩国几乎不被世人认识，然而16天的赛事，改变了韩国的命运。"世界走向汉城"是1988年汉城奥运会的口号，同时韩国以奥运为契机进行产品布局。通过在奥运相关投资中增加对电子行业的扶持，在产品生产方面增加投资4392亿韩元，带来了1160亿韩元的增加值，让仍处于劳动密集型产业的韩国电子、汽车等行业得以重新规划转型。韩国企业也摆脱了技术水平较低的国际印象，国际知名度得以提升。三星、LG、现代等大企业以赞助奥运会和广告宣传等方式完美地实现了企业与奥运会的嫁接，提高了其品牌的知名度，并为之后加速国际化经营创造了有利条件。善于借势的韩国体育用品制造商不遗余力地宣传其品牌，源源不断地得到了数额巨大的销售合同，从此成为世界水平的体育用品制造商。作为第一个承办奥运的发展中国家，韩国不负期待，创造了奇迹，完成了从发展中国家向新兴工业国家的转变，一些经济学家在分析韩国经济起飞的原因时，高度评价汉城奥运会对国民经济的拉动作用，以及由此带来的经济景气，并称之为"奥林匹克生产效应"。凭借这次奥运会，韩国的经济在十几年里实现了快速腾飞，仅仅从1985年到1990年，韩国的人均国内生产总值就从2300美元增加到6300美元，跨越了原始积累，韩国一跃成为新兴工业国家。韩国以1988年汉城奥运会为支点，撬动了经济的发展，使韩国一举跃入"亚洲四小龙"行列，创造了世界经济史上的奇迹。

迈向世界名牌的拐点

20世纪70年代末，韩国总统朴正熙萌生了申办奥运会的想法，认为申办奥运会，可以向世界展示韩国的经济发展和综合国力，提高国民凝聚力。于是朴正熙鼓励财阀投资体育项目，在国内建造大量的体育设施，并组建体育队伍。然而，1979年朴正熙遇刺身亡，韩国陷入混乱之中。不过，韩国政府仍然于1980年12月，向国际奥委会提交了申办1988年奥运会的申请。当韩国文教体育局负责人向时任总理南德佑递交事项报告时。南德佑认为，韩国同日本竞争奥运会主办权，无疑是螳臂当车，自不量力，不可能战胜日本。即便是申办成功，高额的举办经费也会拖垮韩国的经济。主办第21届奥运会的加拿大蒙特利尔创下10亿美元赤字就是前车之鉴。[①]

总理不支持，文教总部部长骑虎难下，如果此时撤回申办奥运会的申请，那岂不是贻笑大方？对韩国在国际上的形象将会十分不利。于是，文教总部开会商量后，想出了一个两全其美的主意，那就是找一位民间经济界人士，来担任"申办促进委员会"会长的职务，这样即使失败，也能保住国家的面子。

大家不约而同想到了郑周永。郑周永白手起家凭借顽强的意志在不毛之地创造了辉煌，并把现代集团发展成为世界性的大企业，创造了商业奇迹，在海外也颇有影响力，再加上郑周永还是全国经济联合会会长，再没有比他更合适的人选了。

[①] 郑周永. 我的"现代"生涯——郑周永回忆录[M] 韩东吾, 徐敬浩, 韩永杰, 译. 北京：生活·读书·新知三联书店，1999：187.

郑周永自然无法推辞，接到任命后就立刻行动起来。申办活动将于 9 月 20 日在德国黑森林脚下风光旖旎的疗养胜地巴登-巴登举行，这里被称作"欧洲的夏都"。郑周永估算了一下，韩国布置宣传会场、制作宣传电影及宣传册等工作的预算大概需要 1.8 亿韩元。郑周永垫付了这笔费用。之后郑周永又经过仔细测算，预估申办奥运会的资金总额需要 8000 亿韩元。

郑周永是一个行动派，什么事情一旦决定了去做就会全力以赴。他反复琢磨，制订了一个行之有效的办法：动员一切能够利用的力量，大家齐心协力，力所能及地为申办奥运会贡献力量。而修建地铁和道路的费用，根本不用计算在举办经费中，因为办不办奥运会都要修路；可以把大学的运动场和城市的体育场改造升级作为奥运会竞技场；可以用民间资源在环境优雅的地方盖一些简约实用的小公寓，奥运村可以通过先向国民预售，回笼资金，待奥运会结束之后再发放给国民。①

郑周永积极地拓展人脉，与国际奥委会委员广泛接触，密切交往，并让政府动员全国企业界人士，尽力结识外国的国际奥委会委员。他坚信大家齐心，其利断金。凡事尽最大努力，即便最终结果不那么理想，也无愧于心。

去德国巴登-巴登之前，郑周永已经事先下达命令给驻德国法兰克福的现代分公司，让其对申办奥运会做好充分的准备工作。郑周永带领团队风尘仆仆地来到伦敦的欧洲奥委会总部，第一时间拜会了英国奥委会主席，之后不顾舟车劳顿地赶到比利时参加了韩国的 EC 研讨会，紧接着又马不停蹄地来到卢森堡与詹姆斯皇太子进行亲密友好的交流。就这样，郑周永等人四处奔走，为申办奥运会不遗余力，到处游说。9 月 20 日，郑周永一行赶到巴登-

---

① 梅昌娅. 财界总统：郑周永[M]. 沈阳：辽海出版社，2017：269.

巴登。当别人绞尽脑汁想要送出昂贵的礼品时，不按常规出牌的郑周永"别出心裁"地给每位国际奥委会委员赠送了花篮。据说，日本向国际奥委会委员们赠送了名贵手表。郑周永觉得，礼物重在用心。没想到这看似不经意的礼物，却收到了奇效，第二天委员们见到郑周永，都纷纷客气地前来打招呼，感谢他送的花篮。郑周永让宾馆的韩国礼仪小姐和空姐都穿上韩服，亲切地接待。郑周永奉行"来者是客""礼多人不怪"的社交原则，贴心地让工作人员为每一位来客赠送带有韩国古文化特色的纪念品，比如木偶、背架、扇子等。礼物虽小，但贵在心意。没过几天，韩国馆宾客盈门，而原本熙来攘往的名古屋馆却异常冷清起来。在郑周永的精神感召下，韩国企业界的人士，也纷纷慷慨解囊，热心地为申办事业奔走游说。

在郑周永锲而不舍的努力下，形势逐渐向有利于韩国的方向扭转。当然也有媒体觉得名古屋胜券在握，发出报道："这次奥运会名古屋稳占上风，韩国代表自不量力。"看到这条消息后，感觉胜利在望的日本代表团顿时热血沸腾，欢欣鼓舞，他们兴奋而迫不及待地打开了预先准备庆祝的香槟酒，庆贺起来。

但出乎意料的是，最后汉城这匹黑马却以 52 票胜出。韩国人民欢呼雀跃，奔走相告，庆祝这个团结奋战换来的巨大成功。

郑周永载誉而归，之后被任命为大韩体育协会会长，他以极大的热情、热心投入韩国的体育事业。为积极准备 1988 年汉城奥运会，郑周永从现代集团抽调有海外经历的精干干部，派到奥运会组织委员会工作，并邀请海外相关人士来韩国考察。

郑周永富有前瞻性，从不计较一时的得失，他提出要向 1988 年汉城奥运会无偿提供竞赛用的全部车辆。慷慨大方的背后是眼光的长远、格局的远大。汽车与生俱来的运动、激情等元素，与体育竞技的内涵不谋而合，现代汽车以敢于竞争、热爱运动的形象受到了公众的欢迎。奥运期间，现代汽车跑遍了整个汉城的奥运会道路，连接了所有的奥运会赛点与会场。

在奥运会举办的过程中，在郑周永的授意下，现代汽车更是为韩国政府提供不菲的资金进行赛事保障。而宣传现代汽车标识和各种车型的广告遍布赛场的每个角落，同时，现代汽车还利用奥运会充分展开了一系列营销活动，从而让全世界全面认识并了解现代汽车，为现代汽车走向世界铺平了道路。

郑周永深谙"体育拥有改变世界的力量"，体育带给世界进取、拼搏的美好精神的同时也创造了无限商机，"汽车+奥运"的组合是一种互利共赢的关系。奥运会作为全球盛宴，除了体育爱好者关注外，还有大量其他领域的人员参与其中，用户集中度非常高。在这个全世界都关注的大舞台上，展示品牌实力，赚取品牌关注度，就是最好的品牌营销。现代汽车"借力打力"，借助奥运会超高的收视率，品牌知名度得到大幅提升；同时，通过奥运会的杠杆效应，把微力放大为强力，正所谓"四两拨千斤"。

由于赞助奥运会，现代汽车打响了名头，同时通过出圈营销，有效为品牌的市场影响力加足砝码。一个亚洲汽车品牌新星冉冉升起，现代汽车从此开始"冲出"亚洲，走向世界。日本媒体曾评价："提到汉城奥运会，世人只知道郑周永，却全然不知汉城奥组委主席是卢泰愚。"

现代汽车通过赞助奥运会尝到了甜头后，郑周永已将体育营销作为长期、持续性的战略规划，与企业、品牌发展战略保持高度一致，利用一系列全球重大赛事来展示品牌的实力、体现产品和服务。

发现奥运会这个大金矿后，现代汽车开始热衷于借势奥运会，不惜代价，疯狂地对重大体育赛事进行赞助。2004年，现代汽车拿下了雅典奥运会的独家汽车赞助权。现代集团大手一挥，豪情万丈地为雅典奥运会提供了3700辆汽车。在雅典的街头，现代汽车穿梭在大街小巷,成为一道美丽的风景。这道风景最终转化为了现实利益,当年8月,现代汽车在欧洲的汽车销售额同比增长了30.3%,达到20367辆。在这项顶级体育盛会中,现代汽车风光无限,一战成名,由此奠定了国际知名品牌的地位。

眼球战术,无孔不入

商界奇才彼得·尤伯罗斯创造性地将奥运和商业紧密结合起来,并使1984年的洛杉矶奥运会成为"第一次赚钱的奥运会"。自此,奥运经济越来越成为众商家关注的焦点。

当然,因奥运而闻名遐迩的品牌,绝对不是刚与奥运结缘就立竿见影赢得利益,而是在历经多次奥运赞助的历史积淀后,从量变到质变,最终完成品牌蜕变,升级为世界一流品牌,韩国三星集团走的就是此路线。

20世纪70年代,韩国三星刚踏足电子领域时,没有经验没有技术,只能从日本三洋公司的代工工厂开始做起,完全是摸着石头过河。20世纪80年代,已经掌握了一定创新技术的三星开始制造出微波炉等大量电器产品在国内市场展开销售,并积极开拓国外市场,运送到美国进行广泛销售。但因为产品品质一般,且缺乏亮点,客户并不十分认可,造成产品滞销,于是,三星采取了打折促销的方式,试图以物美价廉占领市场。然而低价促销的营销方式是把"双刃剑",虽然销量上去了,但造成了一个负面后果,三星在人们的脑海中留下了"沐猴而冠"的印象。人们认为三星只是一家模仿别人廉价产品的公司,特别是在美国人眼中,三星被看作是地摊上的廉价产品。三星集团内外交困,韩国国内正面临金融危机，三星集团负债高达170亿美元，外部营销又困难重重。

1988年，子承父业的李健熙将三星电子和三星电子通信合并。第24届奥运会在韩国汉城举办之际，善于抓住机会，并且富有国际视野的李健熙知道，属于三星的机会终于来了。他深知体育营销是企业扩大影响力、提升知名度、打开新兴市场的最佳选择之一。要知道，三星电子也正是在李健熙的掌舵之下，才从一个蜷缩在韩国的三流山寨品牌，跻身为全球一流的消费电子品牌。

可是当李健熙表示要花巨资去赞助奥运会时，却遭到了公司高层的一致反对，大家觉得公司此时内外交困，根本没有余力去赞助奥运会。再说，是否能通过奥运会一炮打响还都是未知数，犹如赌博一样，风险太大。眼光长远的李健熙却坚定地认为，"不入虎穴焉得虎子"，创业必然要面对许多未知的风险和挑战，如果一个创业者缺乏冒险精神，没有承担风险的勇气和担当，那么他永远无法体味到"风雨之后见彩虹"的幸福和优厚的回报。于是，李健熙力排众议，大手笔投入奥运会的营销中，三星集团最终成为了这届奥运会的区域赞助商。

李健熙从来不打无准备之仗。面对公司的困境，李健熙断臂求生，通过出售和裁员30%等多种方式，调整公司臃肿而复杂的业务体系，将具有发展前景的消费类电子产品和金融、贸易等业务线保留了下来，最终使得三星电子逐渐成为三星集团中最为重要的核心公司。也正是这一年，三星正式推出旗下第一款真正意义上的移动电话SH-100。

接下来，三星开始着手赞助奥运的一系列工作。由于是首次赞助奥运会，在营销策略的选择上，三星并不盲目出击，而是十分谨慎。李健熙首先派人调查其他赞助商参与奥运会的方式，学习和研究他们的成功经验，为三星提升品牌形象创造机会。李健熙把主要研究对象放在可口可乐和IBM公司。通过调查研究发现，业务领域相对单一的可口可乐在对奥运会进行赞助时，十分精准地选择了全方位赞助和定制化营销的策略，获得了极大的成功，并一举将可口可乐推向了世界。这坚定了李健熙对于"集中力"的判断，即把重点锁定到直接针对个人消费者的三星 Anycall 手机业务上。后来的事实也证明，Anycall 在全球领域内的成功，80%来源于三星集团的奥运赞助商身份和奥运营销策略。

同时，三星集团注重在奥运营销中的系统整合。三星深刻意识到，奥运营销绝非简单地在奥运会开展期间把品牌推出去，而是需要逐步推进，进行一系列的赛前、赛中、赛后的奥运营销。

三星在奥运会中使用"眼球战术"，不放过赛事进行的每个阶段，全面投入，靠吸引人们的眼球获得广泛关注。在奥运会前的筹备预热活动中，三星更是不遗余力，疯狂推广其技术和产品，让人们对三星产品产生印象；而在比赛进行期间，三星集中全力，选用地毯轰炸式广告推广方式，在韩国的大街小巷，三星的巨幅广告、宣传海报比比皆是，吸引了万众视线。铺天盖地的广告、相关的主题活动推广等，人们俯仰之间，三星广告可谓无孔不入。

看着大量的资金"哗啦啦"流向市场，公司的高层坐不住了，他们急得如热锅上的蚂蚁，纷纷出面劝李健熙要"适可而止"，这样的烧钱方式会把公司拖入深渊。李健熙却稳如泰山，不急不躁。他认为，罗马不是一天建成的，体育营销和奥运营销必须有耐心，并且不能浅尝辄止，需要持续投入。

事实证明，李健熙的坚持是正确的。1988 年汉城奥运会后，三星的英文标志 SAM SUNG 迅速敲开了世界级品牌的大门，三星收获了 27% 的业绩增长量，一举改变了其"三流"的品牌形象与韩国本土企业的烙印，在全球市场上的认知度与影响力得到了大幅提升。通过奥运会这样一个大舞台，三星走向了世界，让更多人了解了三星。这一成功的营销也让李健熙茅塞顿开，他发现奥运是一个绝佳的平台，体育能够超越年龄、种族和性别的局限将人们团结起来，这也成为三星公司市场营销和沟通战略的基石。

通过这次汉城奥运会，三星逐渐意识到品牌宣传需要一个统一的品牌和更国际化的标识。于是，三星各业务逐渐统一使用三星集团品牌，不再主推其他品牌，并更新子公司名称。比如 KOCA 信用卡改为三星信用卡，Kukje Secutities 改为三星证券等，形成了单一的品牌架构。正是凭借着产品革新、经营理念的转变和奥运营销的助力，三星华丽转身，成功实现了转型。

李健熙深知，占据市场份额后，体育营销是企业提升美誉度、增加老用户黏性、吸引新用户的优质方式。于是，在汉城奥运会上尝到了体育营销的甜头之后，三星品牌开始主动进行奥运会营销。1996年，李健熙力排众议，大刀阔斧地开启了三星全球性的品牌资产管理规划，每年投在市场营销方面的费用高达20亿美元，其中体育营销约占20%，并将奥林匹克 TOP 赞助计划作为三星体育营销的最高策略。1998年以前，在通信终端这个行业，顶级奥运会赞助商的位置一直被摩托罗拉把持。但是在1998年的日本长野冬奥会上，因为费用存在分歧，摩托罗拉与国际奥委会不欢而散。而三星抓住机会，一跃成为奥运会顶级赞助商。借助奥运会这个品牌宣传的顶流平台，三星的全球品牌价值一路飙升。

飞力嘉：生于1988

1988年8月，韩国汉城奥运会举办期间，韩国运动服装品牌飞力嘉（FUERZA）横空出世。飞力嘉的含义为"力量"，喻义人类在运动中所激发出的强大力量，象征着运动带来的动感与活力。

第 7 章 奥运经济与汉江奇迹（1984—1989 年）

作为韩国本土品牌，这个品牌从一诞生，就带着与生俱来的运动基因，秉持"以运动点燃生命活力"的使命，致力于为运动爱好者提供出色、高品质的运动潮流装备，激励人们在运动中激发潜能、释放活力，在运动中享受快乐、愉悦身心。这样的品牌形象，让飞力嘉顺理成章成为韩国奥委会指定官方合作品牌。

飞力嘉的创始人郑渡锡是一名资深的体育爱好者，喜欢穿休闲舒适的服装。当他得知韩国汉城申奥成功的消息后，觉得这是一个借势发展的大好机遇，于是便顺势创立了飞力嘉这个服装品牌。

有了想法后，郑渡锡说干就干，他紧锣密鼓地开始准备起来，聘请了优秀的服装设计师，设计风格侧重于年轻时尚，非常注重潮流，并融入活力、拼搏、畅快、自由等精神元素，剪裁流畅、线条优美、鲜明的色彩搭配和配饰点缀，以及时尚的图案相得益彰，把体育运动的激情、拼搏的体育精神注入品牌内涵。

同时，在服装材料的选取上，郑渡锡亲自把关，他深知，要想走运动路线，就必须在选材上严格要求，不仅要做到环保、结实、耐用，还要结合运动的特点，选取吸汗速干、舒适透气，并且有抗菌功能的面料。为了选到合适的面料。郑渡锡带着设计师亲自走访了韩国的各大布料工厂，对市场中哪些布料适合做运动服面料了然于胸。

做到这些还不够，有心的郑渡锡仔细地研究了国家队的各个比赛项目，针对每个项目的特点，为运动员量身定制训练服，实现功能和款式的完美结合。

然后，郑渡锡亲自跑工厂，盯着生产。可以说，一套服装，从选材、设计到生产交付，每个环节郑渡锡都亲自把关，做到精益求精，没有任何纰漏。因为他知道要想打入体育界，唯有以过硬的产品质量通关。

同时，郑渡锡对产品实行严格的检测，检测项目包括起毛起球、色牢度、耐摩擦等很多项，被检衣服要经受反复水洗、摩擦等考验。

奥运战袍制作出来了，可是，怎样才能让运动员穿上飞力嘉的服装呢？郑渡锡绞尽脑汁，他有着巨大的活动能量，对各种销售技巧也是熟稔于心。于是，他亲自找到奥运会会务组，推销飞力嘉的服装。

由于飞力嘉的服装设计灵动自然，兼具设计感与科技感，兼顾精致与舒适，款式多样，还是免费为运动员提供，奥组委自然不会拒绝。就这样，飞力嘉轻易地拿到了服装赞助的入场券。

国家队涉及哪些运动，飞力嘉就给运动员提供哪方面的衣服。飞力嘉根据竞赛项目的运动特点，对比赛服装的竞技性能、体感舒适度、弹性和舒展性等做出了独特的设计与提升，力图用精巧用心的专业设计，将每一个细节都发挥到极致，做出舒适美观且独一无二的奥运战袍。①贴心的服务和服装本身的舒适感，让运动员一下子爱上飞力嘉这个品牌。

郑渡锡是一个头脑灵活的精明商人，虽然飞力嘉的服装是针对运动员做的，但他真正的目的在于普通消费者，运动员只是他们借以营销的手段罢了。郑渡锡深谙体育营销，他充分利用体育极强的号召力和社会影响力，通过赞助体育运动员，赢得那些忠实的体育粉丝的心，这是非常值得的且富有亲和力的感情投资，它可以迅速地将体育粉丝对体育及体育明星的忠诚，换成对赞助企业产品的购买。通过此次奥运营销，郑渡锡的目标在于借力破圈，让人们一眼难忘，记住飞力嘉。

营销的最高境界就是不营而销，体育赞助效果自然，虽然是赞助企业在做广告，却几乎让人感觉不到它的广告痕迹，润物于无形，从而有效地避开了公众对传统广告的排斥心理。

---

① "苏相合作区制造"助力北京冬奥会[J].现代快报网，2021-12-29

奥运会作为世界最高水平的竞赛,为奥运选手选择的产品都是经过严格把关、质量可靠的优质产品。有句话说:"凡是被选为奥运会指定产品,意味着该产品是世界知名产品。"而很多人都是"因为是奥运指定产品,所以对产品倍加信任、更有好感"。

所以通过赞助汉城奥运会,飞力嘉获得了丰厚的回报,这个新生的品牌,一炮打响,走出韩国,风靡了亚洲、欧洲、美洲等多国市场,成为世界领先的运动潮流品牌之一。

郑渡锡深知,对于一个品牌而言,一旦选择了奥运营销,在后奥运时代也必须坚持体育营销的策略,这样才能持续扩大公司的影响力。基于这样的考虑,飞力嘉又分别于2004年赞助雅典奥运会、2008年赞助北京奥运会,同时又连续两届赞助2002年美国(盐湖城)冬奥会、2006年意大利(都灵)冬奥会,为韩国国家队提供专业的训练服、比赛服、领奖服。此外,飞力嘉屡次赞助亚运会、世界大学生运动会,以及花样滑冰、马拉松、足球、体操、跆拳道等各类体育项目的国际顶级赛事,为全世界运动员提供专业的体育赛事装备。

通过赞助各种运动会,飞力嘉积累了丰富的经验,奥运营销已经成了飞力嘉不可或缺的营销手段,并将之运用得炉火纯青。

飞力嘉的奥运营销并不是让运动员穿上飞力嘉的服装即可,而是通过采取"定点爆破"的策略,不断强化品牌的核心价值,塑造高端的品牌形象。所谓"定点爆破",就是在运动员的选择上也下足功夫,郑渡锡深知,运动员冲击奥运奖牌的同时,也给服装品牌带来了新的曝光度,而服装品牌伴随着运动员登上领奖台,不仅意味着获得了充分的展示机会,也在一定程度上印证着自身赞助的成功。

为此,飞力嘉做了深度的营销分析,制定了详细的赞助战略,确保赞助对象有足够的曝光机会;同时,抓住核心运动明星,聚焦赛场上、领奖台上的焦点，使传播效果呈现爆炸性增长。作为"迎奥运而生"的品牌，飞力嘉深谙体育营销的真谛，体育明星的关注度甚至可以与娱乐明星媲美。特别是在 2008 年北京奥运会上，飞力嘉非常看好韩国羽毛球国手李孝贞、李龙大，将品牌推广的赌注押在了二人身上。二人果然不负所望，获得了羽毛球混双冠军。当他们穿着飞力嘉的全部服装装备，神采奕奕地出现在领奖台上时，顿时吸引了全世界的目光。李孝贞、李龙大的粉丝们，追捧心中偶像的方式，当然也包括购买和偶像同款的服装。飞力嘉由此销量大增。

赛场之外，飞力嘉还积极寻找运动员代言产品。在选择代言人时，飞力嘉非常注重对体育明星进行包装，力求品牌营销最大化。2008 年，飞力嘉和亚洲顶级足球明星安贞焕签订了合约。从此，安贞焕成为飞力嘉的品牌形象代言人。安贞焕阳光帅气，有"帅哥球星"的称号，特别是在广大的女性球迷心中，安贞焕简直就是"国民男友"，拥有超高的人气，俊美英气的外表，加上孤傲的性格，吸引了无数青春少女。由于安贞焕的影响力，飞力嘉成为韩国人的宠儿，销量飞升，所获得的经济利益令人刮目相看。

作为韩国最具影响力的运动品牌之一，飞力嘉（FUERZA）始终跟随时代的发展，不断扩大业务范围，逐渐将产品线从专业体育运动，拓展到运动潮流领域，并以年轻人热爱的滑板与陆冲运动文化为核心基因，全方位打造包括服装、鞋类、配件等运动潮流装备在内的强大产品体系。在滑板和陆冲圈里，飞力嘉有很高的知名度，受到很多滑手的追捧。

"以运动点燃生命活力，激励人们在运动中激发潜能、释放活力，在运动中享受快乐、愉悦身心"——怀着强大的热忱与使命感，飞力嘉为人们带来高品质的运动潮流产品与体验，成长为闻名世界的运动潮流品牌。

一个可隆，就是一部韩国户外史

奥运营销弘扬奥运精神，将企业的产品巧妙地融入奥运活动，并为奥运会的顺利举行提供服务与保障。对韩国可隆集团（KOLON）来说，产品与奥运精神所包含的活力、拼搏、畅快、自由的品格高度契合，可隆顺理成章成为汉城奥运会的赞助商。

可隆集团是韩国著名的化工和纺织集团，创立于1954年，其前身是最早将尼龙原丝引到韩国的开明商社。可隆集团创始人李东灿是名资深登山爱好者，他经常在周末或者假期带着团队去登山。可是，对生活品质要求较高的李东灿，在市面上买不到一套适合登山运动的舒适服装，特别是有一次，当他在山脚下宿营时，看到周围人搭建的帐篷是从战后废墟中拾得的破旧军装缝补而成，就连他们的登山服装也是由旧军装改造而成的，这些战损后缝补的衣物和帐篷，根本不足以为他们抵御风雨和寒冷。李东灿深受触动，他的公司正在大规模生产既耐用又经济的尼龙材料，何不用这些结实耐用的尼龙材料研发制作户外装备呢？于是刚刚成立体育事业部的可隆株式会社，欲从面料业务向成衣业务转变，制作专业的登山服饰。

1973年，韩国第一个户外品牌可隆（KOLON SPORT）诞生了，可隆以先锋开拓者的身份推出了第一顶帐篷。可隆选择从轻户外切入，瞄准了徒步、登山、露营、钓鱼四大户外场景，契合不同类型消费者的需求。

可隆作为户外运动品牌，在韩国本土市场默默耕耘了十几年，虽然小有名气，但始终欠些火候。李东灿一直在寻找能让可隆一炮打响的机遇，当韩国申奥成功的消息传出后，李东灿兴奋不已，他似乎抓住了一根救命的稻草。为了成为汉城奥运会赞助商，眼光长远的李东灿可谓不遗余力,当别人还沉浸在申奥成功的喜悦中时,李东灿已开始铺垫布局,组织各种大型户外活动,把奥运文化和理念融入其中,让人试穿试用可隆的衣服及其他运动装备,同时以"减压、释放"为宣传理念,倡导人们运动健身,让人从心理上接受可隆,因为有着十几年的品牌积累,可隆的品质有目共睹。

同时,可隆善于捕捉"热点",在每年的申奥纪念日,可隆都会举办各种纪念与庆祝活动,比如一些创意跑活动,包括趣味跑步、登山运动、马拉松比赛等,将奥运的氛围渲染得足足的。可隆免费为参赛人员提供装备,与消费者实现互动,不但增加了亲切感,也是一种文化和精神的倡导。当然,更少不了人脉广泛的李东灿的四处游说。就这样,志在必得、将准备之弩拉得满满的可隆最终毫无意外地成了汉城奥运会的赞助商。能搭载上奥运这个千载难逢的好机遇,对于急于远航出海,走向世界的可隆来说,不啻一股东风。

可隆毫不懈怠,制定了一整套完备的赞助计划。从志愿者到火炬手到安保员,可隆为很多不同岗位的工作人员提供服装,他们就是行走的广告,通过接地气的方式让人们接触并了解可隆。可隆为奥运健儿提供齐全的装备,提升了可隆的品牌力,可隆堂而皇之走进了奥运会场。

在赛场上,可隆重点赞助了球类运动和田径比赛,这与可隆坚持户外运动的理念及追求爆发力强、运动量大的运动的特点十分契合。可隆的服装选取科技面料,具有防水、防风、透气、快干、亲肤、高弹性及耐磨性共存的特点,舒适的体验,迅速得到了运动员们的高度认可与赞扬。特别是奥运冠军穿着可隆的衣服出现在领奖台上,瞬间吸引了全世界的目光,品牌的强曝光度,为可隆带来了源源不断的流量。

在赛场之外，随处可见的可隆帐篷贴心地为人们提供了休憩的环境，帐篷里摆有一些户外装备，包括可隆的折叠凳子、桌子，甚至图案简单的可隆桌布都无一例外地传递着可隆的简约理念。此外，可隆还贴心地免费为志愿者和观众提供了可隆水杯和纯净水，大家在休息时，享受到了可隆贴心的服务，"顺便"也了解了可隆。

"我们从未满足于当下，而是为了证明自己更好而不断奔跑"的可隆理念与奥运拼搏进取的精神不谋而合，深入人们的心灵。深谙"南风法则"的可隆，通过占领头脑而占有市场。凭借奥运会的东风，可隆一炮打响，大放异彩，销售额猛增。人们在了解户外活动的同时，也记住了可隆，可隆由此走向了世界。

而深谙营销策略的李东灿并没有放松，而是乘胜追击，把重点放在后奥运营销上。趁着奥运的热度，组织了精彩纷呈的田径运动赛，并多次赞助韩国南极远征队和南极科考队。

走向世界的可隆不断创新。在产品上，可隆在满足人们对功能性需求的同时，通过时尚大胆的设计和剪裁，打破了都市与户外的界限，成为一个充满时尚气息的高品质户外生活方式品牌。对于核心产品，可隆也依托最新科技实现迭代更新，在保证"专业露营"DNA不变的同时，开发和发展"休闲露营"场景的产品需求，鼓励大家走出舒适圈发现大自然的美，与此同时发现内在真正的自我，捕捉回归本真的瞬间。

产品之外，可隆不仅举办露营、跑步、瑜伽等活动，还推出名为"Plogging 捡跑"的活动，让参与者边捡垃圾边跑步，在享受运动的同时也为环保出一份力，进一步巩固品牌在轻户外赛道的差异化优势。

可隆因其本身的运动特质，以奥运会为契机，从此与各种运动会结下了不解之缘。在 2021 年东京奥运会上，韩国队的正装制服便来自可隆，浅绿色的西装清新自然，朝气蓬勃；搭配白裤和小白鞋，显得特别干净利落，洋溢着青春的气息；再配上一顶帅气时尚的巴拿马帽，整个人精神焕发，吸引着观众的目光。

同年，可隆赞助了中国千岛湖马拉松"湖乱跑"活动。在线上，人们可以在小程序上抽取包含可隆限定 T 恤等物资的参赛包，同时官方还开放线上"湖乱跑"，不限定公里数，只需要奔跑、快乐奔跑，并选择代表自由态度的口号标语，即可获得电子完赛证书，领取可隆提供的奖品；在线下，抽中参赛包的用户在可隆门店现场领取奖品，实现线上线下的连接，同时为门店导流。

可隆作为专业户外品类先行者，自创立之初便将"亲近自然"作为品牌核心价值观，十分重视其自身与自然的联结，倡导"天空之下，即是户外"的轻户外生活方式，颇有点"大隐隐于市的稀有感"，将户外爱好者带入自然，引领人们走向超越自身更加宏大的世界中去与自然联动。

第8章

3C产业腾飞（1990—1995年）

20世纪80年代到90年代，韩国的电子信息技术飞速发展。在这一时期，韩国的半导体和电子产品制造突飞猛进，开始在世界上初露峥嵘。随着电子信息技术的发展，1982年，韩国制订了"五五"计划，将电信产业规划纳入技术密集型、资本密集型、高知人才密集型领域。1984年3月，在电子信息快速发展的大趋势下，韩国成立了专门负责移动通信的韩国电气通信子公司——韩国移动通信。

20世纪90年代初，韩国政府制定了信息通信产业振兴计划，大力扶持半导体和液晶显示器等新兴产业的发展；还制定了有关新世纪的产业政策方向、知识基盘新产业等方面的综合发展计划，计算机、家用电器等近30个知识基盘作为韩国21世纪初的发展重点。这些举措让韩国信息技术产业在90年代进入迅猛发展的时期，韩国由第一产业为主的结构成功转型为第二、三产业为主，电信产业增长速度远高于其他产业，成为韩国支柱性产业。到90年代后期，3C产业（结合电脑、通信和消费类电子科技产品整合应用的资讯家电产业）迅猛发展。

在韩国政府的扶持下，韩国企业也积极推动产业升级转型。三星集团开始大力发展半导体业务，并开始将业务向全球市场布局拓展。LG电子则主要在消费类电子产品行业深耕细作，开发和生产高清晰度彩色电视、OLED电视和3D电视，并发展成为全球领先品牌。SK电讯在90年代进军通信信息行业，在美国设立了经营企划室，经营移动电话事业。同时，以福库为代表的小家电在巨头林立的夹缝中蓬勃发展。

在政府和企业的共同努力下，韩国3C产业迅速崛起，具有全球竞争力的电子龙头企业开始崭露头角。

三星变革："除了老婆孩子，一切都要改变"

第二次世界大战后，电子工业在世界先进国家迅速发展成为一门新兴工业，焕发出生机，很多国家都看到了电子工业的发展前景，纷纷投入电子工业发展中，韩国自然也跃跃欲试。1969年，韩国实施《电子工业振兴法》，把电子工业作为国家先进主导工业发展。

三星瞄准美国和日本进行产业转移的时机，将触角伸向电子科技领域，1969年成立三星电子，开始从事电子产品制造业务。

刚刚迈入高技术领域的三星电子尚不具备创新生产的能力，只好退而求其次，从代工做起：从日本索尼公司进口黑白电视机的成套散件，然后速成学习一些简单的组装技术，在专业技术人员的指导下进行组装，再将成品贴上"三洋"的商标，销往海外低端市场，比如第一批黑白电视机被销往了巴拿马。

三星电子从最开始组装价格低廉的12英寸黑白电视机，逐渐扩大到冰箱、空调、电扇。但日本企业防备心很强，对生产技术严防死守，三星勤勤恳恳做了几年代工，虽然获得了丰厚的利润，攫取了第一桶金，但连技术的皮毛也没学到。这显然不是李秉喆所追求的，半导体产业是现代电子信息产业的基石，被称为现代工业的"粮食"，要想不被别人扼住喉咙，必须掌握产品的关键技术。于是，李秉喆不远万里，亲自去美国考察，去日本拜访半导体的权威专家，他还向将半导体翻译成日文的小谷大名博士虚心求教。美、日考察之后，富有前瞻性的李秉喆洞察到了半导体产业的无限前景，特别是处于危机之中的日本半导体产业具有向海外转移的趋势。

此时，从日本学成归来的李秉喆的三儿子李健熙进入三星集团，具有国际视野的他敏锐地意识到，半导体这个高附加值产业是未来的希望，于是在父亲的支持下开始创业。三星准备收购韩国半导体公司的股权。但三星高层都不赞成，李秉喆和李健熙决定用个人财产进行收购，他们瞄准了流行的显存技术。

李秉喆计划从美国、日本购买半导体技术，全球芯片产业正如火如荼，处于高速成长期，美国美光及日本三菱、夏普等知名半导体企业风光无限，牢牢占据着 C 位。经过一番努力，美国美光公司勉为其难地答应，将舍弃不用的设计图纸，以 400 万美元的价格卖给三星，但很快就反悔了。夏普表面上非常客气，但处处提防，压根就不给三星员工接近先进生产线的机会。万般无奈之下，李秉喆又向日本 NEC 请求学习技术，被毫不留情地直接拒绝了。

在四面技术封锁的情况下，李秉喆和李健熙想到了突围的办法，在技术上化整为零——不断挖美日公司的墙脚，重金聘请日本半导体工程师，利用周末休息时间到韩国兼职，就是通过这样的方法，三星学到了新技术。

李秉喆深知 DRAM 存储芯片是日本最引以为傲且最具统治力的半导体产品，对电脑生产至关重要。于是，他果断买下了美光的 64K 位 DRAM 存储芯片业务，并凭借企业家的敏锐嗅觉和独特感知力，把重注押在了 DRAM 上。很快，三星在京畿道器兴地区建成首个芯片厂，并推出了韩国第一颗 16K 位 DRAM，填补了韩国 DRAM 市场的空白，成为韩国半导体产业的一项重要里程碑。此后，三星持续加大对研发的投入，不断推陈出新，相继推出 32K、64K、256K 位 DRAM 等产品，并开始进行产品出口。然而，在美国消费者的眼中，名不见经传的三星只不过是一家生产组装廉价电视和空调的无名小卒。此外，三星的技术仍然与国际发展水平存在一定差距。三星最初选择从内存芯片市场入手，因为内存芯片用途广且通用性好,是芯片领域的大众商品。但内存芯片的价格具有不稳定性,时高时低,它的利润极易受半导体行业的兴衰影响,甚至可能亏损。

三星电子有个著名的"生鱼片理论":隔天的鱼片只能以一半的价格出售。也就是说,内存芯片如同生鱼片,具有很强的时效性,更新换代快,一旦囤积下来很快就会一文不值。很不幸,三星的芯片就遭遇了这种情况。三星刚推出64K位DRAM,就碰上了半导体行业的寒冬,存储芯片的价格跌到了冰点,从每片4美元跌至每片30美分,简直惨不忍睹,要知道,三星的成本是每片1.3美元,也就是说,每卖出一片,三星净亏一美元。

但是,三星认为半导体行业具有显著的规模优势,即使在产业低谷期,也坚持加大投资,扩大规模,增加供给。三星在研发上不吝成本地投入已广为人知。"越是困难,越要加强投入。"即便是处于巨额亏损,也没有动摇李健熙的信念。为了攻克技术难关,三星不惜一切代价,开始在全球的半导体厂商中展开了疯狂抢人战略。

由于日本半导体技术发展迅猛,竟有超过美国的势头,卧榻之下,岂容别人酣睡!这超过了美国的战略容忍点,于是开始出手打压日本电子半导体产业。多重压力下,日本半导体行业彻底被摧毁。同时,美国开始布局韩国和中国台湾地区电子产业。鹬蚌相争,渔翁得利。天赐的良机使三星蓬勃发展的家用电子产品业务迎来了爆发性增长。

为了追求市场占有率,三星电子迫不及待地不断推出手机新品,而忽略了品质问题,导致手机次品率高达12%。无法上市的次品怎么办?三星就将次品内部消化,将2000多部手机作为中秋福利发放给高管。很多高管反馈手机接收信号不好,通话不畅。李健熙意识到了问题的严重性,下令将流向市面的不良产品全部回收，并且免费换成新产品。最后，三星电子共收回了 10 万部手机，损失巨大。

为了显示"品质经营"的决心，1994 年 3 月 9 日，三星电子在生产手机的龟尾工厂操场四周挂起了巨型条幅："品质是我的人格，是我的自尊心！" 15 万部手机、车载电话和传真机等次品在操场上堆积如山，价值千万美元。三星电子无线事业部的管理层悉数到场，2000 多名员工头系"品质保证"布条，神色凝重地聚集在观众席上。

李健熙以壮士断腕的决心，一声令下，和高管、员工们抡起大锤，奋力砸向那堆像山一样的电子产品，然后一把火将被砸得粉碎的电子产品烧毁。熊熊燃烧的火苗似乎昭示着三星从此将与低劣产品告别，也点燃了三星电子人心中的激情。

在李健熙的强力推动下，三星电子开始实施"除了老婆孩子，一切都要改变"的新战略变革，其中就包括"单一品牌架构"和"品质经营"的战略，并提出"次品即癌症"的口号，力图塑造三星产品的高品质。之后，三星跃升为全球第二大手机厂商。

三星产品既有"大面子"（面板），又有"小心思"（处理器及存储芯片）。此外，三星还在闪存、非存储芯片、定制半导体等多个半导体产品线的研究与开发上不断耕耘，并最终取得了历史性、关键性的进步。三星手机在硬件竞争上拥有得天独厚的优势，庞大的电子零部件生产力对它的新品快速迭代提供了有力的支持。

除了手机的品质，李健熙也很重视手机的设计。李健熙曾带着三星核心团队参加博览会，让他们感受代代相传的匠人手艺和精湛设计。李健熙说："消费者绕着展柜逛一圈，浏览到的商品大概是 3 万种。假如不能用标新立异的设计抓住顾客的心，想要出售商品就绝非易事。要知道，商品陈列柜的特定产品俘获消费者欢心的平均时间约为 0.6 秒。若不能在这短暂的几秒时间吸引消费者停下脚步，市场营销战役将一败涂地。"①

就这样，在李健熙的带领下，三星电子从一家低端器材销售商一跃成为全球手机、电视和电脑芯片的行业领跑者，成为当之无愧的全球电子行业领头雁，逐渐成长为有全球影响力的商业巨头。

LG：勇立潮头的"家电之王"

LG 集团（乐喜金星）是韩国著名的跨国企业，业务范围广泛，在世界 171 个国家和地区建立了 300 多家海外办事机构，事业领域覆盖化学能源、电子电器、通信与服务三大领域。LG 集团不断向无穷的技术领域发起挑战，并致力于新技术的开发。其中，LG 电子是规模最大的子公司。

LG 的电子产品包括智能手机、电视、冰箱、洗衣机、空调等家电设备，以及各种消费电子产品。此外，LG 电子还在移动通信领域发挥重要作用，并推出了多款创新的智能手机。作为一家先锋企业，LG 电子在过去 50 多年间一直领导着韩国的电子工业。

LG 电子的成立源于一次对话。1957 年的一天，LG 集团负责人具仁会和乐喜化学工业社的一名主任在办公室聊天，为了烘托气氛，那位主任打开了唱片机听音乐，具仁会心情很放松，他说："唱片机真是个美妙的好物件，那么，我们是否尝试制作一下呢？"那位主任听了点点头说："这个想法很好，最大的问题是现在我

---

① 朴常河. 李健熙：从孤独少年到三星帝国引领者 [M]. 李永男，杨梦黎，译. 北京：中信出版社，2017.

们还不具备制作唱片机的技术。"具仁会眼睛一亮，笑道："这很简单，没有技术我们可以去学嘛。"具仁会是一个言必信、行必果的人，他当机立断，很快召集了公司的高层讨论，并特意叫上了其长子具滋暻，宣布要制作收音机。同之前的每一次创业一样，只要是他想做就没有做不成的事情，决定一旦做出就会坚定不移地执行。

1958年，LG集团成立了"金星社"，即现在的LG电子，这是韩国第一家电器公司。具仁会对此寄予了极大的期望，不惜成本，一举投入了8.5万美元用来购买机器设备，不辞劳苦地从电子技术发达的联邦德国收集收音机组件，并高薪聘请德国技术人员当技术顾问和生产负责人。1958年10月，LG电子建立了第一家生产厂——莲池洞工厂，正式拉开了LG电子产业的序幕。

LG电子坚持自主研发主要部件，秉持这种精神，用了不到一年的时间就生产出了韩国第一台真空管调幅收音机A-501，开创了韩国电子产业的新纪元。随后，犹如打开了发展的任督二脉一般，LG电子自行生产的韩国第一台电冰箱、第一台空调、第一台洗衣机接踵而至，不断面世，带动了韩国电子产业的发展。

恰逢韩国掀起了使用国货的浪潮，LG电子如鱼得水，产品销售十分火爆，在韩国家电产业一枝独秀，被誉为"家用电子之王"，成为韩国的龙头企业。1977年，LG电子再接再厉，开始生产彩色电视机，很快便风靡市场，当年销售总额高达1000亿韩元。

LG创始人具仁会去世后，具滋暻接手了家族企业。他从小就被当作接班人培养，从生产一线稳健成长起来，对车间的每个环节都很熟悉，深知一线工作在实际运营中存在的问题。在具滋暻的带领下，LG电子走上了快速发展的道路。但商机中也包含着危机，当索尼、飞利浦等国外电子企业品牌进入韩国后，质量上和国外知名品牌尚有一定差距的LG电子遭受了冲击。具滋暻绝不会坐以待毙，他飞到台湾亲自考察市场，最终明确了LG电子的发展方向：摈弃低价值产品，提高产品价值。具滋暻带领公司人员日夜奋战，终于在激烈的竞争中稳住了市场。之后，LG电子又派遣了一批有经验的优秀工程师和技术员奔赴日本日立公司学习，并很快开始自主研发技术，在韩国率先推出了电风扇、冰箱、空调、洗衣机等产品。特别是LG电子在韩国国内首次生产的黑白电视机，"新星电视机"一经上市，便获得了人们的追捧，其魔性广告词"一瞬间的选择，左右您10年的生活品质"深深地引起人们的共鸣。

目光长远的具滋暻也瞄准了欧美市场，为了生产出优质的产品，LG电子构建了严格的质量体系。比如冰箱生产，LG电子每天大约生产2000台冰箱，每隔30分钟，18个部门火力全开，从新生产的冰箱中抽出5台进行350种测试，一个冰箱有问题，整批冰箱都会全部返工重做。同时，LG电子生产出了世界上第一台门上送风保鲜冰箱，风冷技术使人们彻底告别了冰箱结霜的时代。凭借着物美价廉的优势，LG电子逐渐在欧美市场立住了脚，和三星一起被称为"韩国制造双子星"。

LG半导体还开发出韩国型标准交换机，掀起了韩国通信事业的新篇章。同时，具滋暻会长发布了以组织结构与运营体制的改革、自律经营与人才培养为基础的"21世纪经营构想"，"为顾客创造价值，以人为本的经营"的新经营理念，描绘了LG的未来蓝图，确立了企业经营的理念基础。1987年，LG集团成立40周年，LG集团汝矣岛LG双子大厦竣工，进一步提升了集团的整体形象。

为了减少对日本核心元器件的依赖，LG电子自1987年起就投入了液晶显示器的研发。为了提高液晶灌注工艺等方面的技术，具滋暻不得不采用"偷师"的方式亲自去日本学习。1990年，LG电子成立了专门的研发中心，有大约250名员工在试生产线上工作，每年生产12000片10.4英寸和12英寸SVGA液晶面板。

作为一家做多媒体产品的企业,为了保证未来液晶显示器的供应,LG 电子管理层经过评估,预算出公司最大范围可以接受 5 年内的亏损期。而事实上,LG 电子的液晶业务从 1987 年到 1994 年,持续了 8 年,平均每年有 5300 万美元亏损。然而正是这 8 年的蛰伏,使得 LG 电子后来居上,在 1993—1994 年液晶周期第一次衰退时,LG 电子快速获得了技术能力。

1992 年中韩建交,LG 电子看到了中国广阔的发展空间,当机立断抓住这千载难逢的机遇,进入中国进行投资。1993 年,LG 电子斥资 350 万美元在广东惠州兴建了一家光驱工厂,这是在中国建立的第一条自动化生产线。自此,LG 电子作为一个有辨识度的品牌,进入人们的生活。而品牌标识为 LG 字母组成的亲切笑脸,让人一眼难忘。

在中国市场,LG 电子推出了一系列与家电、消费电子有关的产品,包括空调、冰箱、彩电、DVD、移动存储器等。1995 年,手机业务也从 LG 通信公司整合进 LG 电子。

中国被 LG 电子视为走出韩国、走向世界的重要战略市场,也是 LG 电子全球第二大市场,逐步加大了对中国市场的开发力度。后来,LG 电子更是凭一款"巧克力"手机,在中国风光无限。当诺基亚和摩托罗拉等功能机"一手遮天""仗机走天涯"时,"巧克力"系列手机的出现犹如天空的一道彩虹照亮了市场。同时,凭借"一碰你就脸红"的广告语,成为那个年代无数年轻人的朱砂痣。仅仅上市一年,"巧克力"系列手机在中国销量就达到 60 万部,全球销量更是超过了 1000 万部。

初尝甜头的 LG 电子趁势追击,趁着热度迅速推出了"冰淇淋""棒棒糖"等"甜品"系列,时尚精巧的设计路线与"巧克力"系列一脉相承,在市场上刮起了"甜蜜旋风"。然而昙花拼尽全力的绽放,只是惊艳一时。

也许是被胜利冲昏了头脑,当其他手机品牌开始纷纷发力 3G 智能手机时,后知后觉的 LG 电子反应迟钝,并做出了错误的选择,令其白白错失了智能手机发展的关键期,LG 电子选择了微软的 Windows Mobile 和中国移动主导的 OMS 作为操作系统,并全力以赴,为其投入了不菲的研发资源。而这两个失败的系统也将 LG 电子拖入了深渊,虽然 LG 电子奋力挣扎、剑走偏锋,使出了精妙外观这个杀手锏,但终究是强弩之末,大胆的尝试终是归于沉寂。LG 电子也在激烈的竞争中逐渐黯淡,悄无声息。

从美洲孕育出的SK电讯

在韩国首尔钟路区瑞麟洞,屹立着一座 36 层的黑色玻璃大厦,楼宇上醒目的"SK"右上角是翩翩欲飞的"幸福之翼",这只漂亮的蝴蝶,在韩国的大街小巷,随处可见,它代表着 SK 的两大支柱产业——石油和电信。

SK 集团以能源化工、信息通信、半导体为主力产业,堪称韩版中石化和中国移动的组合。SK 电讯是 SK 集团旗下两家世界 500 强企业之一(另一家是 SK 海力士)。隔着几条街,SK 电讯与 SK 集团总部遥遥相望。

相较于石油领域,SK 集团的电讯行业发展得要晚一些。20 世纪 80 年代,SK 在能源、化工领域实现了大规模投资,SK 集团会长崔钟贤深知鸡蛋不能放在一个篮子里,为了分散产业投资风险,改变过于倚重石化产业的结构性缺陷,开始精心布局未来产业,将人们还很陌生的信息通信产业确立为集团未来重点发展的产业方向,开拓更具备竞争优势的运营服务和软件开发等新领域。

20 世纪 80 年代,韩国的信息通信业还是一片空白。为了信息通信的长远目标，1986年10月，有先见之明的崔钟贤为探索集团未来长期发展目标，在美国成立会长直属的"美洲经营企划室"，专门负责与通信相关的长期发展计划、技术调查和吸收优秀人才等，以备不时之需。崔钟贤密切关注着"美洲经营企划室"的发展，每隔一段时间就会飞去美国访问，亲自与企划室的工作人员开会沟通，研究发展方向。

崔钟贤的大儿子崔泰源正在芝加哥大学攻读经济学博士学位，他非常有经营头脑，善于捕捉新鲜事物，又身处世界通信科技的中心——美国。美国移动通信事业正在蓬勃发展，而其他国家的信息通信业尚未起步，崔泰源敏锐地发现了移动通信事业的巨大商机，便十分欣喜地向父亲说出了想法："现在美国的移动通信发展非常迅猛，前景广阔，是社会发展的趋势，并且风险很小。这是千载难逢的好机会，我们可以提前进入移动通信产业，抢占市场先机，然后再伺机而动，依据情况扩大市场。我已经提前考察过了，这是我进行市场调查整理出来的数据。"崔泰源将一份详细的策划书呈给父亲。

崔钟贤翻着策划书，频频点头，儿子的想法居然和他的想法不谋而合，并且准备得更详细，于是欣慰之余便在"美洲经营企划室"内部进行研究，确定集团在合适的机会进入移动通信事业。

之后，崔泰源进入"美洲经营企划室"，着手移动通信事业的发展工作。经过一番精心周密的准备，"美洲经营企划室"在美国新泽西州成立了投资公司，专门负责在美国的移动通信事业投资，积累经验和学习新技术，并逐渐向芝加哥地区的移动通信公司派遣职员，提前熟悉掌握通信领域的业务内容。同时，SK在韩国国内成立YC&C、鲜京信息系统、大韩电信等公司，开始为布局国内市场而锲而不舍地努力。紧接着，SK电讯在世界率先推出了手机业务服务。

韩国国内的其他企业也捕捉到了通信业的苗头,意识到信息通信领域将会成为未来的核心产业,于是纷纷行动,开始争夺信息通信的事业权。SK电讯先人一步,制定了从事信息通信业的目标,当别的企业还在商量怎么做的时候,SK已经以迅雷不及掩耳之势火速完成了信息通信事业的全面布局,其他企业再想进军通信事业为时已晚。

1991年,韩国政府决定大力发展通信技术,在移动通信领域引入竞争机制,对相关企业进行机构改革。崔泰源深知机会稍纵即逝,于是立刻率领"美洲经营企划室"的成员意气风发地回到韩国,开展研发工作。SK集团也从各分公司广泛抽选出200多名工作人员,加入SK电讯,共同开发技术。

1992年元旦,会长崔钟贤在发表新年贺词时表示:"SK想要在全球化时代持续快速成长,并避免与现存产业的竞争过于激烈,我们必须毫不迟疑地向信息通信领域进军。因此,我宣布,下一阶段SK发展的重点是移动通信事业,这将是SK的中心产业。"崔钟贤一语中的,强烈地表达了SK投资信息通信事业的决心。

上阵父子兵,踌躇满志的崔泰源,初生牛犊不怕虎,在通信事业的发展上左冲右突,策马扬鞭。1991年4月,SK电信公司成立,开始发展第二代移动通信事业。

1992年,政府宣布允许民营企业参与第二代移动通信事业和将国有的韩国移动通信民营化。因为有了前期的充足准备,1994年1月,在政府企业民营化改革招标中,大胆而又心思缜密的崔泰源在父亲的授意下,以5.3亿美元的高价收购了国有的韩国移动通信服务公司,更名为SK电讯(SK Telecom)。

很多人都为SK捏了一把汗,大家并不看好韩国移动通信公司,认为不会有长足发展,收购价格实在过高。可是令人想不到的是,之后移动通信事业的迅猛发展,远远超出了人们的意料,大家纷纷赞扬，并被崔钟贤、崔泰源父子的先见之明深深折服。

获得移动通信经营权后，SK一举成为韩国最大的通信网络商，拥有超过2900万移动用户，约占整个市场的50%，夯实了综合信息通信业的扎实基础。由此实现了SK进军通信产业的梦想，缔造了韩国第一代模拟移动通信的时代，开启了韩国移动通信服务的辉煌历史。

收购韩国移动通信之后，SK意识到了时间的紧迫性，通信的发展日新月异，稍微愣神的工夫就被别人赶超过去了，于是SK加大了技术研发投入，投资100亿韩元进一步研发CDMA技术，经过不断尝试，最终获得了成功，在世界上首次实现了CDMA移动电话的商用化，完成了第二代移动通信的开创工作。这项技术被评为"韩国最值得骄傲的技术"，并被认为该技术使韩国进入信息通信强国的行列。SK由此被称为"CDMA应用之父"。

崔泰源也在这次交易中崭露头角，显现了非凡的勇气和魄力。紧接着，他策划SK电讯以2.3万亿韩元（合20亿美元）的现金和股票收购规模较小的竞争对手新世界电讯，这一举措使得SK电讯的市场份额一举从43%升至57%。

崔钟贤去世之后，崔泰源接手了SK集团的经营，崔泰源和父亲一样，也是位实干家。他开拓进取，在移动通信领域不断取得成功。崔泰源非常看好中国这个庞大而广阔的市场，于是将目光投向了中国，与中国企业合作研发第三代移动通信技术：TD-SCDMA。崔泰源表示，SK要为中国13亿人提供最先进、最中国化的服务，并为中国移动通信事业作出贡献。

同时，SK电讯作为彩铃业务的发起者，在全球率先推出了彩铃业务，使人们告别了单调的"嘟嘟"声，使沟通从美妙的音乐开始，这种全新的电话语音增值业务，让人们耳目一新，短短几个月，彩铃便风靡韩国，注册用户迅速增长，彩铃业务很快渗透到20%

的韩国移动电话用户中，并迅速在中国香港、中国台湾、新加坡、日本等地区如火如荼地发展起来。

SK 电讯以独特的优势快速发展，不遗余力地为用户提供最佳体验，并积极开发 5G 路线图下的关键支持技术。

福库：为了一碗完美的米饭

20 世纪 40 年代，世界上第一款电饭煲由日本三菱公司开发生产，其原理非常简单，技术非常简陋，就是一个带电热装置的桶，并且由于没有自动性，需要人在跟前实时看护，并不比普通的煮饭锅省事多少，最终因技术缺陷而被淘汰。

1956 年，日本东芝推出了一款技术相对成熟、具有定时功能的电饭煲，可以控制加热时间，随着外锅的水不断加热，水汽被蒸发后便可以自动断电，功能便利，人们交口称赞，这款电饭煲迅速在日本家庭普及起来。日本由此成为电饭煲技术的行家。这刺痛了韩国人具滋信的神经，他发誓要研制出一款超越日本的电饭煲。

具滋信的母亲是个贤惠慈和的家庭主妇，为了让很晚从学校回来的孩子们吃上热腾腾的饭，母亲经常提前把米饭煮好，盛在盒子里，盖上盖子，放在炕头，再在上面搭上棉被，这样就可以保持米饭的温度。有一次具滋信回到家乡，在外处理事情到很晚，半夜回家的具滋信一个人在厨房内安静地准备晚餐。准备好几盘小菜后，他无意中回头看见炕头的棉被下鼓囊囊的，掀开一看，是母亲特意为他留的一碗米饭。具滋信眼泪夺眶而出，母亲无声无息的爱，就蕴藏在这一碗热腾腾的米饭里。同时，和母亲在饭桌上的平凡谈话也成为具滋信童年时期的养分，母亲经常对他说："应该将得到的一切与人分享，生活下去。"

母亲的话一直激励着具滋信，每当遇到困难时，他都会想起母亲的话，想起那碗热气腾腾的米饭。1978年，具滋信设立中小企业星光电子（福库的前身），最先是为LG电子等大企业做代工，生产电饭锅，并向大企业供货。但在20世纪80年代，韩国经济已经出现了下滑，大企业的商品几乎都卖不动了，大量积压。具滋信心急如焚，他想尽办法，思考各种解决方案。

祸兮福所倚，也正是在这个困境里，具滋信看到了商机，他产生了摆脱大企业供货的方式，打造自主品牌的想法。此时，具滋信眼前又闪过炕头那碗热气腾腾的米饭。日本东芝公司早在1956年就制作了带有定时功能的电饭煲，韩国为什么就不能拥有自己研发的电饭煲呢？特别是随着20世纪80年代，电子计算机技术和微电子技术的日益发展和成熟，电饭锅得以实现微电子化、智能化及多功能化，将煮饭这个平凡拘谨的动作智能化，改变了人们的烹饪方式，丰富了家居生活。而三星、LG也都有了独立品牌，为什么要一直给别人做代工呢？何不趁此机会研发出自己品牌的电饭煲，在市场里试水呢？

于是，从1995年起，具滋信破釜沉舟，开始进行拥有压力功能的电饭煲的研究，他招聘了专业的技术人员，进行电饭煲的研发，经过一番努力，星光电子公司具备了一定的技术。福库电饭煲既传承了韩国文化中对精致的追求，还运用韩国发达的电子技术，从加热、内胆及设置等功能方面对电饭煲进行了创新，将厨房艺术与烹饪技术进行完美融合。

但在韩国面临经济危机的情况下，中小企业的自主品牌能否获得成功，一切都还是未知数。具滋信的儿子具本学在海外担任营销组长，他认为研发自主品牌是企业长期发展的根本，等时机来临，一定会有胜算，于是极力支持父亲研发电饭煲。有了儿子的助力，具滋信下定决心用"福库"自主品牌来进行营销。具备营销能力和经验的星光电子公司直接组织公司员工去了销售现场，由于是本公司的产品，员工们推销起来也更有底气和自信，他们工作起来也更加卖力。经过艰难的推销，福库商品终于打开了市场，进入了流通卖场。

然而，市场被日本公司的产品充斥着，大家并不信任福库的质量，因此，没有消费者愿意购买认知度偏低的中小企业电饭锅。其实，这些困难都在具滋信的意料之中。有备则无患，为了克服这一困难，具滋信制订了翔实的推销策略，从街头的宣传广告到媒体的广告推销，从摊位推销再到大卖场的营销，一系列的营销活动势如雷霆。其中，报纸和广播上的广告费用就高达50亿韩元。一番狂轰乱炸的魔性广告循环播放给消费者留下了深刻的印象，"做福库吧，福库""布谷一下（Do Cuckoo）"的福库广告歌曲，萦绕在街头巷尾的每一个韩国人的耳边。就这样，凭借着强大的广告和卓越的品质，福库电饭煲在韩国的市场打开了。

韩国人对米饭的痴迷，为福库电饭煲提供了很好的市场。特别是当喜结良缘或乔迁新居时，韩国人总会想到福库电饭煲这个小物件，这种厨房小家电最大的优势就是实用简便，家家户户离不了，并且价格合理，操作简单。因此，常常被当作贴心的礼物送出。后来，福库电饭煲还行销海外，对很多侨居海外的韩国人而言，电饭煲既可以表达思乡之意，又无形中充当了连接海外游子与祖国文化的纽带。

首尔梅瑞兹证券一位分析师曾说，电饭煲市场看似不起眼，容量有限，然而当其他大品牌跃跃欲试，想要趁机打入这个市场时，却发现这个市场早已形成铜墙铁壁，有了技术壁垒。福库正是准确地抓住了这个看似微不足道的小众市场，腾挪盘旋，逐渐发展壮大起来。福库品牌的市场火爆让福库控股有限公司（Cuckoo Holdings Co.）很快风靡起来。福库公司进入千家万户，掌控韩国电饭煲市场约 80% 的份额，产品出口到 20 多个国家和地区（主要是亚洲国家和地区），而这也让创始人具滋信跻身亿万富翁之列。

在财阀掌控市场的韩国，福库凭借执着、坚韧，在家电市场打拼出一片天地。如今福库已经成为韩国家喻户晓的品牌，福库（CUCKOO）电子不仅成长为韩国第一电饭煲公司，并已位列世界一流电饭煲产品梯队。作为专注于电饭煲技术开发的专业品牌，福库在超过 30 年的发展中获得了使用者的认可，其传承的韩国精致生活理念与现代高科技服务的融合，成为引领亚洲高端生活饮食潮流的新趋势。

更让具滋信扬眉吐气的是，福库电饭煲以其专业化的追求，成为第一家向日本出口电饭煲的韩国公司。如今，福库还是飞利浦、LG 电子和松下电器等知名品牌的 OEM 制造商，证明了其在电饭煲领域的实力和信誉。

第9章

互联网新引擎（1996—2007年）

深秋的首尔，青瓦台和景福官附近路边的银杏林，一片金黄，"韩国硅谷"京畿道创造经济革新中心附近的枫叶更是如火如荼，韩国互联网经济也在这里蓬勃发展。

1995年，随着互联网经济的发展，电子商务、互联网金融、即时通信、搜索引擎和网络游戏等多种类型的经济活动迅猛发展。看到互联网经济的广阔发展前景，韩国政府于1998年开始鼓励企业和个人在线创业，并给予优厚的政策支持，互联网经济以星火燎原之势迅速发展起来。随着互联网普及和信息化加速发展，搜索引擎服务平台和门户网站也顺势而生，比如Kakao、Naver、Coupan等互联网平台快速搭建，数字支付、物流、社交媒体等各种应用也逐步成熟，为互联网经济的发展奠定了良好的基础。韩国的网购普及率在世界上名列前茅，依靠着种类繁多的产品、优惠的价格、海量精准的消费信息、方便快捷的物流系统及电商网站的客户激励机制，韩国互联网经济规模逐渐扩大。韩国已成为全球第五大电商市场，在经济和科技发展上一直处于领先水平。

与财阀集团的垄断不同，韩国互联网市场是属于"人民的生意"，没有绝对的巨头，而是形成了多元发展、多种形态分庭抗礼的格局。

Kakao:"韩国腾讯"的商业帝国

在韩国有一个说法,人的一生逃不过三件事:死亡、税收和三星,而 Kakao 成为"人生躲不开"的第四件事。Kakao 是韩国一家互联网门户网站,创立于 2010 年,Kakao 通过免费的移动即时通信应用程序 Kakao Talk 而闻名全韩,作为一款功能宛如 QQ、微信的免费聊天软件,Kakao Talk 以独特的优势迅速占据了市场,覆盖了韩国 97% 以上的智能手机用户,被称为韩国的"国民聊天工具",意味着每个韩国人在社交和工作方面都高度依赖 Kakao Talk。Kakao 集团现在旗下已有 110 多家子公司,涉及的领域有社交、娱乐、时尚、财务、投资、运输、电子游戏等。可以说,Kakao 包罗了人们的衣食住行。韩国 5000 多万人口中,其中 4300 万人是 Kakao 的客户。

Kakao 的创始人金范洙(又译金凡秀)被誉为"韩国马化腾",穷苦出身的他一步步站上财富巅峰,坐拥 130 亿美元的个人资产,逆天改命成为新晋韩国首富。在韩国财阀垄断严重的商业文化下,创业门槛高不可攀,大财阀家族掌握着整个韩国 80% 的经济财富,甚至权力也成为财富的附庸,比如三星、现代、SK 等集团。在这样的背景下,一个从社会底层努力拼搏上来的年轻人的逆袭,让韩国的新一代年轻人在黑暗中看到了一丝希望——原来财阀统治的韩国,也有一丝向上突破的亮光。

1966 年,金范洙出生在全罗南道潭阳郡一个贫苦的农民家庭,家中兄弟姐妹 6 个。为了孩子的教育,父母搬到汉城,做起了肉类批发生意,但生意惨淡,后来父亲进入笔厂当工人,母亲成为酒店的清洁工。作为韩国底层人民,他们一家人蜗居在 50 平方米的小房间里。并没有享受到"汉江奇迹"中经济发展的福利。

穷人的孩子早当家,金范洙决心通过读书改变命运。1986 年,金范洙不负众望,以优异的成绩考入韩国最高学府——首尔大学,学习工业工程专业。这是金范洙人生的一个重要转折点。

在大学,金范洙通过勤工俭学来赚取学费和生活费。一次偶然的机会,他看到朋友将公告板系统连接到计算机服务器,千里之外的人们就可以在公告板上对话交流,这种最原始的 BBS 论坛,让金范洙大为惊讶,新时代的大门在他面前缓缓打开了。金范洙被这种新奇的事物吸引,他花了三个月的时间学习上网,暗下决心以后一定要从事与电脑行业相关的工作。金范洙发奋学习,在首尔大学从本科一路念到了研究生,并如愿以偿地读了电子信息工程。

对普通家庭的孩子来说,学习才是最原始的资本积累。金范洙毕业后,凭着高学历及优秀的能力,进入韩国年轻人心驰神往的三星集团,在 IT 服务部门从事开发在线通信服务工作。

待在全国最牛的企业,每天泡着咖啡、打着键盘就可以拿着数十万的年薪,这是多少人梦寐以求的。但对金范洙来说,内心却是不甘心的,给财阀打工永远成不了财阀。

1997 年,互联网之风从硅谷吹到东亚,韩国正式迈入互联网时代。金范洙敏锐地察觉到网络游戏发展将前景无限,此时入局正是最好的时机。金范洙认为时机已经成熟,便毫不犹豫地作出了一个令人吃惊的决定,辞掉别人求之不得的工作,跳出舒适圈,踏上了创业的征程。

为了创立一家在线游戏门户网站,金范洙倾尽所有,拿出了全部积蓄,但资金还是缺了一大截。于是,金范洙拉下脸皮,借遍了朋友亲戚,最终筹集到 18.4 万美元的启动资金。金范洙是个全能人才,他既是技术大拿,又是营销高手。相比于其他的付费网游，金范洙独树一帜，为了引流，眼光长远的金范洙力主将一款名为 Hangame 的扑克游戏和韩国纸牌游戏免费提供给用户，这一"新鲜玩意"迅速引起了刚刚接触互联网的韩国年轻人的兴趣。用户蜂拥而至，仅仅三个月，用户就超过了 100 万，一年半后，有 1000 万韩国用户驻扎在他的游戏间，相当于每五个韩国人中就有一个人是他的游戏用户，引起了巨大的轰动。

金范洙一下子成了商界名人，财阀们嗅到了机会，纷纷来拜访，期望能入股分一杯羹，但都被金范洙拒之门外了。当 Hangame 业务扩展急需资金时，金范洙找到了风头无两的 IT 新贵李海珍，二人曾是三星工作时的同事，同样出身平民的李海珍毕业于首尔大学和韩国科学技术院。1999 年，不甘一辈子打工的李海珍从三星出来，赤手空拳创办了搜索门户网站 Naver。出道即巅峰，Naver 依靠网络问答服务和搜索引擎服务，很快拥有了大批用户，迅速在业界站稳了脚跟，实力不容小觑，就连韩国互联网巨头 Daum 通信公司和韩国雅虎都将其视为竞争对手。

二人惺惺相惜，互相成就。2001 年，金范洙的 Hangame 游戏公司与李海珍创办的搜索网站 Naver 联姻，创立了新公司 NHN（Next Human Network，下一代人类网络），公司主要业务为游戏和搜索，内容跟 Google 异曲同工，便有了"韩国版谷歌"的称号。

二人强强联手，用了六年时间，将公司业务从原来的游戏、搜索，扩展到电子邮件、新闻、娱乐等领域，网站访问量稳居韩国第一。后来，谷歌搜索一度试图进入韩国市场，却铩羽而归，出乎意料地被 NHN 打败。

为了公司发展，2005 年 7 月金范洙来到美国硅谷居住，计划将游戏业务扩展到美国市场，在美国建立一家主营游戏的分公司，然而这次海外经历却并不成功，但金范洙并未就此放弃。2007 年，金范洙决定离开一手开创的互联网"霸业"，这让当初被他说服才联手创办了 NHN 的李海珍无比惊讶。就这样，骨子里不安分的金范洙，带着 NHN 的职务和光环，迁居美国硅谷。而后，他转做投资人，投资了好几个项目，可惜最后都以失败告终。

2007 年夏天，第一代 iPhone 横空出世，这款设备立刻让金范洙着迷不已，而后美国即时通信软件 WhatsApp 又横空出世。于是，在接下来的日子里，金范洙对 iPhone 爱不释手，一头扎进了网络的世界，在推特上了解最新讯息，用即时聊天软件 WhatsApp 和家人、朋友聊天。这些新鲜的事物让他兴奋不已，迸溅出了灵感的火花："沟通是如此重要，如果能再进一步去研发出更先进便捷的沟通方式，一定会大受欢迎的。"

2009 年，iPhone 还没有在韩国发售，金范洙带着从美国购买的 iPhone 和 iPod 回到韩国，找来一批技术人员开始研发应用程序。

2010 年 3 月，仿照 WhatsApp，金范洙投资开发的更具有韩国特色的通信软件 Kakao Talk 上线，这是一款韩国人的社交 App。这个软件类似于中国的微信。

2010 年正值韩国智能手机发展的元年，人们还在为手机短信付费，使用 WhatsApp 也需要付 99 美分的年费。能免费聊天的 Kakao Talk 一经问世，立刻吸引了人们的目光，大家纷纷下载应用，口口相传，很快冲到了韩国 App 排行榜首。

人们惊喜地发现，智能手机可以随时随地发信息、视频通话，Kakao Talk 的用户如潮水般涌来，数据快速增长，仅一年用户就达 1000 多万，在韩国即时通信软件中拔得头筹。

新的通信软件的出现注定要冲击老牌通信软件，SK 集团的短信业务受到了最大的冲击。俗话说商场如战场，SK 集团动用了政府关系打压金范洙，但金范洙并未被打倒。

2011 年，中国腾讯研发的聊天软件微信横空出世，并很快风靡市场。这让金范洙羡慕不已，他决定模仿微信的发展历程，开始新一轮的争夺。

2011年3月11日,日本福岛发生大地震,致使电话线路、短信网络崩溃,而依靠Wi-Fi和3G网络的Kakao Talk,凭借此优势,迅速成了人们相互联络交流的重要工具,下载量激增。2011年11月,Kakao Talk在全球首创表情包贴图,引爆潮流。

2012年4月,金范洙带着包括首席财务官在内的公司高管,浩浩荡荡来到深圳参观拜访。金范洙和马化腾相谈甚欢,腾讯当即决定向Kakao战略投资6500万美元,获得Kakao13.84%的股份,成为仅次于金范洙的第二大股东。

靠着快速迭代与创新,尤其是与人们生活和工作的持续融入,Kakao Talk很快覆盖韩国人衣食住行的方方面面,成为韩国互联网的新奇迹。此后,金范洙继续以惊人的速度对Kakao Talk进行迭代,并陆续推出延伸服务,植入了游戏、打车等多项功能。

Kakao Talk大获成功后,许多效仿软件蜂拥而起,就连三星集团和老东家NHN也不甘落后,相继推出了类似软件。永远被模仿,从未被超越,满怀信心的金范洙从不畏惧竞争者的出现,他不断行走在创新的道路上。

Kakao Talk就像长着很多触角的八爪鱼,关联着一众小程序,满足用户的刚需,同时为创业者们提供平台,以一己之力带动了很多产业,推动了韩国科技业的迅猛发展。 如今,Kakao集团已成为韩国第三大最有价值的公司,排名仅次于三星电子和SK海力士。金范洙也因此被创业者们视为"大神",媒体更称他是"韩国科技教父"。后来,Kakao与韩国第二大门户网站Daum合并,成立Daum Kakao,并登陆韩国科斯达克。

搜索巨头Naver的崛起

　　Naver是韩国第一大互联网门户网站,从20世纪90年代创业至今,Naver已经成为继谷歌、雅虎、百度、必应之后的世界第五大搜索引擎网站。Naver涵盖搜索、购物、支付、视频、翻译、地图、新闻等领域,成为韩国民众生活中不可或缺的存在,也是韩国市值最高的网络公司,旗下有台湾人熟知的著名社交通信软件LINE,以及电商平台、金融科技服务、网络漫画平台等。在韩国市场,Naver成功击退了美国搜索引擎谷歌的进攻。如今,LINE全球下载量已经顺利突破了5亿。

　　Naver创始人兼掌门人李海珍,被称为"LINE之父"。李海珍生于1967年,毕业于韩国首尔大学计算机工程系,以及韩国科学技术院(韩国顶级理工大学)。1992年,李海珍进入三星SDS研究所,担任研发工程师。李海珍是一个善于思考的"工作狂人",他恪守25%法则,在一天8小时的工作时间中,至少花2小时来寻找未来创业的核心项目。[①]

　　李海珍对搜索方面见解很深,他深入研究后,失望地发现用谷歌等搜索引擎,检索韩文时,可找寻的结果寥寥无几,可见,谷歌等搜索引擎将韩文作为小众文字而忽略了对其开发,既然谷歌等搜索引擎没有收录太多的韩文内容,那就建造韩文内容及数据库。三星SDS研究所有一个鼓励开发的研究制度:对特定项目,一年内开发不设限。李海珍受此激励,便组织三名新进员工一起组成了搜索引擎技术研发小组,历时两年,在韩文检索这片未开垦的处女地上,研发出了韩国第一个自主技术的数据库搜索引擎,并获得5亿

---

① 文清云.NHN掌门人李海珍:Line会成为全球赢家么? [N]. 21世纪经济报道,2013-04-08.

韩元的创立基金，成立了三星 SDS 研究所第一个公司内的创业公司。后来 Naverport 改名 Naver，脱离三星独立，李海珍取得经营权。

1999 年 6 月，李海珍意气风发，建立 Naver.com 门户网站。Naver 成立之初，便被虎视眈眈的韩国互联网巨头 Daum 通信公司、雅虎韩国（Yahoo! Korea），以及 Lycos Korea 视为竞争对手。众敌环伺，面对强劲的对手，Naver 发展毫无优势可言。

2001 年，Hangame 的创始人金范洙找到李海珍共谋发展，二人君子相惜，在汉城街头酒吧把酒言欢，畅饮畅谈后，一拍即合，决定一起打天下。李海珍意识到强强联手才能使事业兴旺发达，于是主导 Naver 与游戏门户网站 Hangame 整合，成立 NHN 集团（Next Human Network，下一代人类网络），并于 2002 年在韩上市，但这些未能帮助 Naver 在搜索引擎市场获得领先。

2002 年 10 月，李海珍带领团队夜以继日，不断拼搏，最终研发出了"知识 in"服务搜索引擎，即"Knowledge iN"的问答服务平台，并与 Naver 网站内的各种数据进行整合，允许韩国用户实时提出问题及回答问题，吸引了大量的韩国网民，这是收集用户智慧的最佳方式。市场份额背后是数据之争。用户每天 44000+ 的问题及 110000+ 的答案，成为 Naver 开拓韩文搜索市场的一手资源，Naver 也由此夺下韩国搜寻引擎市场的半壁江山。

相比于其他搜索引擎，Naver 优势明显，会将搜索到的结果，分门别类，按照网站、新闻、图片、博客、购物等进行分类整理，界面清新整洁，对"强迫症患者"十分友好；同时，与百度一样，Naver 也提供邮箱、博客、地图、问答等服务。而其他搜索引擎要么是韩文内容收录有限，算法受语言限制；要么是依赖于原有网页信息，缺乏主动生产的信息，因此不能提供良好的韩文搜索服务。

2005 年，谷歌入驻韩国后，市场份额也很惨淡，面对非本国语境的地区，国际搜索引擎巨头也鞭长莫及，Naver 的地位屹立不倒。

Naver 商业板块中还有浓墨重彩的一笔——NAVER WEBTOON（Naver 漫画平台）。韩国漫画产业十分发达，近年更是增长迅速。Naver 漫画是一款男生必备的漫画阅读软件，软件中有大量高质量的漫画可供观看，汇集了全网最热门的漫画资源，提供免费下载，同时还支持离线下载，方便用户快速追漫。

而且，Naver 网漫出海也非常成功，在日本、东南亚、欧美市场很受欢迎。2022 年，Naver 网漫创作者超 600 万，作品有 10 亿部之多。Naver 不仅仅是门户网站，还有销售平台及支付平台——Naver Shopping、Naver Pay。

Naver 作为本土搜索引擎、门户网站，在韩国具有难以撼动的地位，流量和数据支撑相对有保障。如今，Naver 依托搜索引擎核心业务，已将商业板块拓展至金融、电商、动漫、云端、内容等方方面面。

2011 年 6 月，Naver 的日本子公司 NHN Japan 推出了一款即时通信软件 LINE，让 Naver 再次腾飞。在日本、中国台湾，以及东南亚等国家和地区，年轻人最常用的聊天软件是 LINE。短短 26 个月，LINE 的全球用户已经超过了 1 亿人，这个举措也迅速帮助 Naver 扩张了全球的市场。

LINE 的成功与 2011 年 10 月在软件中加入聊天表情贴图密不可分。其中有面无表情的布朗熊、全能百变的可妮兔、憨态可掬的莎莉鸡、粉脸颊笑呵呵的馒头人等卡通形象多达 250 种，让用户在使用 LINE 时多了一个心情传达的工具。表情贴纸推出 2 天后，LINE 增加了 100 万用户。LINE 每 10 条发送的消息中，就有一条是表情贴纸。凭借表情包，LINE 声名鹊起，正可谓凭一己之力打下了 LINE 的半壁江山，付费表情包成为 LINE 通信业务的主要收入来源，仅 2017 年就有 30 多亿人民币，占公司收益的三分之一。

LINE 依靠着表情贴纸的卖萌经济学，以及围绕着表情经济展开的无孔不入的衍生品,吸引了人们的关注。LINE 中文名为"连我",2013 年火遍全亚洲的现象级爆款韩剧《来自星星的你》播出,剧中男女主角都敏俊和千颂伊使用的日常联络工具就是 LINE。

同时,LINE friends 与优衣库 UT、VANS、欧舒丹、德国钢笔品牌 LAMY、施华洛世奇等诸多快时尚和轻奢品牌联名,甚至 LINE Friends 的喷涂主题广告已经印在了亚航 AirAsia 的飞机上。从文具到时尚类产品,LINE friends 无所不包,授权业务高达 3300 多项,因此获得了"2017 中国授权业大奖"双冠王。特别是 2014 年,优衣库 UT 推出了与 LINE 的合作款,上架几小时就被抢购一空,尝到甜头的优衣库直接将其变成了长销系列。这其实只是在用户交流中经常用到的表情包功能,相对于自成故事体系的动漫、文学 IP 来说,LINE 只是一个原创表情的轻 IP。但在 LINE 的巧妙运作下,却成了一个产业链,风靡一时。

如今,LINE 已发展成为一个在全球广受欢迎的多元化服务生态系统,涵盖广告、通信(LINE 贴纸)和内容(LINE 游戏)等核心商业板块,以及 Pay、AI、电商等创新业务板块。

2013 年,NHN 宣布将游戏事业从公司中剥离,NHN 被分成两家公司:NHN Entertainment 和 Naver,专营 NAVER 搜索引擎,并更名为"Naver 株式会社"。李海珍成为 Naver 创办人及子公司 LINE 的负责人。

李海珍说:"事业的成功也是如此,并非来源于一次天才性的创意,而是在数百次的尝试后也没有成果,最后以恳切的心再度尝试而获得的。"创业者的成功,背后必然付出不为人知的艰辛与日日夜夜孤独奋战的身影。李海珍是一个智力超群、技术过硬、对互联网有着敏锐感知力的人,李海珍是典型的"怪杰",他被媒体称为"如微软的盖茨和苹果的乔布斯一样",是一个一钻研技术就沉浸其中、废寝忘食的骇客高手。他热衷于熬夜撰写程序,

"隐居"网络享受工作之乐，永远不满足于既有的科技，是典型的技术达人。与别的长袖善舞的 CEO 不同，李海珍不喜欢社交，高尔夫技术也很一般，他曾将 CEO 的头衔拱手让给创业伙伴、同学金范洙，金范洙离开并建立 Kakao 公司后，李海珍再次执掌 NHN。意识到弱点并能做到人尽其用，是一个成功管理者最不可或缺的品质。

回顾 Naver 的成长历程，会发现 Naver 最大的成功在于彻底本土化，比较接地气，总能考虑到人们的需求，把握住市场的脉搏，适时开发出面向市场的应用。伴随着子公司 LINE 的风生水起，一荣俱荣的 Naver 事业发展蒸蒸日上，平步青云，开始向海外寻求更广袤的市场。如今 Naver 的业务版图已遍布全球，在日本、中国、美国、法国、越南、泰国、印度尼西亚等设立了办事处，将业务网络延伸到更广阔的世界。

Coupan：六年书写电商神话

在韩国，酷胖（Coupan）可谓家喻户晓，被称为"韩国的亚马逊""韩版阿里巴巴"。酷胖的飞速成长凝成一句话："当众人还在沉睡时，他已经起来奔向黎明了！"创业两年，当别的初创公司还在艰难起步时，酷胖已经实现了盈利，仅仅用了六年时间，酷胖就从一棵幼苗成长为参天大树，成为年销售额超百亿美元的电商巨无霸。酷胖的用户覆盖面广，三个韩国人中就有一个酷胖会员。

酷胖的创始人是韩裔美国人金范锡（Bom Suk Kim），他 13 岁留学美国，后考入哈佛大学读书。他不安于现状，非常富有创新精神和开拓精神。在政治杂志（*The New Republic*）度过了一段实习期后，了解了整个创刊流程的金范锡便大胆创办了学生杂志 Current，并一举成功，将杂志办得有声有色，受到新闻周刊（Newsweek）的青睐，高价将其收购。之后，金范锡在波士顿咨询公司工作，再次创办面向哈佛校友销售的杂志，被大西洋传媒（Atlantic Media）看中，于 2009 年以 40 万美元的价格收购。

两次成功的创业经历，让金范锡信心倍增，他将人生方向定位于商界，进入美国哈佛商学院攻读 MBA。热衷于电商业务的金范锡非常欣赏 Groupon 的团购和 Gilt-Groupe 的闪购模式，并看到了其发展愿景，认为其在韩国具有巨大的市场潜力。

互联网时代的市场竞争是快鱼吃慢鱼的快鱼法则，市场先机稍纵即逝，速度才能决定市场的成败，因此要永远比对手领先一步。

于是，2010 年，在哈佛商学院就读了 6 个月的金范锡决定放弃哈佛大学 MBA 的硕士学位，带着美国投资人的 200 万美元，回到韩国创业。对有志于创业的商界人士来说，哈佛大学 MBA 课程简直就是他们从梦想家到实业家的天梯，可金范锡轻易就放弃了。

金范锡创办的 Coupan（酷胖），正是以美国的热门团购平台 Groupon（高朋）为范本打造。"Coupan"在韩语中有"好玩"之意，与"Groupon"从字母组合到发音都非常相似，Groupon 激发了金范锡的创业灵感，为新公司取名"Coupan"也有致敬前辈之意。

酷胖初创时，定位于每日特惠交易，提供餐馆、SPA 按摩和其他商户的打折团购券。2010 年 8 月，酷胖网站正式上线，新颖的商业模式，第一周便吸引了 7000 名用户注册。酷胖很快打出了特色亮点，为每个用户提供定制化的主页。用户不费吹灰之力就能快速浏览无数个卖家销售的不计其数、质量参差不齐的产品，从而准确地找到所需。愉快的用户体验背后是 350 名员工的质检团队，夜以继日地逐个细心查验商家提供的产品；同时还有数量庞大的客服团队，全天候受理客户的投诉。2010年底，金范锡将业务扩大到很多商家尚未涉及的空白地带——旅游和生鲜食物，这样新颖的服务很快吸引了大批量用户，人们如过江之鲫一拥而入。

在美国生活学习多年、深受美国教育理念影响的金范锡，运营公司时，不知不觉就带着西方电商业务模式的痕迹。因此，酷胖的营运结构非常开阔，具有浓厚的国际化色彩。酷胖公司的员工中有200多名非韩国籍，其中包括前亚马逊高管、咨询顾问和来自硅谷的工程师。公司还雇用了一大批翻译人员，为公司的美国员工提供翻译，以及和韩国员工之间的沟通交流。

2011年，酷胖的会员数激增，已达到500万，销售额达到2.7亿美元，其手机客户端也正式上线。同年，后知后觉的Groupon试图进入韩国市场时，发现韩国市场早已被酷胖龙盘虎踞，牢牢占领。

运营两年后，酷胖的营收达到6.5亿美元（利润约1.3亿美元）。而与之相对应的是美国的Groupon，主要依靠5折的本地商户优惠券获得飞速发展，但单一而缺乏应变的商业模式不可持续，创始人马森被迫下课从公司出走，Groupon的股价遭遇了直线式下降，从2011年的最高点惨烈暴跌了9成。

从Groupon的失败中，金范锡意识到，要想在丰沛的互联网市场中胜出，必须建立一个端到端的购物平台，于是他仿效eBay（易贝），迅速过渡到第三方市场，并采用类似亚马逊的商业模式，为消费者提供最便宜、快速、零摩擦的服务。酷胖推出了名为Rocket Wow的付费会员服务，每月只要3000韩元就能享有无限制的免运、生鲜外送服务（Rocket Fresh）的使用资格、30天内无条件退换货等。这款服务与亚马逊的Prime相仿。

酷胖通过创建定制化的货车配送网络，仓库管理由算法调控，在韩国实现了最快捷的配送服务。精准的算法让员工心中有数，哪个产品适合存放在哪个仓库，一目了然，不用再大费周章地盲目查询，购买量大的产品会被提前放在离消费群体最近的仓库。酷胖由此推出了定期送货服务，定期为顾客配送需要经常购买的生活必需品。

庞大而完备的物流自然离不开数量可观的快递员。酷胖的快递员可以说是同行业中最多的，拥有 5000 名快递员，他们分散在各地，快递员在上班的 10 个小时内，平均可投递 120 个包裹。酷胖重视快递员的服务质量，对快递员进行专业培训，要求他们微笑服务，随身携带小礼物，发放给孩子，比如糖果和气球；如果客户不在家，不能亲自签收，要发送包裹投递照片给客户。

酷胖在投递物品时事无巨细考虑到了每个环节，无微不至的服务使得酷胖的竞争优势非常明显，其他零售商们配送产品通常需要 2~3 天；而酷胖把配送时间缩短为 1 天甚至更短。酷胖处处以客户需求至上，消费者甚至可以随时取消配送途中的货物。并且，大气的酷胖所有的产品都为客户提供免运费服务。

物流速度和服务质量影响用户的购买决策和购买率。因此，酷胖致力于将物流做到极致，推出了"火箭新鲜"（Rocket Fresh）服务。"当日达"或"次日达"是酷胖的标签，也是酷胖购物的标配，为韩国 70% 的人口、住在距离物流中心 7 英里（约 11.3 千米）范围内的消费者，解决了"最后一公里"的问题。正是这些细节上的改变使得酷胖能够在市场上脱颖而出。

同时，为了增加客户黏性，酷胖可谓不遗余力。公司发布的移动客户端在 2013 年成为韩国电商行业首家移动客户端下载数突破 1000 万的企业。手机端的销售额已占总销售额的一半以上，另外为网站提供了 70% 的流量。酷胖移动端用户数连续 20 个月排在首位。

依托着强大物流这一核心竞争力，以及极强的客户黏性，酷胖迅速成长起来。2018年，酷胖超过Gmarket（韩国最大的综合购物网站）和韩国11街（11 Street，SK planet运营的电商网站）等本地品牌，成为韩国消费者首选的在线零售商。

然而，拥有着不断抢占先机基因的酷胖，永远不会满足于当前。2019年，酷胖推出了黎明交货（Dawn Delivery），再一次将物流速度提高了一个档次，服务甚至超越亚马逊金牌会员（Amazon Prime），承诺晚上12点之前下订单，第二天早上7点即可送货上门。针对容易腐坏的产品和有机产品，酷胖推出"酷胖Fresh"服务，确保产品在客户购买后几小时内送到。

酷胖贴心地为消费者扫除了一些购物时的障碍，为他们提供了便捷的、一键式支付服务，免去消费者输入密码、各种验证的烦琐流程；同时，后台的机器学习技术进行实时监控，能够判断付款风险，进而避免欺诈交易。Rocket Wow保证的30天内无条件退换货，更让消费者避免踩坑，不再担心买到的商品不合适。"想客户之所想，急客户之所急"，凡是顾客在购买体验中所遇到的问题，酷胖都提前想到，并竭尽全力地去解决。

金范锡用六年时间创造了"韩国亚马逊"的电商神话。如今，从新鲜的水果到家用电器，从内衣鞋袜到二手汽车，酷胖网站上几乎无所不包。酷胖的活跃用户已超过1400万，可以说超过韩国四分之一的人口都是酷胖的用户。全方位的服务甚至超越电商范畴，还有外送服务"酷胖Eats"、影视流媒体服务"酷胖play"等，酷胖深度渗入人们生活的各个角落。

酷胖有着远大而宏伟的目标，致力于创造一个客户认为"离开了酷胖就无法生存的世界"，这是酷胖的使命，也是金范锡的"野心"。酷胖带着沟通世界开拓未来的理念走向世界，不仅为国人提供质量上乘的韩国商品，而且其他国家也可以将商品放到韩国电商平台上出售。2020 年，酷胖平台在中国区域打响了知名度，吸引一批又一批的中国卖家入驻，成为不少中国卖家打开韩国电商市场的"金钥匙"。

Yanolja：凶猛的OTA独角兽

近年，韩国正在兴起的情侣酒店，是一种按小时计费的短期住宿方式，因其异国情调和风格多样而闻名全球。正是创建于 2007 年的 Yanolja，重振了韩国的情侣酒店行业，并赋予了这个行业新的内容。Yanolja 作为韩国最大的全球休闲服务预订平台，为数百万旅行者提供各类休闲服务，包括酒店、交通和餐厅预订。与常见的中国 OTA（Online Travel Agency，在线旅游）不同，Yanolja 融合了 OTA 及酒店业的几乎全产业链于一身，拥有线上线下六大业务模块，包括在线预订（机酒及其他服务）、旅行 Contents+ 广告、连锁酒店、建筑 MRO、酒店业软硬件 Solution 及教育招聘。也就是说，Yanolja 相当于"携程＋马蜂窝＋亚朵连锁＋建筑装修＋供应链＋行业培训公司＋阿里未来酒店"的集合。

在韩语中，"Yanolja"的意思是"嗨，我们一起玩吧！"Yanolja 的创始人李素金幼年丧父，家庭的贫困使得他早早地就从专科大学毕业进入社会工作。工作三年后，带着对赚钱的渴望，李素金拿出所有积蓄投入股市中，可惜事与愿违，他所投的资金全部被套牢了。穷途末路的李素金意识到，事业是奋斗出来的，不是投机出来的。

为了寻找一份能够提供食宿的工作，2001 年，23 岁的李素金在朋友的介绍下，进入一家汽车旅馆（motel）工作，这其实就是一家情侣酒店，彼时在韩国名声不佳。这个起源于日本、20世纪80年代末流行于韩国的行业，由于为一些非法活动和婚外恋情提供了暖床而备受争议。

李素金在这里从事着毫无技术含量，却异常辛苦的迎宾和清扫工作，每天从早上9点一直要做到凌晨。工作单调无趣，李素金便经常在网上冲浪，了解一些有关酒店的信息。李素金对酒店有一种特殊的情愫，觉得这里就是他的家、他的避风港。他在这家经营并不景气的旅馆坚持了四年，四年的沉淀洗去了他身上的浮躁，磨砺了他沉静的性格，积攒了实力。

后来，韩国政府出台了一项法案，收紧了对情侣酒店这个行业的管控。李素金好意提醒汽车旅馆老板，要想办法改变汽车旅馆长期以来树立的不良形象，并升级设施，以吸引更多的商务旅客、家庭和游客。他认为，如果所有的汽车旅馆都依赖于情侣，必将会面临生存危机。但老板不以为意。

于是，李素金便在Naver Café（自由开放的在线社交讨论平台，类似于豆瓣小组）上运营Motel行业社群，以帮助酒店老板吸引客人入住。没想到"无心插柳柳成荫"，很快就有了广告收入，李素金备受鼓舞，内心燃起了创业激情。

2005年，一个名为"Motel Tour"的酒店客人社群，已拥有20万用户，但苦于找不到盈利模式，急于出售。李素金看准机会，用积蓄低价收购了"Motel Tour"，这便是Yanolja的前身。面对前后两批分属B端（酒店运营方）和C端（酒店客人）的用户，李素金尝试了广告、酒店代运营、代营销、咨询等业务。在他的苦心经营下，2006年，"Motel Tour"终于有了一定的起色。

正当李素金摩拳擦掌，准备大展拳脚时，却发现公司内部由于大家的运营理念不同，矛盾重重，公司很快分崩离析，员工离职，最后竞争对手连"Motel Tour"的品牌名称也抢注了。这对李素金的冲击很大，他开始全面复盘，意识到行业的人脉及运营的经验是他人拿不走的宝贵财产。痛定思痛，李素金对酒店的主要客群重新分析后，决定将视野从酒店行业拓展到更大的市场。针对年轻消费群体的恋爱住宿需求，他决定创建提供更好的酒店房源推荐、约会地推荐、餐厅推荐等服务的平台。为此，李素金抵押了公司的所有股份筹措了10亿韩元用于新服务的上线。

在韩国，很多年轻人结婚前要住在父母家里，这已经是普遍现象，有新需求的地方就有红利市场。年轻人需要独立的空间，情侣酒店为年轻人逃避父母窥探的目光提供了极好的场所。与此同时，韩国是亚洲最大的旅游市场之一，蓬勃发展的旅游业助推了酒店行业的繁荣。李素金一直在分析该行业的痛点，并寻找新的机会。

2007年，李素金打造的新网站"Yanolja"上线。Yanolja成立之初的定位是情侣酒店的在线搜索门户，由于方式新颖，再加上行业竞争不是很激烈，Yanolja很快风靡一时，成为韩国酒店预订网站的急先锋。李素金深知，特色是招牌，但招牌之外也要覆盖普通住客群体。于是李素金将Yanolja的业务扩展到普通酒店和招待所，以及Yanolja的品牌酒店。Yanolja可提供约2万间客房预订，同时价格区间覆盖广，可选性比较多，既有每晚价格20万韩元的凯悦五星级酒店，也有每晚价格仅仅5万韩元的经济型酒店Ben-Hur，还有中间价位的酒店供顾客根据需求随意选取。

2011年，韩国迎来了移动时代。移动互联网带来的红利为Yanolja的发展提供了非常大的助力。Yanolja趁势推出了一个智能手机应用程序，会员数迅速增长，2012年1月突破了100万人。同年，Yanolja还做了一个全新的决定，成立了第一个连锁品牌"Hotel Yaja"。

同时，思维活跃的李素金想顾客之所想，贴心地推出Yanolja

装修服务，这样既可以帮助情侣酒店改善固有的形象，又可以凭借崭新的形象更多地吸引新客户。Yanolja 把目标客户群体定位为：旅行结婚的年轻人或旅游的情侣，以及寻求短期廉价住宿的旅行者。为了消除人们对情侣酒店的负面印象，李素金选用了明亮、现代化的特许经营方式。与一些酒店遮遮掩掩，使用花哨的装饰和昏暗的灯光形成对比的是，李素金大大方方地在网上展示出实际房间的照片，这是十分超前的。李素金还鼓励客户在网上分享他们对房间的看法，没想到这种创新的做法是把"双刃剑"，给他带来了意想不到的麻烦，同时竞争对手也开始采用同样的办法。很快，网上出现了一些负面评论的帖子，于是公司采取措施不断删帖，从而遭到了韩国公平交易委员会（Korea Fair Trade Commission）对 Yanolja 及其他两名竞争对手的处罚。但好处是这一招果然奏效，之前很多人都会觉得不好意思而不愿前往情侣酒店，但 Yanolja 采用公开透明的方式，反而让人觉得坦坦荡荡，可以大大方方地入住，由此吸引了许多旅客。不过大多数 Yanolja 的业务仍然来自年轻夫妇，以及失业或刚开始工作的人。这个客户群体每个月需要租用 1～3 次房间，通常只租几个小时。

就这样，Yanolja 迅速打开了市场，当年即成为同行业访问数首位。后续 Yanolja 稳扎稳打，努力发展 C 端的同时，B 端的业务也齐头并进。酒店委托运营、咨询等业务也得到了良好的发展，还成立了研究院。同时，为了吸引更多更忠诚的客户，Yanolja 还独出机杼，开发了专门的 App 预订服务，便捷的服务很快吸引了大批的用户，使 Yanolja 成为韩国使用率最高的预订服务之一。

2015 年，口碑和成绩都非常好的 Yanolja 首次获得风险投资，拿到了韩国本土投资公司 Partners Investment 的 100 亿韩元投资。Yanolja 从此进入了融资快车道，每年都有至少一次融资，也逐渐被海外资本认可。得到资本加持的 Yanolja 从 2016 年起开启了疯狂扩张的模式，不仅收购了酒店及连锁品牌，还收购了行业上下游的众多海内外酒店预订平台。

李素金凭一己之力重振了酒店线上预订行业。截至2017年，Yanolja已拥有17000家酒店合作伙伴，住宿服务遍布170个国家和地区，其应用下载量已超过3800万次，预约住宿服务的用户人数达1100万，2019年上榜为韩国独角兽企业。

第10章

游戏的力量（2008—2018年）

20世纪末，美国、日本等国的游戏进入韩国，人们体会到了虚拟世界的魅力。1996年7月，韩国政府制订了游戏产业振兴发展计划，构建了韩国游戏综合支援中心。1998年，韩国提出"文化立国"的方针，在音乐、电影、电视剧、游戏等方面取得了重要突破，大批游戏公司开始创业。同时，韩国文化观光部把游戏、动画和漫画定位为国家战略发展计划。为培养游戏相关人才，韩国有20多所大学开设了游戏专业；游戏综合支援中心投入大量的资金，成立游戏培训中心，为游戏公司培养人才。

2002年4月23日，韩国颁布总统令，允许对游戏行业执行产业技能要员制度，达到标准的游戏行业人员可以在指定游戏企业工作代替服兵役。同时，政府助力31家游戏公司的52款游戏推向海外市场。韩国科学技术信息通信部也把网络游戏定位为国家级的战略发展项目，一次性投资40亿韩元扶持韩国本土游戏企业。在多种举措下，韩国的网吧如雨后春笋般涌现。2002年，韩国网吧数量多达2.4万家，一跃成为世界网吧密度及网吧收益最高的国家。网络游戏收入主要依靠周边服务。2016年，韩国游戏行业的总产值达到95亿美元，成为世界第四大游戏产业国。韩国政府对游戏产业的支持力度之大空前绝后，韩国网络游戏进入了"黄金时代"。

电子游戏也早已从单纯的娱乐方式蜕变为一种全球性的文化现象。从游戏发展的变迁可以看出，游戏早已从仅供消遣的角色转变为一种文化的符号，并走进人们的生活，日益影响着人们的社交方式、思维模式、流行文化等方面。

Nexon开启大网游时代

Nexon(韩国乐线)是韩国最顶尖的游戏公司,《跑跑卡丁车》《地下城与勇士》《洛奇英雄传》《泡泡堂》《冒险岛》《神之领域》《反恐精英 Online》这些曾经火遍中国网吧、在 80 后及 90 后童年里留下深刻印记的游戏,都出自 Nexon 公司。2022 年,Nexon 拥有 40 余款游戏,畅销 190 个国家与地区。Nexon 以一己之力,把韩国从"游戏荒漠"变成了"游戏出口大国"。

Nexon 的创始人金正宙是首尔大学计算机系的高材生,他和同学宋在京都是玩游戏的高手,都喜欢玩《塞尔达传说》之类的 FC(任天堂 Family Computer,俗称红白机)游戏。金正宙玩着日本游戏,想到韩国连款像样的游戏都没有,内心很失落。而在游戏开发上很有天分的宋在京于 1994 年试水制作了一款 MUD 游戏(Multiple User Domain,多用户虚拟空间游戏)——《侏罗纪公园》,得到了大家的认可。

20 世纪 90 年代,韩国 PC(Personal Computer,个人计算机)普及率很高,但 PC 游戏行业却没什么起色,看着这片蓝海市场,已进入韩国科学技术研究院(KAIST)计算机系攻读博士学位的金正宙动了心,他跃跃欲试,要做游戏开发。宋在京也正有此意,两人一拍即合。1994 年 12 月,两人在韩国汉城江南区共同创立游戏公司 Nexon。

20 世纪 90 年代,微软、索尼和任天堂是游戏界的三巨头,在任天堂和索尼神仙打架的时代,金正宙深知资历尚浅,如果选择硬碰硬,无疑是螳臂当车。于是金正宙选择避其锋芒,曲线救国:主机游戏不占优势,那就主推网游。1996 年 4 月,宋在京领衔制作、由漫画改编而成的大型多人在线角色扮演游戏《风之国度》横空出世，仅仅比有"全球首款图形化网游"之称的《子午线 59》晚上市了几个月。《风之国度》的出现开创了韩国图形化网游的先河，并且凭借缤纷奇幻的漫画风格、可爱的人物、乖巧的萌宠、优良的交互性，以及全面的系统元素很快风靡市场，注册账号数量飞速超过了 100 万，Nexon 的名号不胫而走。

在制作网游方面，宋在京堪称天才，被称为"韩国网游教父"，他小试锋芒，开发出来的几款小游戏，一上市便得到了人们的追捧。一战成名后，宋在京成了游戏市场的"香饽饽"，大家都想得到这个"游戏天才"，纷纷向其伸出了橄榄枝。最后，宋在京被 NCsoft 游戏公司挖走了。

NCsoft 是首尔大学毕业的高材生金泽辰 1997 年创立的游戏公司，金泽辰和宋在京既是战友又有同学之谊，"一朝战友，一生兄弟"，金泽辰凭借三寸不烂之舌，动之以情，不惜重金，将宋在京挖到了 NCsoft 的阵营里。

进入 NCsoft 后，宋在京果然不负金泽辰所望，很快研发出了游戏《天堂》，恰逢 1998 年韩国发布"文化立国"策略，大力扶持本土娱乐行业，搭上政策快车的 NCsoft 抓住机会和网吧进行合作，游戏《天堂》迅速风行整个韩国，注册用户直线上升，一度达到韩国总人口的 1/3，超越了 Nexon 的市场份额。《天堂》当年在韩国堪称国民级游戏，就此开启了韩国的大网游时代。

没有了核心研发人员的 Nexon 犹如被抽去了筋骨，宋在京的"出走"让金正宙懊恼不已。为了追赶 NCsoft，匹敌《天堂》，金正宙连续推出了几款自主研发的大型多人在线角色扮演游戏，但由于 Nexon 自身创新研发力不足，市场反响平淡，完全不能和《天堂》相提并论。

反观金泽辰的 NCsoft，已经靠着《天堂》的卓越表现扶摇直上，于 2000 年成功上市。面对如此强大的竞争对手,金正宙决定另辟蹊径,采用迂回战略,转向别人都不注意的休闲类游戏,推出了世界上第一款问答类网游 Quiz Quiz,一经上市,市场反响良好,用户数超过百万。由于属于休闲类游戏,Nexon 几乎没有同品类的竞争对手,在韩国国内和世界市场,一路高歌猛进。但遗憾的是产品虽好,却是光刮风不下雨,根本找不到赚钱的点。道尽途穷的金正宙急得如热锅上的蚂蚁,他强硬地要求旗下 Lodumani 工作室不惜血本,也要研发出一款能与《天堂》相媲美的游戏。

被逼上梁山的 Lodumani 工作室只好硬着头皮往前冲,他们模仿经典游戏《火柴人》,研发出了《泡泡堂》。然而出乎意料的是,《泡泡堂》竟一下子在休闲娱乐类网游中开辟出了新领域。2001 年,《泡泡堂》在韩国一经上市,便令众多的玩家兴奋不已,得到了疯狂追捧,真是"山重水复疑无路,柳暗花明又一村"。金正宙心花怒放,为了解决休闲类游戏不容易挣钱的问题,他绞尽脑汁,创造性地提出了"游戏免费,道具收费"的模式。

2001 年,在韩国影响力远远不及《天堂》的《传奇》,将代理权授权给中国的盛大网络。在盛大的运作下,《传奇》很快风靡中国。凭借着这款游戏,盛大也水涨船高,迅速在中国游戏行业站稳了脚跟,盛大网络创始人陈天桥一举成为中国首富。闻到商机的金正宙迅速转换战略,也将目光投向前景广阔的中国市场。他来到中国找到陈天桥,一番谈判后,盛大获得了《泡泡堂》的代理权。背靠大树好乘凉,《泡泡堂》在盛大的运作下,正如金正宙所期待的那样,在中国市场很受欢迎,甚至超越了在韩国的影响力。即便在那个年代电脑还是稀缺品,《泡泡堂》的在线人数依然急剧攀升,达到 80 万人。金正宙依靠"游戏免费、道具收费"的模式大发其财,巨大的经济收益助推《泡泡堂》走得更远。

在韩国市场上,凭借《天堂》一直碾压 Nexon 的 NCsoft,跋山涉水来到中国，势在必得，可惜事与愿违，有点"不习水土"的《天堂》反响平平。而 Nexon 却借《泡泡堂》在中国市场上大获全胜，金正宙乘胜追击，寻找新的机遇，此时他看上了日本电子游戏业三巨头之一的任天堂公司开发的游戏《马里奥赛车》。于是，Nexon 结合《泡泡堂》人设和《马里奥赛车》的玩法，推出《跑跑卡丁车》。金正宙经过考察，认为世纪天成很有潜力，于是放心地将《跑跑卡丁车》代理权交到了世纪天成手中。Nexon 又幸运地押对了宝，《跑跑卡丁车》在中韩市场迅速火爆。

模仿出奇迹。依靠模仿，Nexon 的经营状况发展势头良好，成功让金正宙的胆量更大了。2003 年，金正宙跃试图收购在韩国发展势头良好的 2D 游戏《冒险岛》。《冒险岛》是从 Nexon 离职的员工李承灿制作的，金正宙对此青睐有加，但制作方 Wizet 狮子大开口，漫天要价。金正宙相信自己的眼光，他孤注一掷，果断地拿出全部流动资金义无反顾地收购了 Wizet 工作室。在 3D 游戏方兴未艾的大背景下，Nexon 押上全部身家买一个 2D 横版游戏，实在是太过冒险，如果得不到市场的认可，就会把 Nexon 拖入破产的险境。

然而，不入虎穴焉得虎子。幸运的是，《冒险岛》上线不久后就风靡韩国，其火爆程度比《泡泡堂》有过之而无不及，大量的玩家争相涌入这个卡通画风的世界。仅仅数年，《冒险岛》在中国就收获了上亿的粉丝，为 Nexon 带来了上千亿韩元的收益。

2008 年，韩国游戏制作公司 Neople 开发的《地下城与勇士》（简称 DNF）市场发展势头很好，腾讯公司看中了其发展前景，就谈下了其代理权。《地下城与勇士》果然不负腾讯所望，一下子火爆市场，腾讯扬眉吐气，从中国第六大游戏公司，迅速冲到了第二名，仅次于第一名盛大网络。正当腾讯信心满满要把 Neople 买下来时，不料想"半路杀出个程咬金"，被金正宙"截胡"了，金正宙捷足先登，闪电和 Neople 达成共识，重金收购了 Neople。

腾讯只好退而求其次，向 Nexon 购买《地下城与勇士》的代理权。行动慢一步，结果就会落后很多步，腾讯每年都要忍痛将其年营收的 1/3——9 亿美元拱手奉献给 Nexon 作为代理费，而中国市场为 DNF 创造了 94% 的营收。可以说，中国玩家正是 Nexon 的衣食父母。这是腾讯最后悔的一件事，如果时光可以倒流，腾讯一定会不惜一切代价拿下 Neople。

金正宙把模仿做到了极致，Nexon 所有火爆市场的游戏几乎毫无例外都来自"收购"或"借鉴"。比如《泡泡堂》参考的是《火柴人》的风格，《跑跑卡丁车》模仿的是《马里奥赛车》的模式。宋在京的离开，似乎带走了 Nexon 的活力，穷尽了 Nexon 的创造力，神奇的是，聪明的 Nexon 依然凭借这些游戏做得风生水起，这当然与金正宙的眼光密不可分。别人做主流网游时，Nexon 独辟蹊径做休闲网游；别人做 3D 时，Nexon 剑走偏锋做 2D 横版，不按常规出牌的"反市场"操作，却每一次都能踩中风口，获得巨大收益。比起做游戏，金正宙似乎更醉心于资本游戏。2011 年，Nexon 在日本上市后，开始把重点放在经营数据上，不再重视开发游戏。而殊不知，游戏开发才是其核心竞争力。

自 2012 年起，在"公司数据表现良好"的加持下，金正宙一下子扬眉吐气，进入了韩国富豪榜前三强，与三星等财阀豪门并驾齐驱。然而，沉迷于模仿而不思创新的 Nexon，在通往新时代的路上困难重重。随着中国游戏突飞猛进的发展，中国的游戏市场逐渐成熟，金正宙的 Nexon 已黯然失色，风采不再。

随着移动端的兴起，手游以更加便捷的优势逐渐取代了网游，不思进取的韩国游戏公司只能在这轮市场的自然选择中节节溃败。而 Nexon 等韩国游戏公司在开发手游时，没有做到细致的市场调查，忽略了中国玩家对手游的需求，只是简单粗暴地直接将端游移植到手游，致使本来就很狭小的手机屏幕被虚拟按键占满，糟糕的玩家体验，让用户意兴阑珊，逐渐失去了兴趣。

失去竞争优势后，Nexon等韩国游戏公司旧调重弹，推出《跑跑卡丁车》等老IP的手游版，然而在市场上却没有掀起一点浪花。走捷径的公司终因捷径误入歧途。没有创新能力的Nexon在游戏市场上明显有些力不从心，于是开始疯狂投资，大量购买比特币，以及投资影视公司、娱乐公司，试图靠副业挽狂澜于既倒，扶大厦于将倾，可惜难掩颓势，结果毫不景气。意识到自研的重要性后，Nexon也在尝试转型，重新建立研发团队，砍掉多余的项目，聚集力量努力攻关。

在将公司送上顶峰之后，饱受抑郁症折磨的金正宙不再专注于公司运营，于2021年宣布退出公司事务，将公司的运营交给了职业经理人，远赴重洋进行疗养。2022年2月28日，正值天命之年的金正宙在美国夏威夷遗憾离世，徒留唏嘘和叹息。如今扛旗者已经离去，包括Nexon在内的韩国游戏公司也都在走下坡路。但金正宙作为韩流网络游戏的缔造者和推动者之一，对韩国游戏产业的发展起到了不可估量的作用。

在"天堂"沉浮的NCsoft

《天堂》在韩国可谓国民级的游戏，犹如《王者荣耀》在中国的地位。《传奇》这款当年火爆中国的游戏模仿的就是《天堂》。只因《传奇》捷足先登，先进入中国占领了市场，使《天堂》"生不逢时"，黯然失色。

《天堂》是韩国互动娱乐软件公司NCsoft开发的一款游戏，NCsoft以提供全世界玩家的新经验和快乐为目标，开拓了网络游戏市场，创造了新文化现象，引世人瞩目。NCsoft专注于以《天堂》《天堂Ⅱ》为代表的多样化类型游戏的开发及发行，通过坚持不懈的研发和投资，使韩国成为世界性网络游戏强国。同时，NCsoft公司的创始人金泽辰被选为韩国科学技术翰林院的院士，这是游戏界人士首次被列为韩国国家工程院的正式会员（院士），不仅在韩国具有里程碑的意义，对于整个游戏行业来说也影响深远。

1986年，金泽辰以优异的成绩考入韩国顶尖的首尔大学电子工程系读本科，他痴迷于编程，富有创新精神，思维非常活跃，读书期间就成了电脑研究会的一员，很早就试水开发过BBS（Bulletin Board System，网络论坛）等早期互联网产品。1989年，金泽辰与李灿振等一同开发了文字处理软件Hangul，这是一款在韩国人人必备的Office软件，金泽辰由此在韩国电脑软件界名声大噪。

金泽辰对游戏的热爱达到了极致，特别是对《塞尔达传说》《创世纪》《NetHack》等游戏非常热衷，从中获得满足感和成就感。研究生毕业后，金泽辰找到了一份在外人看来非常光鲜亮丽的工作，成为现代电子波士顿研发中心的一员。但金泽辰内心并不满足，他的很多创新想法在工作中得不到实现，于是不甘于给人打工的他，不久后离职，开始了创业之路。1995年，金泽辰创办了韩国第一家ISP公司（互联网服务提供商）Shinbiro，金泽辰投入集成系统开发，但收效甚微；看到游戏市场蓬勃发展后，金泽辰便开始大量招募游戏行业的人才，投入网络游戏开发中。

和金泽辰一样毕业于首尔大学计算机工程系的宋在京和金正宙也是电脑和游戏爱好者，他们在毕业后都进入了韩国科学技术研究院攻读硕士学位。宋在京最先决定投身游戏相关的开发事业，1994年，宋在京试水制作了一款MUD游戏《侏罗纪公园》，一炮打响，人们惊喜地发现游戏居然可以这么玩。这款游戏被誉为韩国网游市场历史中具有里程碑意义的作品。受到激励，同时也积累了经验和资金的宋在京很快便和金正宙共同创立了 Nexon 公司，开发 PC 网络游戏。1996 年 4 月，宋在京带领团队花费一年多时间制作的《风之国度》一经推出，便迅速在游戏界刮起了一股旋风，受到人们的疯狂追捧。

同样是《风之国度》玩家的金泽辰，被这款设计巧妙、制作精良的游戏震撼了，他看到了网络游戏的巨大市场潜力，一直埋藏在心底的游戏梦想瞬间被引燃了，"别人可以，我为什么不行？"1997 年 3 月，正在攻读博士学位的金泽辰果断成立了 NCsoft 公司。他深知在游戏领域"得宋在京者得'天下'"，于是下定决心要把宋在京这个人才挖到手，许以丰厚的待遇和高位，并以情服人。最终宋在京加盟 NCsoft 公司，并担任 NCsoft 副社长和开发负责人。

NCsoft 成立之初，将业务范围定位于提供网络整合解决方案，做出了一款 NC Html 编辑器（一款网页编辑器）。不过，这只是"小打小闹"，宋在京和金泽辰内心有着更大的布局，那就是开发出爆款网络游戏。为了挖掘有经验的开发人才，金泽辰不遗余力，借助人脉，从现代电子等大企业招募来一大批曾在日本游戏企业打工的开发人员。经过一年多的准备和努力，由宋在京主持的《天堂》在 1998 年秋天推出，这款心血之作揭开了 NCsoft 乃至整个韩国游戏界的辉煌序幕。

从《天堂》的发展历程可以看出韩国游戏公司的思路，不是简单粗暴地整体砸钱，而是精打细算把钱用在关键处，每一个细节都力求尽善尽美，不仅场景瑰丽，画质唯美，图片丰富，而且增加了许多动态效果，动态照明和阴影效应做得细腻，有雕刻感，类似管弦乐的背景音乐悠扬动听，音效处理得相当精妙。精致的细节处理让人有如身临其境，使得整部游戏玩起来感觉更有情调。这是《天堂》系列成功的重要原因。《天堂》的成功，激励了众多科技行业的人纷纷投身于游戏行业，他们跃跃欲试，也想要在这个新兴的行业找到一条生财之道。到了 21 世纪初期，韩国新创办的游戏公司如泉水般奔涌而出。

《天堂》与《风之国度》的开发理念有异曲同工之妙，都是借鉴可爱而风行的漫画题材，贴近用户（《天堂》取材自申一淑的同名畅销漫画），并且都把重点放在虚拟世界交互性的探索上，《天堂》强交互性的血盟和攻城战是其中最有代表性的设计。《天堂》借鉴了美国暴雪娱乐公司开发的游戏《暗黑破坏神》在角色扮演、战斗、技能装备上的经典设计理念。《风之国度》是以高句丽为背景的，而在《天堂》研发之初，金泽辰和宋在京就将目光放眼于全球，因此《天堂》的故事题材更加侧重于国际化。

1999 年，韩国启动了"国家资讯化计划"，搭建网络、普及宽带、加大网吧的建设，为国民使用网络提供必要的条件。在政策的推动下，大街小巷网吧林立，每个网吧几乎都座无虚席，而网吧消遣的主要内容便是游戏。

NCsoft 占尽天时地利，抓住这项产业政策的红利，积极作为，迅速与网吧开展合作，借助网吧普及的契机成功打响了第一枪。1999 年，NCsoft 的营收达到了 704 万美元。2000 年底《天堂》在线人数已逾 10 万人，稳稳地占据了韩国第一游戏的宝座，凭借超强的实力在韩国游戏界的地位无可撼动。而金泽辰也被业界称为"魔术之手"。

依靠《天堂》的优异成绩，NCsoft 不仅赚取了大量的利润，还很快实现了质的飞跃，于 2000 年在韩国创业板科斯达克上市，市值突破 6.3 亿美元。登陆海外市场后，《天堂》全球会员数接近 1 亿，年收入 2 亿美元。2001 年，NCsoft 在韩国市场占有率达到 42%。

20世纪90年代，是韩国网络游戏的井喷期。2000年，韩国游戏市场达到了黄金时期。韩国狭小的游戏市场已经处于饱和状态，不能消化掉如此多的游戏了。为了实现韩国游戏出口，韩国文化产业振兴院发布了《韩国游戏产业白皮书》，举办了丰富多彩的论坛活动，协助韩国中小游戏企业参加海外各种游戏展览，扩大游戏的影响力。于是韩国的网络游戏快速向国外市场进军。

2000年，NCsoft成立了美国分公司和日本合资公司，敲开了海外市场的大门；《天堂》也相继在美国、日本等多地推出。而NCsoft的野心远不止这些，作为以开发为导向的公司，NCsoft还大力布局欧美制作组。为吸纳人才，更是不惜代价，2001年，NCsoft重金签下了炙手可热的游戏大师、拥有"大型在线网游的真正创始人""UO之父"之称的理查德·盖瑞特，并专门为其成立奥斯汀工作室，致力于开发一款顶级大型多人在线角色扮演游戏《Tabula Rasa》。2002年，NCsoft收购了由3位前美国暴雪成员创办的Arenanet公司。

为了进军中国市场，2003年1月，NCsoft和新浪联手成立合资公司新浪乐谷，《天堂》由此正式进入中国。但放眼中国网游市场，《传奇》早已登堂入室，画面和游戏性都更胜一筹的《天堂》终因误了天时，市场业绩只能屈居《传奇》之下。

2004年，《天堂Ⅱ》在中国开始公测，凭借出色的游戏品质，一下子吸引了人们的视线，但也只是昙花一现。几乎在同一时间，由暴雪娱乐出品的《魔兽世界》横空出世，于2005年进入中国市场后，一下子受到热捧，疯狂稀释《天堂Ⅱ》的市场。《天堂Ⅱ》只能甘拜下风。多种因素下，NCsoft在中国市场的发展举步维艰。2007年底，韩国网游在中国内地市场的占有率暴跌至一成。NCsoft赖以成名的《天堂》《天堂Ⅱ》日薄西山，高调创办的新浪乐谷在2006年3月惨淡落幕。

特别是随着公司的灵魂人物、领袖级制作人宋在京于2003年出走创业，NCsoft再难腾飞，新产品计划的推进也遥遥无期。除了自主研发，NCsoft投资和代理的游戏产品，也毫无可圈可点之处。

对于游戏行业来说，开发是其安身立命之本，但NCsoft致命的短板在于，拿手的开发领域只有MMORPG（Massive Multiplayer Online Role-playing Game，大型多人在线角色扮演游戏），形式单一，开发缓慢，安于一隅，使公司置于高风险之中。

NCsoft也意识到了问题所在，为了增加研发类型的多样化，在休闲、FPS（First-Person Shooting Game，第一人称射击类游戏）、MOBA（Multiplayer Online Battle Arena Games，多人在线战术竞技场游戏）等领域左奔右突，但收效不佳。2014年，金泽辰曾宣布将全力以赴迎接移动时代，但NCsoft依然是晚了一步而错过了良机。2017年6月，NCsoft推出了自主研发的手游《天堂M》，高度复刻端游，国民级IP的加持让这款游戏不负期望地迅速火爆，让NCsoft在手游上再次扬眉吐气，完成了一次自我证明，正应了"破船犹有三千钉"这句话，不过NCsoft要想要真正在手游上重振雄威，还有很长的路要走。

网石：韩国第一手游后来居上

"成百上千，甚至上百万的人栖息在同一个空间中，一起创造出共同体验，激活起我们体内被忽略了很久的'社会肌肉'，这便是游戏的力量。"网石游戏（Netmarble）作为韩国"恐龙级"手游公司，因其研发的游戏《天天富翁》《七骑士》《全民打怪兽》《渡鸦》等在韩国连续火爆，创下新高，被誉为韩国第一大手游公司。

网石游戏创办于 2000 年。2015 年，借力好莱坞大片《复仇者联盟 2：奥创纪元》的上映，网石游戏的《漫威：未来之战》也获得了全球综合下载榜第六名的成绩，并一直位居全球手游公司收入排名前十。

与腾讯、网易和美国的 EA、Gameloft 相比，网石的全球化业绩更胜一筹。网石游戏创办人房俊赫，是一位出生于贫民窟的高中辍学生，却凭着一股冲劲把网石游戏打造成游戏巨擘，借助手机游戏赚得亿万身家，在韩国这样一个被家族企业集团主宰的国度，房俊赫一手铸就该国近 7 年来最大规模的 IPO 案例，书写了一段令人难以置信的创富传奇。

房俊赫出身于一个纺织工人家庭，居住的环境非常恶劣，为了分担家庭的经济压力，房俊赫就读小学时就曾担任送报员，在街头售卖报纸，他看着街头形形色色的人群，暗暗在心中发誓，将来一定要做一个体面的人。可是由于贫穷，房俊赫连高中课程都无法念完，便辍学了。喜欢新鲜事物的房俊赫对网络充满了无限向往，他聪明活跃，善于思考，特别是对网络游戏极其敏感。

2000 年，房俊赫创立了网石游戏，公司起步阶段仅有 8 名员工。但就是这 8 个拥有异想天开想法的一流游戏开发者，开发出了备受市场欢迎的游戏。房俊赫是个工作狂人，对自己要求苛刻，对员工要求也极高，追求效率，经常和技术人员夜以继日地切磋技术。在他们的不懈努力下，网石游戏公司当年就上市了一款名为《Tomak》的游戏，然后再接再厉，连续发布在线节奏游戏《R2Beat》《魔界村 online》等，在市场上表现良好，充分显示了他们卓越的研发才能。后面的突破千万下载数量的休闲手机游戏《全民碰碰碰》、让手机游戏 RPG（Role-Playing game，角色扮演游戏）市场大众化的《魔物学园》等人气手机游戏，捍卫了其在韩国最强游戏开发商的霸主地位。

在代理游戏方面，网石游戏主要侧重游戏的趣味性，强调游戏首要是好玩，同时特别注重游戏的品质及客户的体验。在团队投资方面，网石游戏非常看重员工的素质及团队合作精神，注重员工对游戏的热爱程度。房俊赫认为，只有无限热爱，才能制作出具有吸引力的游戏。他非常关注员工对游戏开发的创造性与前瞻性，经常与他们交流，以激发创新的火花，让他们大胆展开想象，然后付诸行动。

房俊赫认为，游戏首先要具备趣味性，只有好玩的游戏，才能引起玩家的兴趣，然后再从技术角度去审视这款游戏，品质是否精良、系统是否顺畅等；同时，还要敢于与其他游戏作比较，没有对比就没有进步，要做出有差异化的产品。网石游戏注重游戏的长线发展，关注游戏的版本更新，以及系统活动和运营相关的范畴。

网石游戏将公司的发展愿景定位为"极致游戏，愉悦人生"，且目光投向全球的玩家，通过 IP 效应凝聚用户，从而看到更多的市场机会。网石游戏通过手游创新寻求新的成功方式。在智能手机时代的游戏产业里，网石游戏深谙"知己知彼百战不殆"的道理，在充分了解玩家喜好后，有针对性地制作出玩家喜爱的游戏。

网石游戏的手游类型覆盖很广，从《天天富翁》到《渡鸦》，再到《漫威：未来之战》，不局限于某一种类型，而是在乎玩家的体验，只要是玩家热衷的类型，网石游戏都会不遗余力地去尝试。在各个不同类别的不同阶段去寻求不同的突破，这就是网石的成功之道。

2004 年，网石游戏获得韩国最大的娱乐媒体公司——CJ 集团的投资之后，房俊赫将其更名为 CJ 互联网（CJ Internet），试图更加密切地与这家娱乐集团联系在一起。他意识到，在韩国，名不见经传的初创公司势单力薄，很难发展，背靠大树，抱团取暖才是生存之道。

有了资本雄厚的 CJ 集团的助力，网石的发展鲜花着锦。2006年，房俊赫带领网石游戏在韩国国内游戏网站排行榜单上独占鳌头，并一举把麾下运营的《突袭》推到了韩国国内游戏排行第一的宝座。紧接着，房俊赫收购 Ani-park 公司，运营《魔球魔球》，一切都发展得顺风顺水。就在房俊赫展开拳脚准备大干一场的时候，却由于长期操劳，身体健康出现了问题。一直以来，房俊赫是个"狠人"，自我要求极高，也常常把员工逼得很紧，被人称为"虐待者"，正是因为他的不停歇，造成了别人的不适，那些跟不上他步伐的人联合起来与其斗争。种种压力下，房俊赫不得不离开了网石游戏公司。他决定自我放松一下，其间以玩票的心态，收购了本地一家咖啡连锁店的股份。

地球离开谁都照样转，但网石游戏离开了房俊赫，却犹如失去了主心骨，公司顿时陷于泥沼，其游戏始终平淡无奇，仿佛被消了磁般再也无法吸引用户。几年下来，网石游戏的利润断崖式下降，更糟糕的是还出现了高达数千万美元的亏损。

走得有多黯淡失落，归来就有多亮丽飞扬。2011 年，房俊赫华丽上演了王者归来的戏码。他以一己之力，力挽狂澜，将网石这艘逐渐沉没的潜艇托举出水。他高瞻远瞩，将运营重心调整至方兴未艾的智能手机领域，让网石游戏起死回生，再次步入增长轨道。

回归后的房俊赫凭借着一股努力进取的韧劲，推动网石游戏公司再次成长为游戏巨头。一路走来，他赢得粉丝无数，也招致了不少批评。当地媒体称，房俊赫强迫员工拼命工作，是一位不折不扣的"虐待狂"。多年来，软件开发人员一直将位于首尔九老区的网石游戏总部称为"灯塔"，因为在大家都已经休息后，这栋大楼仍然华灯璀璨。这种全天候工作的文化，正是创始人内心世界的写照。房俊赫强调，对于像他这种既与权贵阶层没有什么特殊关系,又没有名校背景的草根创业者来说,要想在亚洲第四大经济体干出一番事业,唯有拼命工作,别无他途。

不懈地追求一款成功游戏有望带来的惊人财富,推动网石游戏公司急剧成长,并催生了一种不成功便成仁的工作伦理。

网石游戏公司也深知,公司初创需要拼命三郎,要想走远,靠的还是员工的认可与归属。为此,网石游戏也尝试着改善自身形象,做出的改变包括禁止通宵更新(即使这意味着延迟游戏的发布时间),为加班员工提供假期补偿,等等。网石游戏在电子邮件中表示,为转型为一家全球性企业,该公司一直在加紧招聘以降低工作量,并致力于变革其工作文化,提高员工的满意度。在此过程中,网石游戏获得了中国腾讯和韩国CJ集团的支持。2014年腾讯对网石游戏投资5亿美元。

但不可否认的是,房俊赫是网石游戏的灵魂人物,也是一位不折不扣的"投资鬼才"。2015年,网石游戏斥资购入NCsoft公司8.9%的股份;2018年,斥资购入Kakao游戏4.4%的股份,都获得了不菲的收益。

可以说,网石游戏不仅仅是游戏开发商,还是一家涉足游戏产业更多阶段的发行商,从事广告、营销,以及发行该公司和第三方制作的游戏等业务。如今的网石游戏,不仅已经通过IPO募集到巨额资金,而且在寻找并购交易的机会走向更高、走向更远。

Krafton"绝地求生"的长盛密码

有时候,一部电视剧可以成就一名演员,而一部游戏也可以成就一家公司。而Krafton(中文名魁匠团)就是如此,大家可能没听说过Krafton,但一定听说过《绝地求生》这款游戏。2017年,一款名为《绝地求生》的游戏在中国风靡一时。这款来自韩国的游戏被誉为现象级游戏，短短 6 个月就创下了 6 项世界纪录，并制造了一波大逃杀游戏热潮，用 MMORPG 重新谱写了网络游戏的历史，并创造了游戏界的"吃鸡"一词，被称为"吃鸡游戏"。

《绝地求生》是一款大逃杀类型的游戏，游戏的模式设定是，每一局游戏将有约 100 名玩家参与，他们被投放到沙漠、海岛、雪地、雨林等的上空，游戏开始，大家开始跳伞，此时每个人都赤手空拳，但地面上散落了各种武器装备，每个人可随意捡取趁手的一件武器，然后互相袭击，直至战斗到最后一刻，留下一个人为止。当幸存者获取最后的胜利时，屏幕上会闪出文字："大吉大利！晚上吃鸡！"所以，在《绝地求生》玩家的语言体系中，这款游戏也被称为"吃鸡"。伴随着《绝地求生》的一举成名，"吃鸡"一词在整个游戏产业盛行起来。这场"吃鸡"大战不仅在韩国，而且在中国的游戏史上也留下了浓墨重彩的一笔。

而《绝地求生》正是 Krafton 旗下公司韩国蓝洞（Bluehole）开发的。Krafton 的愿景是成为"游戏制作的大师"，而实现这一愿景的重要核心价值观即"匠人精神"。Krafton 的品牌名即来自其愿景和核心价值观的标语：keep the craftsmanship on（保持匠人精神）。因此，Krafton 的中文名叫"魁匠团"。

Krafton 的创始人张炳圭出生于 1973 年，1997 年自韩国顶级理工大学——韩国科学技术院以计算机博士的身份毕业。毕业后，他便投入到创业中。1997 年，张炳圭与 7 个伙伴一起创办了互联网服务公司 Neowiz，担任公司首席技术官和互联网业务主管。1999 年，Neowiz 推出了韩国知名社交平台 Sayclub，并成功于 2000 年进行 IPO。此后，Neowiz 开始转向在线游戏门户业务。张炳圭在 Neowiz 期间，不仅仅致力于游戏业务的开发，同时还助力了很多公司内部的创新项目，这为他后来的连续创业夯实了根基。

2005 年,张炳圭离开 Neowiz,创立 First Snow,意气风发地开启了二次创业,开发了同名搜索引擎。在搜索行业已经被几家巨头一手遮天、完全垄断的情况下,"初雪"依然在夹缝中获得发展,并取得了成绩。2006 年,韩国第一大门户公司 NHN 以 350 亿韩元的价格收购了初雪。张炳圭将 30% 的股份分给了 60 名员工。

2007 年,张炳圭创建了游戏开发公司 Blue hole。经过四年的打磨,2011 年,蓝洞发布了一款名为《神谕之战》(《TERA》)的 3D 大型多人在线角色扮演游戏。作为一款韩国网游的集大成者,《神谕之战》在游戏各方面的表现都相当出色,一经推出就得到了游戏媒体和玩家的热捧,成为世界级的多人在线角色扮演游戏。

仅仅在韩服(韩服指韩国的游戏服务器,中国的服务器叫国服)公测一年之后,《神谕之战》就成功登上了中国端游第一门户 17173 游戏排行榜的十大最受欢迎网络游戏榜单,并在 MMORPG 类排名第一。《神谕之战》获得不少大奖,包括韩国 Gstar 的各种奖项、美国 Game Informer 最佳 PC 游戏和最佳 MMORPG 等奖项。

不过,即使是这样一款呼声极高、得奖无数、曾在中国内地掀起热潮,弄得国内网游大厂人心惶惶的《神谕之战》,由于弹窗广告、活动逼氪[①]、升级经验不断加倍,不作不死,一顿操作猛如虎,一番折腾之后这个端游大作愣是被玩出了页游的感觉,导致游戏口碑扑街。

为了求生,蓝洞把希望放在另一款自主研发的大逃杀游戏上,2017 年推出了《绝地求生》,迅速风靡全球,刮起了一股"吃鸡游戏"的旋风,可谓盛况空前。在巅峰时期,《绝地求生》的玩家同时在线超百万,一天 24 小时,玩家只需点击"开始"马上就能排到比赛;游戏中一件没有任何属性加成的虚拟饰品,仅仅是因为好看,

---

① 逼氪:指游戏通过限制游戏功能或强制玩家通过充值来获取更好游戏体验的行为。

就有可能在市场上卖到167万韩元，而且放到市场上不到半小时就会被别的玩家买走。

在中国，《绝地求生》是现象级游戏，正因为《绝地求生》的到来，中国无数的网吧大规模更新硬件设备，仅仅是为了让客户能流畅地玩一局"吃鸡"。《绝地求生》也让中国游戏加速器行业得到了空前的发展，甚至在《绝地求生》最巅峰的时候，一度对中国国民级游戏《英雄联盟》的热度产生巨大的影响，并引领了欧美FPS游戏。全球最大的游戏评分网站IGN更是给出《绝地求生》9.5分的超高评价。《绝地求生》蝉联了54周Steam销量周榜冠军，这是Steam游戏销量最高纪录，而且这个纪录很长一段时间都没有被打破。

Krafton在皮肤上也下足了功夫，Krafton推出过袋鼠考拉公益皮肤，并推出一款袋鼠考拉锅，这正切合了社会热点。当年一场大火使澳洲陷入了"水深火热"中，损失惨重。蓝洞将这款游戏皮肤的全部收益，无偿捐献给了澳洲的动物保护机构。此举受到了业界的认可。趁着这次热度，《绝地求生》的在线人数和搜索量猛增了3.7倍。

《绝地求生》并不是第一款带有"吃鸡"模式的游戏，但却是把这个模式捧到巅峰的游戏。《绝地求生》更是凭一己之力，力挽狂澜，将蓝洞推上了游戏界的巅峰。

《绝地求生》的成功带动了开发商蓝洞的发展，蓝洞一飞冲天，规模迅速壮大，并顺势推出了全新品牌"Krafton"。作为品牌的延伸，公司名也改为了Krafton，同时组建了多个不同的分公司，分别开发不同的新游戏。

《绝地求生》的一炮而红为Krafton带来了韩国游戏界罕见的高估值，使得Krafton的估值已然超过了韩国"游戏界御三家"中的NCsoft、网石游戏，一举成为韩国第四大游戏厂商。《绝地求生》的火爆，给了Krafton无限的底气，一跃成为全球最大的游戏公司之一。

不过，Krafton 虽然靠《绝地求生》取得了 1700 亿韩元的市值，但一个不争的事实是，Krafton 从创立起，让人印象深刻的游戏只有《绝地求生》一个爆款 IP。Krafton 吃尽了《绝地求生》的游戏红利，靠着《绝地求生》，Krafton 不仅将大逃杀的影响力扩大到了全球范围，同时也创造了 Steam 在线人数 325 万的最高纪录，成功将名字刻在了"史上销量最高的视频游戏排行榜"上。

但花无百日红，由于外挂泛滥等问题，《绝地求生》的热度已不复往昔，况且游戏市场竞争激烈，新的游戏不断出现。

意识到这一问题的 Krafton，及时将《绝地求生》与蓝洞剥离，分拆出一系列工作室，并推出几款全新的大逃杀游戏，试图构建一个围绕《绝地求生》的游戏宇宙，以期给玩家带来新的体验。与此同时，Krafton 还将业务领域延伸到电影、动画等游戏衍生领域。Krafton 兼并了社交通信软件 Between 的开发公司 VCNC，将其重组到新成立的子公司 Between Us，专门负责 Krafton 的信息资讯、教育咨询等服务，公司业务逐步拓展。

2021 年 8 月，Krafton 在韩国交易所上市，创始人张炳圭是最大股东，中国腾讯控股集团为第二大股东。但 Krafton 过度依赖《绝地求生》的单一营收模式并不被投资人看好。于是 Krafton 决定扩大"绝地求生"这一 IP 的深度与广度，打造"绝地求生宇宙"，希冀其成为第二棵摇钱树，并不断开发绝地求生宇宙的周边产品，与绝地求生宇宙相关的网络漫画、动画、电影与电视剧等也在有条不紊地同步制作中。

为了打造绝地求生宇宙，Krafton 将发展方向拓展得非常广阔，这样的战略尽管有助于快速提升 IP 影响力，但从单个游戏 IP 起家，谋求更多原创 IP 的成功，并非易事。Krafton 的业务线何时能遍地开花，我们拭目以待。

第11章

变局与重生（2019—2024年）

随着国际经济环境的变化,韩国逐渐向更加创新和知识密集的尖端技术等新兴产业进军。韩国政府宣布把非存储芯片、生物健康和未来汽车列为国家三大重点培育产业,并对其重点发展,加大财政支出,以促进未来关键技术的发展。[①]2021年底,韩国经济副总理兼企划财政部长官洪楠基表示,为维持韩国半导体的领先优势,生产出世界上最好的电动汽车,迎接生物经济时代等,韩国政府将集中政策力量,全力以赴确保三大产业到2025年达到世界第一竞争力。政策是企业的风向标,对国际形势、市场走向洞察敏锐的巨头们,面对新一轮科技革命和产业变革的深入发展,纷纷调整发展方向,面向新兴产业重新布局发展。在芯片领域,韩国政府提出将在首都圈打造全球规模最大的半导体集群,加强韩国本土供应链管理,三星等企业集团接连公布大规模芯片投资计划;在电动汽车领域,现代汽车强势崛起,投入大量资金研发新能源汽车,成为欧美电动车市场不容忽视的力量;韩国也逐渐在生物科技领域投入大量资源和研究力量,生物技术产业的发展有望为韩国带来更多的创新和经济效益。

随着物联网、人工智能、虚拟现实等新技术的兴起,科技产业的发展如鹰王新生般,韩国的老财阀面临着新的挑战和机遇,特别是具有国际视野和新观念的第三代、第四代成为新一代领导人后,如何在瞬息万变的时代完美完成交接棒的传递,带领企业走向新生,尤其值得期待。

---

① 闫磊.韩国大幅提高对前沿产业财政支持[N].经济参考报,2021-09-01(4).

三星吹响芯片战号角

三星集团是韩国实力最强的企业，也是闻名世界的跨国集团，旗下业务涉及电子、金融、机械、化学等众多领域，从衣食住行到金融化工，甚至航空军工，三星无所不包，产业遍及韩国所有能赚钱的行业。三星集团这个庞然大物带动了韩国600多万人的就业。而三星电子是三星旗下最大的子公司，犹如三星集团的定海神针。三星电子也是全球唯一一家可以自主设计芯片、生产芯片的厂商。芯片是信息产业的核心之一，随着信息技术的发展，半导体芯片产业发展也炙手可热。芯片产业快速崛起，已成为推动世界经济发展的关键力量。

三星电子之所以在电子产品领域拥有强大的实力，且在这个领域站稳脚跟，正是凭借"一芯走天下"，依靠其强大的芯片研发能力，三星电子处于行业领先地位。三星电子非常注重研发，2021年，三星电子研发经费高达1166亿韩元。有了强大的研发投入，三星集团在全球竞争中始终占据上风。

"三星芯"是在三星两代掌门人的努力下开始进入芯片领域，并完成最终布局的。第二代掌门人李健熙对半导体行业情有独钟，他曾力排众议，甚至不惜动用个人财产收购了韩国半导体公司50%的股权。为获得美国半导体技术，李健熙不辞辛劳，先后50多次前往硅谷寻找机会，不惜代价以韩国半导体30%的股权，拿到了闻名遐迩的仙童半导体公司的技术转让，取得了芯片行业的入场券，顺利进入新兴的半导体行业。之后，三星把产业布局的重任交到了第三代掌门人李在镕手中。

李健熙的独子李在镕，精通韩、英、日、中四国语言，于首尔大学毕业后，进入日本庆应大学读 MBA，后在美国哈佛大学商学院取得博士学位，回国进入三星集团，在经营一线磨砺成长。2012 年 12 月，李在镕升任三星电子副会长。李在镕和父亲一样，都是半导体产业专家，但他在经营理念方面更倾向于在公司关注的关键领域努力，聚焦核心竞争力。2014 年，李在镕调整三星存储器和非存储器领域布局，将业务延伸到人工智能（AI）芯片和极紫外线（EUV）7 纳米芯片领域。

2016 年 9 月，李在镕任三星电子公司董事。他刚上任，便恰逢三星 Galaxy Note 7 因电池问题造成多起爆炸起火事故，号称"三星电池门"。这一负面事故让三星手机在国内市场销量一落千丈，全球销量更是江河日下，三星运营和销售团队分崩离析，人才流失严重，李在镕面临极大的考验。面对危机，温文谦和的李在镕使出了心中的狠劲儿，当机立断下令召回了全球 250 万台问题手机，并公开道歉。这次召回三星损失惨重，经济损失达 175 亿元人民币，三星电子的市值在短短两天内蒸发了 1000 多亿人民币。

在"三星电池门"事件后，李在镕不得不在电池优化和芯片研发上持续升级。2018 年，三星在韩国工厂进行新一代 DRAM 内存生产投资；同时在台积电等公司都未赶超的 7 纳米芯片技术上发力，并把投资重点从中国转移到越南。

芯片市场竞争如同战争，三星在前线努力，不料后方失守。2019 年 7 月，日本宣布限制三种半导体材料出口，这一招不可谓不狠，三星面临卡脖子的风险。被逼无奈的李在镕马不停蹄地赶往日本，经过斡旋，终于确保了三星可以获得足够的氟化聚酰亚胺、光刻胶和氟化氢，以避免生产中断。

而让李在镕如鲠在喉的是，在芯片代工领域，台积电始终力压三星一头。为了追赶、超越台积电，李在镕指令三星在 3 纳米制程上，采用新的制造技术。而在存储芯片方面，三星电子更是不甘示弱，开始批量生产 96 层堆叠设计的第五代 3D V-NAND 闪存产品，并下决心要在 5 年内超越台积电。

机会总是给有准备的人。2022 年 6 月，为了获得阿斯麦尔（ASML）极紫外光（EUV）微影设备的稳定供给，李在镕飞往荷兰亲自对阿斯麦尔进行了访问。阿斯麦尔是全球唯一一家能够制造 EUV 极紫外光刻机的制造商，这些光刻机对于超精细半导体加工领域举足轻重，而随着先进制程芯片制造业竞争的激烈，英特尔、三星、台积电对阿斯麦尔设备的需求日益增多，为了争夺设备供应，大家各显其能。李在镕凭借外交优势，保证了 EUV 设备的稳定供给，这是三星超车台积电、抢下全球晶圆代工龙头的关键。令三星人欣喜的是，在李在镕的努力下，阿斯麦尔与三星电子签署了一项备忘录，决定在韩国建立研究中心，双方共同投资高达 1 万亿韩元，以便利用下一代 EUV 光刻机，研究超精细芯片制造工艺。

三星与台积电，未来谁更胜一筹，只能交给时间。

芯片市场的惨烈竞争预示了"李在镕时代"注定是个不平静的时代。与父亲的强势领导与权威魄力相比，李在镕谦和的外表下，藏着丰厚的国际人脉与长期的战略思考。李在镕曾因不满苹果公司购买 iPod 所用闪存芯片的价格，亲自飞到美国与苹果公司 CEO 史蒂夫·乔布斯短兵相接，进行洽谈，最终二人谈出了友谊，达成了完美协议——乔布斯答应帮助三星供应苹果设备的零件，包括 iPod，三星由此成为苹果的供应商；而苹果想从机械硬盘转换到更小、更轻的闪存，三星则承诺投资扩大产能。李在镕与乔布斯的见面，为两家公司的合作打下根基，也为 iPod 的成功奠定了基础。

李在镕的野心绝不仅仅在芯片领域，他看到了人工智能领域的无限前景。2023 年 4 月底，李在镕飞往美国，进行了 22 天的商务考察。他"旋风"般地与全球AI、车用芯片、通信芯片及生物领域的领导者亲密会晤，与特斯拉、英伟达、微软、谷歌等知名企业的CEO，共同探讨人工智能、半导体、通信、生物等领域的合作方案。

为顺应AIGC（Artificial Intelligence Generated Content，生成式人工智能）的热潮，李在镕把重点放在了AI和半导体芯片领域。李在镕与特斯拉的首席执行官马斯克在美国硅谷三星电子北美半导体研究所谈笑风生，切磋洽谈，这场会面为双方扩大车用芯片合作铺开了道路。

作为全球领先的电子产品制造商，三星的一举一动都牵动着市场的神经。三星不仅仅是一个追求创新的科技巨头，更是一个注重产品基础、关心用户体验的企业。李在镕从未停止过进取的步伐，他全线出击，正在酝酿一场全球业务的大变局。三星看到了AI这个充满无限可能领域的巨大潜力，将其作为新的战略支点，来加强自身在科技领域的竞争力。站在父辈肩膀上的李在镕，正在带领三星在新的领域浴火新生。

LG的新能源野望

能源是人类社会发展的基础和动力，但传统的化石能源已经面临着逐渐枯竭和环境污染等严峻的挑战。因此，新能源的发展越来越受到关注。

LG涉足动力电池领域，源于20世纪90年代的一次"核电之旅"。1992年3月，LG第三代掌门人具本茂来到英国参观核能研究院（AEA），被可以多次充电的二次电池（最早的钴酸锂电池）

震撼了。具本茂兴冲冲地把样品带回韩国，指示负责矿产开发的子公司马上进行研究，但还没摸清眉目，索尼就已经捷足先登，从 AEA 手中买下了正极材料专利，迅速开发出 18650 圆柱电池，投入市场，并凭借在能量密度、循环寿命等方面的优势，几乎垄断了市场。于是，LG 找到索尼洽谈合作，却被一口回绝。

碰了一鼻子灰的 LG，只好自力更生做研发，投入大量的财力、人力，生产出了第一批试验品，然后不断升级改造，终于在 1999 年量产第一批圆柱锂电池。由于国内无法消化 LG 的电池产能，LG 新能源便把目标定为"全球领先的能源方案提供商"。

2000 年，具本茂把目光投向了"世界汽车之都"的美国底特律。深谙"近水楼台先得月"的具本茂，直接在底特律附近建立了全资子公司 CPI，专攻车载锂离子电池。动力电池是典型的资金和技术高壁垒型行业，技术迭代快，特别强调和主机厂的紧密配合，一旦打入车企供应链，合作就非常稳定。[①] 具本茂对新能源非常有信心，虽然锂电池并非新能源车的主流，但具本茂坚信锂电池会在 2003 年出现起色。到那时，毋庸置疑 LG 会凭借先发和距离优势成为车企的第一选择。但梦想很快成了泡影，2002 年，随着曾经风光无限的 EV1 被销毁，新能源车行业陷入沉寂，直接造成新能源车的电池供应方 LG 亏损 2000 亿韩元。为此，LG 高管们一致反对继续开发电池业务，但具本茂不甘心，他顶住压力留下了新能源业务。

机会总是留给有准备的人。就在 LG 高管都已经失去信心时，具本茂听到通用公司要开发增程电动车 Volt 在全球竞标供应商的消息，他马上行动起来，最后以规模大、生产经验更丰富，价格、安全性及产能稳定性强的优势得到通用的青睐。凭借此订单，LG 在汽车圈声名鹊起。

---

① 罗松松. 中美博弈棋盘上的 LG 新能源 [J]. 企业观察家，2022（3）：114-119.

具本茂深知车企一旦选定供货商，合作就坚如磐石，不会轻易更换。为了在市场竞争中抢占先机，LG 提前布局扩产，在底特律附近的霍兰德市火速建厂，产能每年可供给配套 6 万辆电动车，是最早在美国建厂的外国电池厂。LG 以完美的杠杆撬开了美国市场。之后一路高歌猛进，LG 为奥迪公司插电式混合动力车提供锂电池，价值达数亿美元；2018 年，成为大众集团电动汽车电池供应商；2019 年，开始为沃尔沃汽车集团长期供应锂电池。同时，LG 借助中国"十城千辆"项目的东风，一举拿下了上汽、一汽、长安三大中国国企的订单，并在中国南京投资 20 亿美元建厂。

具本茂去世后，其侄子具光谟继任会长。具光谟毕业于罗切斯特理工学院，2006 年进入 LG 工作，跟随伯父学习企业经营。接手 LG 后，有心建功立业的具光谟一直在寻找新的机会让 LG 更上一层楼。

而真正让 LG 崛起并名声大噪的是得到奔驰公司的青睐和拿下特斯拉的订单，有了这两个电动汽车巨头的加持，LG 在欧洲和北美市场风生水起，风光无限。2015 年，LG 就已成为奔驰的母公司——戴姆勒集团旗下 Smart 新一代电动汽车电池的独家供应商。随着合作的深入，LG 得到了奔驰的肯定，2018 年开始向戴姆勒供应车用触摸屏。2020 年，LG 被戴姆勒选定为优秀供应商，并在德国斯图加特戴姆勒总部举行的"戴姆勒供应商大奖 2020"活动中获得了"灵感（Inspiration）部门"奖。2021 年，LG 赢得戴姆勒公司的电动汽车电机订单。得到奔驰的青睐，是使 LG 新能源真正崛起的关键一环。

但野心勃勃的 LG 新能源就像一头猎豹，一直在汽车领域东奔西突，不断寻找着新的机会，打入特斯拉供应链一直是 LG 新能源的目标。

特斯拉的电池供货商原本是日本松下，松下生产的动力电池供给特斯拉的纯电动车，合作 5 年后，到 2020 年，双方因经营理念不同产生芥蒂。具光谟抓住机会，主动出击，凭借更高的性价比和积极扩产计划，毫无悬念地成为韩国国产特斯拉的电池供应商，打破了松下独家供应特斯拉的局面。

订单拿到手软的 LG，此时却忽略了最重要的一点，那就是电池技术的不断升级改造要追赶得上企业扩张的速度。LG 是通用汽车电池的供应商，两家公司长期联姻，深度合作，但随后被曝出电动车电池起火事件，将两家公司推上了风口浪尖，也考验着两家公司的危机公关能力。2017 年上市的雪佛兰 Bolt 本是通用电动汽车引以为傲的代表作品。2019 年 3 月，在美国马萨诸塞州，一辆 2018 款通用牌雪佛兰 Bolt 在充电状态下突然起火，之后雪佛兰 Bolt 频繁出现起火事件。到 2021 年，雪佛兰 Bolt 已经引发了 12 起火灾。

通用汽车反应迅速，通过调查，发现是其搭载的 LG 电池存在起火隐患。2020 年 11 月，通用汽车宣布召回雪佛兰 Bolt 电动汽车。2021 年 5 月，通用宣布进行软件修复。但按下葫芦浮起瓢，这边事故还没解决，又接连发生了两起 Bolt 起火事件，再次把通用推上了风口浪尖。通用四处救火，心力交瘁，不得已追加召回了 7.3 万辆雪佛兰 Bolt 纯电动车，损失高达 18 亿美元。同时为避免事故的蔓延，通用决定停产这款电动汽车。无独有偶，同样因为 LG 的动力电池系统组件存在缺陷，现代汽车宣布在全球范围内召回 8.17 万辆相关电动汽车。

具光谟丝毫没有推卸责任，事情发生后，爽快地向通用汽车支付了数额高达 19 亿美元（约合人民币 122 亿元）的赔偿金；同时，二话没说承担了现代汽车召回费用的 70%。虽然损失惨重，但 LG 的责任担当也赢得了人心。通用汽车也被 LG 的大气果断折服，因此并没有结束和 LG 的合作关系。通用汽车底特律工厂积极推进与 LG 合作成立的合资公司，两者在美国俄亥俄州和田纳西州投资新建的两家动力电池工厂也在稳步推进中。

电池起火事件给了 LG 很大的教训，重视研发的 LG 新能源在电池材料、工艺方面深耕细作，开放创新，致力于研发更优质的产品，帮助客户解决痛点问题。LG 深知电动汽车电池起火的主要原因在于热失控，热失控是由多重因素造成电池电芯受压而发热的现象。因此，LG 花费了大量的资金研发延迟热失控的材料。

为了提升电芯良品率和生产效率，LG 新能源通过研发改进，在其美国电池工厂，采用了新的锂电池脱气工艺，就这样，LG 的电池质量得到了提升。同时，善于捕捉机会的 LG 迅速抓住了欧洲市场这个强大的爆发点，登堂入室成为新能源赛道的种子选手。具光谟深谙合作之道，与当地车企紧密融合，一起建立工厂，不用投入太多资金的同时还提前锁定了订单，可谓一举两得。欧洲布局已逐步完善，北美市场的地位凸显，LG 计划在北美新建 4 座合资工厂，不出意外的话，2025 年 LG 将在该地区拥有 6 家工厂。LG 的全球战略做得非常成功，在欧洲与北美，订单更是如雪片般飞来。

2022 年 1 月 27 日，LG 新能源成功上市，当日开盘股价即暴涨 99%，市值一度达 7500 亿人民币，成为韩国第二大上市公司，在 KOSPI 韩国主板成分股中的权重仅次于三星电子。

虽然将锂电池首次带出实验室的是日本，但躺在功劳簿上的日本工业体系相对封闭，同时一直将注意力用在氢能源上，所以，锂电池市场份额不断缩小，而奋发图强的韩国人通过基础材料上的积累、开放的供应链以及在车载电池上的豪赌，实现了"弯道超车"。

如今，LG 新能源在中国、韩国、美国、印度尼西亚，以及欧洲等地均有生产基地布局。不仅特斯拉、福特、大众、奥迪、戴姆勒、雷诺、捷豹、保时捷等国外知名车企是 LG 新能源的核心客户，整个欧洲市场都是 LG 新能源的重要车企"朋友圈"。

科技之路永远没有终点，LG 新能源虽然拿到了亮眼的业绩，但面对新的优势材料的不断出现，LG 新能源不敢有丝毫的懈怠。

如今，在动力电池领域，依靠前瞻的国际视野、厚重的化工背景，以及庞大的资金后盾，LG新能源一直是王者般的存在。但未来LG新能源要想继续守住全球动力电池的头部地位，而不被后起之秀超越，或许并不轻松。

现代汽车的困境与出路

现代汽车是韩国的汽车业巨头，也是全球的汽车业领导者，占据了韩国汽车的半壁江山，产品更是远销世界各地。作为韩国第二大制造企业，现代汽车集团旗下包括现代汽车、起亚汽车、现代摩比斯、威亚数控等19家核心企业。现代汽车在国际市场最先打出韩国制造的品牌，对于韩国制造的崛起功不可没。

如今的现代汽车以创新、品质和服务的核心价值，致力于为全球消费者提供超越期待的产品和服务而广为人知；但在20世纪90年代末，现代汽车质量不仅不被人看好，还被称为"低价车"。美国消费者嘲笑现代汽车"只有推它才会动，而且是在下坡时"。1998年，亚洲金融危机，现代汽车在危难中合并了起亚。正是在这种危局之下，郑周永的儿子郑梦九托起了现代汽车，一上任，便喊出了"将引领现代汽车进入世界五强"的豪言壮语。打蛇打七寸，郑梦九抓住了现代汽车发展的本质问题，采取了一系列"铁腕"措施，重点提高现代汽车的质量。

郑梦九亲自到韩国蔚山的生产车间视察，解决企业管理混乱的问题，并提出员工无论职务大小，都可以提出提高质量的方案，一旦采用，必有重赏。员工们受到激励，纷纷为提高质量出谋献策，人人有了参与意识，员工工作热情大增。同时为挽回质量信任危机，郑梦九打出一记重拳，承诺现代汽车10年10万英里的保修期，这在汽车行业是空前绝后的。在郑梦九的不断努力下,现代汽车的质量飞速提升。在美国 J.D.Power（君迪）初驶质量评估报告中,现代汽车与丰田并列第二。

凭借全球化战略和出色的营销策略,现代汽车迎来了黄金时代,成为一家真正的全球主流汽车公司。除了已建成亚洲的中国、印度、土耳其,以及欧洲的斯洛伐克等地的工厂外,现代在美国投资12亿美元建设的阿拉巴蒙哥马利工厂也已投产。

被称为"推土机"的郑梦九不断加快在中国投资的步伐,发誓"要把北京培养为现代的最大海外生产基地"。与北汽集团合资成立北京现代汽车有限公司,开始在中国广阔的市场上腾挪。从山东半岛、渤海湾到大长三角,郑梦九完成了中国布局。

在郑梦九的带领下,现代汽车一路狂奔。2005年,现代汽车在世界各地销售额突飞猛进,成为海外销量超过1000万辆的亚洲汽车厂商。2012年,现代汽车全球售出712万辆汽车,位居全球第五位。郑梦九成为现代汽车黄金时代的缔造者,被丰田汽车称为"可怕的对手""从汽车的后视镜里,看到现代汽车正以飞快的速度在追赶"。

然而巅峰过后,佳境必下。现代汽车快速发展后,受销量下滑、贸易争端等影响,自2013年起,现代汽车的净利润直线下落,2017年之后,销量连续下跌,2019年更是创下7年来的销量新低。更雪上加霜的是,现代汽车在中国市场也逐渐萎缩。

2018年9月,郑梦九将现代汽车的权柄交给了独子郑义宣。这位毕业于韩国首尔大学、在美国旧金山大学商学院念过MBA的接班人,接过的是一个"烫手的山芋",现代起亚集团是一个面临瓶颈、亟待重振的企业。作为一个新时代的改革派,与父辈注重企业规模和份额的理念不同,郑义宣更强调创新性,他非常关注现代汽车在新技术领域的发展,他奉行年轻化、盈利化和透明化的战略，把现代汽车发展的重点方向定位于"客户、人类、未来、社会贡献"，致力于从汽车厂商到未来移动出行解决方案供应商的转型。

郑义宣洞察了全球汽车产业的发展方向，他宣称，现代汽车集团的本质使命是为实现人类"自由、安全的移动出行与和平生活"这一梦想作出贡献。

因此，现代汽车在电动化、自动驾驶、车联网领域，以及机器人、先进空中出行、智慧城市、氢能源解决方案、AI、软件等新兴领域都重新定义了移动出行产业，并怀着创造更加美好的世界的热情，在电动汽车和未来移动出行领域发挥着领导作用。

在新时期，郑义宣有信心将现代汽车带入一个崭新的阶段。为了向自动驾驶方向进军，2020年3月，现代汽车集团与安波福（Aptiv）联合创办了自动驾驶技术公司——莫仕纳公司（Motional），公司总部设在波士顿，团队驻扎在匹兹堡、拉斯维加斯、圣莫尼卡、新加坡和首尔，其中首尔办事处是关键的技术中心和测试地点。2020年12月12日，现代汽车看中了软银旗下全球顶尖机器人技术公司——波士顿动力公司的技术能力，以11亿美元收购了波士顿动力公司80%的股份。

2021年6月，郑义宣率领考察团访问了莫仕纳公司，参观了莫仕纳位于宾夕法尼亚州匹兹堡的研发基地，该研发中心正在开发新一代自动驾驶系统。郑义宣亲自视察了自动驾驶车辆的设计、改造设施及基础环境等，还亲自体验了搭载莫仕纳新一代自动驾驶系统的IONIQ（艾尼氪）5。这辆纯电动汽车（BEV）已在美国的道路上进行自动驾驶技术的测试，其融合了当下移动出行电动化和自动驾驶汽车两大趋势，有望成为未来移动出行革命的"信号弹"。同时，郑义宣率领现代汽车的高管视察了波士顿动力公司，亲身体验了波士顿动力公司的各种尖端机器人技术，比如该公司首款商用四足机器人 Spot、可直立行走的人形机器人 Atlas，以及新款箱式移动机器人 Stretch。

郑义宣认为，未来机器人将会是人类最得力的助手，人们可以随时随地使唤它。当机器人能够实现自动充电功能，并成功执行日程管理时，人们将能够解放双手，将精力专注于更有成效和创造性的工作上面。

郑义宣对两家公司的友好访问，表明了现代汽车集团把未来移动出行业务打造成一个新的增长引擎的决心。同时，郑义宣提出，通过加强现代汽车在自动驾驶和机器人等创新移动出行领域的科技实力和商业竞争力，推动集团快速转型。通过实施这一战略，现代汽车计划开发和打造以人为本的创新移动出行方式，从而为创造人类更加美好的未来而努力。

除提升机器人自主研发能力外，现代汽车集团还计划积极寻求与自动驾驶汽车、城市空中出行和智能工厂的协同效应。在以全球人口老龄化和无接触经济为代表的大趋势下，机器人在安全、安保、健康和赈灾等公共服务领域中的作用也值得期待。

郑义宣经常向员工强调："在内燃机时代，我们是一个快速的追随者。但在电动汽车时代，我们应该以压倒性的性能和价值超越竞争企业，成为引领全球电动汽车市场的先行者。开发和升级创新车辆，以巩固现代汽车集团在全球电动汽车市场的领先地位，继续向电动化转型。"有着雄心壮志的郑义宣心中理想的现代汽车是"跳跃式发展，成为市场规则的制定者"。因此，他制定了"2025 年战略"目标，计划到 2025 年推出 38 款新能源车型，在全球电动汽车、氢燃料汽车市场中跃升为排名前三的电动车制造企业。

为了实现这一战略目标，现代汽车集团将加大自动驾驶、电气化转型等业务的研发费用，计划未来五年投资 100 万亿韩元（约合 5800 亿元人民币），年投资达 20 万亿韩元（约合 1160 亿元人民币），并争取在汽车领域实现 8% 的营业利润率，在全球汽车市场上确保 5% 的占有率。

显然，对于现代汽车来说这无疑是一笔规模巨大的投资，如何平衡好投资与利润两者之间的关系，是郑义宣首先要考虑的。当然，对于如何拯救处于挑战下的中国市场，并带领现代汽车改善形象，也是郑义宣时代下现代汽车的当务之急。现代汽车正在进入"郑义宣时代"。[①] 这个新掌门如何扭转困局，乃至创造奇迹，我们拭目以待。要知道，现代汽车不仅是新能源领域的开拓者，更是在未知前路上勇敢开辟全新路径的勇者。现代汽车在氢能源和电动化方面，两条路并行，作为全球氢能产业发展的引领者，现代汽车被寄予厚望的氢能源有实力抢占氢能产业发展先机和制高点；而现代汽车的电动化发展迅速，开局便首战告捷，取得了优异的成绩。

未来不管走好哪条路，都可以抵达成功。凭借探索精神和超前意识，现代汽车在竞争激烈的市场中，正在努力寻找属于自己的"神之一手"。

赛尔群：生物制药巨头的新战略

2018 年，电影《我不是药神》让人了解到新药物研发的重要性。而在韩国就有这样一家制药企业，堪称韩国人心中的药神，它就是赛尔群（Celltrion）。

[①] 权小星. 郑义宣出任现代汽车董事长 曾有董事反对 [N]. 第一财经日报，2020-03-20（A04）.

赛尔群创立于 2022 年,是韩国具有代表性的国际综合生物工程企业。创始人徐廷珍并非医药专业科班出身,涉足医药产业前,徐廷珍曾担任大宇汽车的企业战略顾问多年。他见证了大宇汽车的创业神话,也亲历了大宇汽车的陨落。在大宇集团遭受亚洲金融危机打击一蹶不振、宣告破产后,徐廷珍带着 10 位前同事一起出来摸索创业。徐廷珍并没有想好要做什么,于是索性先注册了公司耐克索(Nexol)。迷茫中,徐廷珍飞到美国旧金山旅行散心,希望在旅途中找到创业灵感。

一天,徐廷珍在美国酒店餐厅用餐时,听到邻桌顾客正在热烈讨论"生物类似物",徐廷珍被这个新颖的话题吸引,加入了他们的讨论,从此一个崭新世界在他眼前打开了。徐廷珍对"生物类似物"产生了浓厚的兴趣,于是开始在生物制药领域寻找机会。

"心在哪里,花就开在哪里。"不久后,徐廷珍从朋友那儿打听到,美国药企瓦克斯根(VaxGen)一直致力于艾滋病疫苗(AIDSVAX)的研发,已初见成效,正进入Ⅲ期临床阶段,需要哺乳动物细胞系培养的大规模产能。这一项目看上去前景广阔。更重要的是,瓦克斯根公司已经与美国医疗卫生机构签订研发协议。如果研发成功,瓦克斯根将成为全球最富有的生物技术公司。这无疑是一个前景广阔的产业,并且瓦克斯根公司背景强大,其核心研发人员来自美国基因工程技术公司——基因泰克,为疫苗研发成功增添了砝码。

徐廷珍觉得这是一个千载难逢的机会,于是,与瓦克斯根进行谈判,最终达成合作意向,耐克索与瓦克斯根合资成立赛尔群新公司,瓦克斯根持有新公司 45% 的股份。而赛尔群主要负责Ⅲ期临床研发成果的生产及未来商业化销售艾滋病疫苗。

徐廷珍信心满满,如果该艾滋病疫苗研发成功,不只瓦克斯根将身价百倍,赛尔群也将因为承接该艾滋病疫苗的生产而在业界名声大噪。

为了承接瓦克斯根的业务,赛尔群孤注一掷,不惜重金,花费了两年时间,在韩国松岛精心打造了符合美国 GMP、欧盟 EMP 标准的高标准生物制剂加工厂。

但生物技术制药研发风险极大,想法很美好,现实很残酷。最终瓦克斯根公司艾滋病疫苗研发失败,赛尔群以创新生物药生产为主要商业模式的创业思路受到严峻挑战。瓦克斯根股价断崖式下跌,一度从每股 16 美元下跌至 2 美元。为了缓解债务问题,自顾不暇的瓦克斯根决定出售赛尔群的股份。万般无奈之下,徐廷珍不得不以 1.3 亿美元购入瓦克斯根公司持有的赛尔群股份,双方合作宣告终结。

然而,失之东隅,收之桑榆。虽然这个宏大的研发项目失败了,但是赛尔群按照瓦克斯根公司的要求设计和建设的符合美国 GMP、欧盟 EMP 标准的生物制剂加工厂吸引了其他跨国公司的注意。徐廷珍是营销天才,他凭三寸不烂之舌,说服美国百时美施贵宝来到工厂考察,百时美施贵宝对赛尔群高规格的工厂建设赞不绝口,综合评估后,认为赛尔群有能力满足所有产品生产的要求,包括刚刚研发出来的新产品:风湿性关节炎药物阿巴西普(abtacept)、免疫抑制剂贝拉西普(belatacept)。于是百时美施贵宝将亚洲最大的生物制药订单授予了赛尔群,合同价值 8 亿美元。正是这个代工项目挽救了濒临破产的赛尔群。

赛尔群起死回生之后摸索出了一套"打法",全力杀入了非专利保护的仿制药和类似药市场,以及专利保护的合同设计和合同生产,再加强设计和工艺能力,塑造核心竞争力,同时在产能产量方面进行突破。

生物类似物方面,赛尔群的仿制对象是强生类克(治疗多种自身免疫疾病)、罗氏的赫赛汀(乳腺癌特效药)等创下全球销量纪录的明星药品,英利昔、赫赛汀等8个生物类似物药物相继诞生。

然而,由于赛尔群的大多数产品并非原研药,而生物类似物的致命缺陷就是降价空间大、生命周期短、极易被取代,所以必须在别的仿制药未研发出来之前,抓住这个短暂的黄金期,快速占领市场。

徐廷珍深知,虽然赛尔群的优势在于大规模制造生物类似物药物,但企业要想更长远地发展,必须走自主研发之路。于是,徐廷珍制定了新的发展目标:除了大规模制造生物类似物药物,满足全球市场需求外,还要在生物仿制药研发领域开辟新的天空。赛尔群开始设立研发中心,在全球广泛招募研发人员。

同时,赛尔群在新药研发方面逐渐发力,且表现不俗,下一代抗癌症药物 ADC 正在紧锣密鼓地实验中,凭借自身力量研发的治疗乳腺癌、风湿性关节炎的单抗药物正处于临床实验阶段。而更加亮眼的是,赛尔群开发的抗感冒药物 CT-P27 已经在英国完成一期临床试验,进入二期临床阶段。与此同时,赛尔群的触角延伸至疫苗领域,并先后与美国疾控中心合作研发流感疫苗,与中国疾控中心合作开发狂犬病疫苗。

深谙商业之道的徐廷珍,善于建立融洽的商业关系,避其锋芒,互惠互利,为此,徐廷珍制定了"不与美欧日争新药研发""不与中国、印度争临床"的措施,研发与市场两头在外,核心竞争力是设计及合同基础上的产能。这条发展路线也被包括三星生物在内的1300多家生物制药企业遵循,使得韩国成为生物制剂产能第一大国。

仿制药在药品市场占比很大。虽然大家都在强调创新药的优势,但真正在临床中,考虑到经济因素,很多患者还是会选择仿制药。可以说,仿制药是为国民健康水平兜底的药物。

第 11 章 变局与重生（2019—2024 年）

"把原料放进混料桶，流出来的却是黄金"，这句话在仿制药界广为流传，但如何变现为黄金却是最难的，专利过期的仿制药谁都可以研发生产，订单生产的产能是在拼资金，所以几年以后这里是一片红海。徐廷珍深知未来生物制药的争夺不是产品而是销售渠道，必须在后来者还没到达之前就抢占渠道。

徐廷珍几乎在制药产业链的各个环节都与外部企业达成了合作。临床方面，塞尔群与美国 PPD 建立战略联盟，由 PPD 负责产品商业化运作前期的全球临床试验；与跨国生命科学咨询公司——精鼎医药（Parexel）建立战略合作关系，为赛尔群提供从注册到上市的最佳解决方案。有了这两家公司的保驾护航，赛尔群在欧美市场无往不利。[1]

在销售方面，徐廷珍发现欧洲国家普遍采用了全民医保体系，这样可以降低民众的负担，有利于生物类似物药物的推广使用。于是，徐廷珍四处奔波，最终打通了欧洲市场的销售渠道。这样，赛尔群便有了足够的信心与底气加大在生物药生产上的投资，也为赛尔群的扩张提供了基础条件。同时，赛尔群与美国赫士睿公司共同开发全球市场，赫士睿是注射药物和注入技术的供应商，借助赫士睿的力量，赛尔群的网络布局延伸到全球。

在开拓亚洲市场时，赛尔群试水分销市场。美国爱基恩公司把 IGN311 的生产及在亚洲国家如日本、中国销售的权利授予赛尔群。赛尔群投桃报李，给了爱基恩 600 万美元的回报。同时，赛尔群兼并了韩国医药分销市场的巨头——韩生医药公司，专门分销赛尔群产品。由此，赛尔群形成了兼具生产、研发、商业于一体的集团公司。

徐廷珍认为全世界药品的销售渠道都不够开放，就连全世界

---

[1] 于盟. 备战生物类似药高增拐点 [J]. 医药经济报，2014

第一大仿制药企业梯瓦（Teva）公司的销售渠道都是比较封闭的，其产能和研发主要凭借收购而来，这才拥有了全世界销售渠道的话语权。如果能不单单依靠收购打开广阔的销售渠道，那未来企业的发展将无往不利，徐廷珍心目中的目标就是要赶超梯瓦，成长为一家世界领先的生物制药公司。

在欧洲开疆拓土的赛尔群，也没有忘记开拓中国市场这片"金矿"。

2019年7月，赛尔群与香港南丰集团在上海成立合资公司——上海鼎赛医药科技有限公司，专注在中国开发、生产及商业化单克隆抗体生物类似药。根据协议，新成立的上海鼎赛医药科技有限公司获得赛尔群三款已在全球市场销售的明星生物类似药产品Remsima、Truxima和Herzuma在中国临床开发、生产及商业化的独家授权。这三款药物分别是类克、美罗华、赫赛汀的生物仿制药。赫赛汀在中国已被作为乳腺癌的"救命药"纳入国家医保药品目录。

2020年1月15日，徐廷珍在美国举办的第38届摩根大通医疗健康大会上，公布了塞尔群"2030发展愿景及路线图"，宣布将在中国建设产能12万升的生物医药工厂，并启动旗下糖尿病制剂"Remsima SC"的全球直销系统，进一步开拓中国生物医药内需市场。徐廷珍将赛尔群的首家海外工厂，落地中国武汉光谷。

"医药无国界"，徐廷珍创业之初就以"先进技术为人人"为理念，创业的灵感也来自美国。所以，徐廷珍从一开始就瞄准了国际市场，其市场神经遍布全球主要国家。如果创新药代表了制药行业的技术天花板，仿制药就应成为追求质量升级的"第一人"。保有制药初心的赛尔群，在仿制药这片红海中腾挪出市场空间。同时，赛尔群深知高技术壁垒的产品才是公司业绩稳定增长的护城河，未来公司业绩增长的主要动力仍源于创新药，于是赛尔群两手都要抓。在原研药方面,塞尔群投入大量的资金,创新药是"十年磨一剑"的长周期投入,越往后,对应的研发难度越大,后期的临床实验更以其高淘汰率被称为"死亡之谷"。赛尔群以仿制药业务所带来的较为稳定的现金流支持和反哺着公司创新生物药的研发,以实现公司良性的内生发展正循环。生物科技行业作为一个充满活力和潜力的行业,已成为全球范围内炙手可热的投资领域,赛尔群仿制药和原研药双管齐下,深耕细作,在财阀林立的韩国踏着荆棘走上了一条独特之路。

行文至此,关于韩国商业史的叙述已近尾声。回望这段绵延100多年的政商博弈史,如汉江奔流,跌宕起伏。韩国财阀起于微末,成于时势,困于文化。他们盘根错节,枝繁叶茂,影响力遍布韩国的每一个角落,像蜘蛛网一样在各个领域延伸,掌控着韩国经济的命脉,贡献了韩国69.7%的GDP,其中三星就占到20%;他们如同王国中的诸侯,在不同的领域闪转腾挪,政商联姻,历经商海沉浮,在新旧时代的碰撞中焕发新的力量。比如,三星涉足芯片、AI、生命科学;LG在新能源方面独领风骚;现代汽车在电动化和氢能源方面发力,为未来的移动革命不遗余力;SK聚焦于半导体、新能源、生物科技等方面。

然而,财阀垄断,促使商业生态固化,缺乏创新和社会流动。在韩国前100位富人中有80位是继承者,而美国前100位富人中有70多位是新崛起的创业者,从社会底层摸爬滚打出来的奋斗者激发了市场活力。韩国未来的商业繁荣,也许正需要新鲜的血液与新生的力量。如今,随着互联网、生物科技的崛起,一些勇者比如金范洙、徐廷珍等打破财阀的壁垒,杀出了一条血路,未来是战胜财阀之后成为新的财阀,还是打破财阀桎梏,激发更多创业者的热情,一切都未可知。

韩国商业史长河，看似波澜不惊，实则暗流涌动，每一次浪潮都是创新精神、国际视野和跨界思维等商业智慧的碰撞与较量。时代车轮滚滚向前，无论快慢、高低，与时俱进是唯一的选择。

> 致谢

自 2008 年专业从事财经写作以来，我在过去 16 年间阅读了大量中外企业的历史文献和企业家的传记，每次对不同企业、不同企业家按照国家、行业、时代做交叉对比研究时，总有新的收获与启发，也总有遗憾与无奈。我发现，今天国内企业所犯的错误或遭受的挫折，在数十年甚至几百年前，全球的商界巨头就已经历过，并总结出了系统而实用的"教科书"。可我们偏偏对前人用数万亿美元写下的教训熟视无睹，更糟糕的是，我发现国内还没有一套丛书系统梳理过全球商业史，没有对纷繁复杂、割裂模糊的全球商业变迁做过完整描述，甚至连讲述商业史的著作都很少。因此，我经常会冒出一个念头：立足当下，在中文世界，为全球商业史留下一些可供参考和研究的文字。

2011 年，我所创办的润商文化秉承"以史明道，以道润商"的使命，汇聚了一大批专家学者、财经作家、媒体精英，为标杆企业立传塑魂。我们为华润、招商局、美的、阿里巴巴、用友、卓尔、光威等数十家著名企业提供企业传记、企业家传记的创作与出版定制服务，还策划出版了全球商业史系列、世界财富家族系列、中国著名企业家传记系列等 100 多部具有影响力的图书作品，润商文化堪称最了解中国本土企业实践、理论体系和精神文化的传记创作机构之一。

2015 年，出于拓展企业家国际化视野、丰富中国商业文明的专业精神和时代使命，在中华工商联合出版社的策划与鼓励之下，我带着几位商业史研究者与创作者开启了"全球商业史"系列图书的创作历程。我们查阅、搜寻、核实各个国家的历史、商业史、经济史、企业史、企业家传记等资料，每天埋头于全球商业史浩繁史料中。2017 年夏天，"全球商业史"系列图书（四卷本）顺利出版，包括《财富浪潮：美国商业 200 年》《商权天下：日本商业 500 年》《铁血重生：德国商业 200 年》《霸道优雅：法国商业 200 年》，面世以后深受读者欢迎。五年之后的 2022 年年底，蓝狮子建议我重新策划、精准定位，启动"世界是部商业史"系列图书的修订、改写、完善工作，并在美国、日本、德国、法国商业史的基础上增加英国、韩国等国家的商业史。我希望日后能将"世界是部商业史"系列图书不断丰富完善，将更多国家在商业领域的有益探索和成功经验奉献给读者。

感谢中华工商联合出版社的李红霞老师最早对这套丛书的慧眼识珠，你一如既往的鼓励和支持令我十分感动。感谢蓝狮子的陶英琪、李姗姗、杨子琪、应卓秀等老师，你们的严谨认真令我铭记于心、受益匪浅。感谢王晶、王健平、邢晓凤、邓玉蕊、李倩等诸位创作者，你们的才华和热情为作品锦上添花。感谢孙秋月、马越茹、刘霜、周远等老师的支持和参与，你们为作品的精彩呈现付出颇多。

为创作"世界是部商业史"系列图书，我们查阅了大量图书、杂志、报纸，以及网络文章，引用近百部企业传记、人物传记等史实资料，感谢所有图书著作和精彩报道的写作者。

整个写作过程堪称一场不知天高地厚的冒险，甚至有些勉为其难，错漏之处难以避免。但我们相信，在认真、严谨、客观的努力创作中，每本书都有精彩、闪光、值得回味的故事和道理，无论是写作还是阅读，面对浩瀚商史、全球巨擘，谦虚者总是收获更多。

一直以来，润商文化都致力于为有思想的企业提升价值，为有价值的企业传播思想。作为商业观察者、记录者、传播者，我们将聚焦更多标杆企业、行业龙头、区域领导品牌、高成长型创新公司等有价值的企业，为企业家立言，为企业立命，为中国商业立标杆。我们将不断完善"世界是部商业史"系列图书，重塑企业家精神，传播企业品牌价值，推动中国商业进步。

人们常说，选择比努力更重要，而选择的正确与否取决于认知。决定人生命运的关键选择就那么几次，大多数人不具备做出关键选择的能力，之后又要花很多代价为当初的错误选择买单。对于创业者、管理者来说，阅读全球商业史是形成方法论、构建学习力、完成认知跃迁的最佳捷径之一，越早阅读越好。希望"世界是部商业史"系列图书能够为更多企业家、创业者、管理者提供前行的智慧和力量，为读者在喧嚣浮华的时代打开一扇希望之窗。

陈润